Commons **Empresariais**

Commons Empresariais

A APLICAÇÃO DO REGIME DOS BENS COMUNS
PARA DETERMINADOS BENS EMPRESARIAIS

2020

Pedro Alves Lavacchini Ramunno

***COMMONS* EMPRESARIAIS**
A APLICAÇÃO DO REGIME DOS BENS COMUNS PARA DETERMINADOS BENS EMPRESARIAIS
© Almedina, 2020
AUTOR: Pedro Alves Lavacchini Ramunno
DIAGRAMAÇÃO: Almedina
DESIGN DE CAPA: FBA
ISBN: 9786556270463

Dados Internacionais de Catalogação na Publicação (CIP)
(Câmara Brasileira do Livro, SP, Brasil)

Ramunno, Pedro Alves Lavacchini
Commons empresariais : a aplicação do regime dos
bens comuns para determinados bens empresariais /
Pedro Alves Lavacchini Ramunno. -- São Paulo :
Almedina Brasil, 2020.

Bibliografia
ISBN 978-65-5627-046-3

1. Direito empresarial 2. Direito societário
3. Interesses (Direito) I. Título.

20-38173   CDU-34:338.93

Índices para catálogo sistemático:

1. Direito empresarial 34:338.93
2. Direito societário 34:338.93

Maria Alice Ferreira - Bibliotecária - CRB-8/7964

Este livro segue as regras do novo Acordo Ortográfico da Língua Portuguesa (1990).

Todos os direitos reservados. Nenhuma parte deste livro, protegido por copyright, pode ser reproduzida, armazenada ou transmitida de alguma forma ou por algum meio, seja eletrônico ou mecânico, inclusive fotocópia, gravação ou qualquer sistema de armazenagem de informações, sem a permissão expressa e por escrito da editora.

Setembro, 2020

EDITORA: Almedina Brasil
Rua José Maria Lisboa, 860, Conj.131 e 132, Jardim Paulista | 01423-001 São Paulo | Brasil
editora@almedina.com.br
www.almedina.com.br

Some people say a man is made outta mud
A poor man's made outta muscle and blood
Muscle and blood and skin and bones
A mind that's a-weak and a back that's strong
You load sixteen tons, what do you get?
Another day older and deeper in debt
Saint Peter don't you call me 'cause I can't go
I owe my soul to the company store
I was born one mornin' when the sun didn't shine
I picked up my shovel and I walked to the mine
I loaded sixteen tons of number nine coal
And the straw boss said "Well, a-bless my soul"
You load sixteen tons, what do you get?
Another day older and deeper in debt
Saint Peter don't you call me 'cause I can't go
I owe my soul to the company store
I was born one mornin', it was drizzlin' rain
Fightin' and trouble are my middle name
I was raised in the canebrake by an ol' mama lion
Can't no-a high-toned woman make me walk the line
You load sixteen tons, what do you get?
Another day older and deeper in debt
Saint Peter don't you call me 'cause I can't go
I owe my soul to the company store
If you see me comin', better step aside
A lotta men didn't, a lotta men died
One fist of iron, the other of steel
If the right one don't a-get you, then the left one will
You load sixteen tons, what do you get?
Another day older and deeper in debt
Saint Peter don't you call me 'cause I can't go
I owe my soul to the company store

(Letra de "Sixteen Tons" | Compositor: Merle Travis)

Aos meus pais, Fernando e Lúcia.

Aos meus alunos.

AGRADECIMENTOS

A pesquisa acadêmica é um desafio que envolve muitas expectativas. A expectativa de cumprir efetivamente com aquilo que nos comprometemos. A expectativa de alcançar o que é esperado de nós pelos mais queridos. A expectativa de termos as nossas reflexões compartilhadas com todos aqueles que admiramos e almejamos um dia ter como pares.

Trata-se de uma epopeia por vezes solitária e que pretende alcançar o maior número de pessoas. Esse é o paradoxo de todo e qualquer pesquisador e que configura uma das formas para retribuir à sociedade parte de uma outra expectativa que nos foi depositada. Em tempos em que alguns poucos desavisados pretendem contestar a relevância da pesquisa e da reflexão científica, é nossa responsabilidade compartilhar os anos de estudo visando, sempre, ao tão sonhado – e necessário – desenvolvimento econômico e social.

O livro que o leitor tem em mãos é produto do doutorado realizado entre os anos de 2017 e 2019 na Faculdade de Direito do Largo de São Francisco, cujas Arcadas fizeram parte do meu cotidiano por mais de uma década – foram o palco ininterrupto da graduação, do mestrado e do doutorado –, sendo que estas páginas representam, literalmente, o encerramento de um ciclo. Um ciclo que foi acompanhado pelo incentivo de pessoas queridas e que fizeram a minha trilha ser ainda mais recompensadora.

Dentre todas as pessoas que merecem um agradecimento especial, certamente o primeiro a quem todo o carinho e a atenção devem ser destinados é o meu orientador, Prof. Dr. José Marcelo Martins Proença, não apenas por todos os ensinamentos quando ainda me sentava às tábuas na graduação, mas também por todo o apoio durante a vida acadêmica, sendo para mim uma verdadeira inspiração para o exercício da docência. O professor é acima de tudo um inspirador, algo que o Prof. José Marcelo sempre foi e continuará sendo para mim.

À Faculdade de Direito da Universidade de São Paulo só tenho a agradecer por todas as oportunidades. Após mais de uma década, não há como negar que já a considero a minha segunda casa. Aproveito para agradecer pelas críticas construtivas trazidas pelo Prof. Alessandro Octaviani e pela Profª. Sheila Neder Cerezetti durante a Banca de Qualificação, as quais contribuíram muito para o resultado ora apresentado.

Deixo ainda meu profundo agradecimento aos Profs. André Antunes Soares de Camargo, Armando Luiz Rovai, Carlos Pagano Botana Portugal Gouvêa, Felipe Chiarello de Souza Pinto e José Augusto Fontoura Costa que protagonizaram uma profunda arguição da tese ora apresentada na Banca de Defesa. As ponderações feitas foram incorporadas ao trabalho que agora vem a público, na certeza de que em muito contribuem para as reflexões que são compartilhadas. Fica ainda um especial muito obrigado ao Prof. José Augusto Fontoura Costa pelo aceite para a elaboração da Apresentação desta obra.

A contribuição de todos os mestres e a rigorosa orientação do Prof. José Marcelo possibilitaram a elaboração de um trabalho sério e preocupado com a nossa realidade, cuja edição em livro decorreu do minucioso trabalho realizado pela Manuella Santos de Castro e por toda a equipe da Almedina.

Ao escritório Ramunno Advogados, agradeço o constante apoio durante a elaboração desta tese. O escritório nasceu como um projeto de vida pessoal, sendo que pouco a pouco vislumbro que outros passaram a compartilhar desse mesmo sonho. Por trás de cada projeto, há, sobretudo, pessoas, sendo que são justamente essas pessoas que permitem a concretização dos mais importantes desafios. Meu muito obrigado à família RA (aos atuais e àqueles que contribuíram para todas as metas alcançadas): Giancarlo Bonizzio, João Marcelo Novaes Risi e Lucca Lucius Lukjanenko.

À Faculdade de Direito da Universidade Presbiteriana Mackenzie, em nome dos Prof. Felipe Chiarello e Prof. Gianpaolo Smanio, bem como do meu amigo e líder do Núcleo de Direito Empresarial, Prof. Armando Luiz Rovai, deixo o meu muito obrigado pela oportunidade de exercer continuamente a paixão pela docência.

Aos meus alunos, agradeço por servirem como constante fonte de inspiração e motivação pelo aprimoramento contínuo exigido pela atividade docente. Grande parte do que fazemos tem como resultado algo direcionado a vocês, sendo que espero que este livro possa servir igualmente de inspiração e como forma de retribuição. Saibam que vocês são grandes responsáveis por um sincero sorriso que reluz além do meu ácido humor de professor.

Aos meus amigos, agradeço por todo o apoio. Com o receio de cometer alguma injustiça, fica o querido André de Castro Moricochi eleito para representar todos que contribuíram com críticas e sugestões a este trabalho, ou, simplesmente, com o mais importante de tudo: a amizade.

À minha família, em especial aos meus pais – Fernando e Lúcia – e meu irmão – Franco –, agradeço por terem propiciado todas as oportunidades que tive, certamente decorrentes do incessante incentivo aos estudos e por sempre acreditarem em mim.

À minha pessoa especial, Bárbara, meu agradecimento pela compreensão inserta em cada gesto carinhoso, cada sorriso e cada olhar.

Este trabalho representa o encerramento de um ciclo, cuja caminhada não teria sido a mesma sem a contribuição de vocês.

APRESENTAÇÃO
BREVES REFLEXÕES SOBRE A TEORIA E A PRÁTICA DO DIREITO: ENSAIO EM APRESENTAÇÃO DE PEDRO RAMUNNO

> *Os estudos jurídicos devem servir para libertar o pensamento; quando este for ágil e pronto, o discurso se libertará por si.*
>
> (Piero Calamandrei)

Foi com grande satisfação e alegria que recebi o gentil convite do autor para contribuir com uma apresentação a seu trabalho mais recente, a ótima tese de doutoramento ora convertida em livro. É tarefa agradável por duas razões: é fácil tecer comentários muito elogiosos ao efetivamente merecedor e comentar obra cujas qualidades fluem em sua leitura.

Pedro Ramunno se destacou como estudante e tem se destacado em tudo que faz na Academia e fora dela. Advogado cujo trabalho é respeitado pela notável qualidade e profundidade, especialmente em face da juventude. Pesquisador cuidadoso e detalhista, sem jamais perder a dimensão da integralidade dos assuntos que trata, na muito adequada dialética do que divisa ora a árvore, ora a floresta. Professor admirado pelos estudantes e respeitado pelos pares e pelas instâncias administrativas. Realizador de empresas acadêmicas no campo da organização e da edição. Muitas são as tarefas abraçadas.

O presente livro, derivado da tese de doutorado, trata da utilização do tratamento proposto por Elinor Ostrom à denominada *tragedy of commons* por meio da noção de *common pool resources* (CPRs) a questões societárias, particularmente a tensão entre a estrutura associativa formal decorrente das

COMMONS EMPRESARIAIS

regras societárias e a composição de interesses efetivos capazes de se organizar para a maximização dos benefícios resultantes dos ativos empresariais.

Não desejo, porém, ingressar na discussão sofisticada mediante o emprego de noções econômicas sutis e pertinentes para a avaliação e o eventual direcionamento das potencialidades normativas, interpretativas e de desenho institucional. Essa tarefa caberá, seguramente, ao prefácio e à introdução. Minha intenção é apenas a de refletir brevemente sobre a relação entre teoria e prática a partir da trajetória de Pedro Ramunno e da composição de seu livro.

Não é nova a discussão de tensões entre prática e teoria no ensino jurídico. A escassez de professores integralmente dedicados à docência e pesquisa é fato cuja interpretação é ambígua. Ora é apontada como defeito próprio de uma atividade prática cuja formulação teórica jamais teria atingido o grau de ciência, nem mesmo em comparação com as humanidades mais próximas de suas técnicas hermenêuticas, como a crítica literária e a teologia. Ora é apontada como característica essencial de uma técnica de ensino em que a tradição – compreendida aqui como transferência intergeneracional – é formativa de um *ethos* indissociável das formas de exercício profissional; algo do papel outrora desempenhado pelas *Inns of Court* inglesas.

Sem optar por uma solução simplificada, na velha tradição das tão criticadas teorias ecléticas, é importante levar a análise um pouco adiante. Em primeiro lugar, é importante segregar duas ordens de discussões: (1) a da trajetória e experiência dos professores e (2) a da composição do programa e exigências das disciplinas.

As primeiras questões comportam a comparação entre as capacidades docentes de (1) professores puros, (2) profissionais puros e (3) mesclas bastante variáveis das anteriores. Não se trata, porém, de uma avaliação simples, pois, mesmo deixando de lado as habilidades para administração acadêmica e articulação de atividades de extensão, o exercício de atividades de ensino, pesquisa e articulação dos conteúdos disciplinares se põem em fluxos e hierarquias difíceis de sumarizar em esquemas simplificados. Para dar um exemplo, a elaboração do conteúdo e base bibliográfica de uma disciplina de graduação envolve, *i. a.*, a necessidade de conhecimento sistemático conjugada à capacidade de seleção dos pontos importantes; isso dificilmente pode ser construído apenas a partir de saberes práticos, insuficientes para o primeiro aspecto, ou de conhecimentos teóricos, limitados para o segundo.

APRESENTAÇÃO

Por essa razão, com a finalidade de facilitar a breve análise aqui proposta, pode-se iniciar discutindo o papel da teoria na formação do profissional do Direito. O físico Murray Gell-Mann, notório por seu tratamento dos sistemas complexos, expõe com notável clareza a importância da capacidade de teorizar em sua obra de divulgação *The Quark and the Jaguar*.[1] A ideia básica é que a teoria serve, primeiramente, como um *esquema de organização de regularidades*. Tal expediente é útil por duas razões: facilita a memória e a sistematização do que se conhece e, pelo menos em alguma medida, possibilita estabelecer hipóteses sobre eventos desconhecidos, inclusive os futuros. Em segundo lugar, uma teoria pode se sofisticar mediante a adoção de uma *explicação*, compreendida como uma hipótese de correlação, possivelmente causal. Por fim, a teoria pode apresentar graus de *corroboração*, ou seja, reforço decorrente de seu emprego para a previsão de outros eventos. Mas nem todas as teorias são completas. Quando uma teoria não abarca uma explicação, embora siga possível identificar as regularidades, fala-se em teoria *empírica* ou *fenomenológica*; "palavras bonitas para dizer, basicamente, que vemos o que está acontecendo, mas ainda não entendemos o que acontece."[2]

Talvez o aspecto mais interessante dessa reflexão sobre a teorização é o de sua desmistificação. Organizar regularidades nada tem de especial ou misterioso, pelo contrário, a possibilidade de conjecturar a respeito da realidade e, a partir disso, estabelecer expectativas *abstratas*, mesmo que sem alcance geral, é parte da vida de todos e de cada um. As duas outras dimensões, especificamente a articulação de uma *explicação* e de sua *corroboração*, são menos triviais, embora menos raras do que possa parecer.

Em regra, se espera que o elemento explicativo de uma teoria apareça na forma de uma relação de causalidade, entendida como a vinculação entre variáveis independentes (causas) e dependentes (consequências). Isso funciona razoavelmente bem para parte dos modelos das Ciências Naturais e das Ciências Sociais, mas é de difícil aplicação no campo das Humanidades ou das Ciências do Espírito.

---

[1] GELL-MANN, Murray. *The Quark and the Jaguar*: adventures in the simple and the complex. Nova Iorque: W. H. Freeman and Company, 1994. p. 89-105.

[2] *Idem*. p. 93: "...fancy words to mean basically that we see what is going on but do not yet understand it."

COMMONS EMPRESARIAIS

Não se nega a possibilidade de abordar temáticas jurídicas a partir de várias outras ciências e, nesse sentido, a preocupação interdisciplinar de Pedro Ramunno é muito relevante. Ocorre que teorias e previsões da Economia, Sociologia, Antropologia, Psicologia ou outros campos *não são* teorias e previsões jurídicas, ainda que seu objeto seja o funcionamento dos tribunais ou os efeitos de uma nova lei de zoneamento urbano. Aqui, um breve corte. Passa-se ao tema da corroboração, mas se retornará à questão da dimensão explicativa das teorias jurídicas.

Quanto à corroboração, a clássica formulação de Karl Popper a respeito da falseabilidade (*Falsifizierbarkeit*) é bastante esclarecedora[3]: uma característica central de um enunciado científico – na verdade, é uma regra do discurso no qual ele está inserido[4] – é a possibilidade de seu afastamento se houver comprovação de sua inadequação a novos dados empíricos. Nesse sentido, na dinâmica das Ciências Naturais, *nunca há uma comprovação definitiva*, apenas a confirmação de que, até então, a teoria permanece suficientemente forte. Esse, decerto, não é o caso das Humanidades; não que dogmas não possam cair e novas interpretações – e formas de interpretação – possam surgir. As peculiaridades se dão em relação aos modos de falseabilidade.

Ora, como se falseia uma teoria ou enunciado jurídico? Algumas possíveis respostas: (1) Por meio de uma sentença que encerra a discussão e passa a orientar novas sentenças; (2) Pela preponderância da teoria nas discussões dogmáticas acadêmicas; e (3) Pelo convencimento dos defensores de teorias alternativas em favor das hipóteses defendidas.

Em nenhuma dessas respostas a razão da falseabilidade é a desconfirmação empírica da teoria. O fracasso judiciário não elimina a teoria como teste empírico, pois ela continuará a ser abstratamente defensável, embora pragmaticamente inadequada. A preponderância acadêmica não decorre da desconfirmação factual, mas das alterações de consensos sobre o assunto,

---

[3] POPPER, Karl. *Logik der Forschung*: zur Erkenntnistheorie der modernen Naturwissenschaft. Berlim: Springer, 1935. Para a edição brasileira, *A lógica da pesquisa científica*. São Paulo: Cultrix-Edusp, 1972.

[4] Nesse sentido é possível mover a questão para a discussão dos paradigmas da ciência, nos termos de KUHN, Thomas. *The structure of scientific revolutions*, 2ª ed. Chicago: Chicago University Press, 1970. Tal procedimento, porém, não chega a ser relevante para a discussão proposta neste texto.

APRESENTAÇÃO

o que pode atingir seu máximo grau mediante a generalização de um convencimento capaz de estabelecer uma *realidade* operativa equivalente à naturalização dessa representação social. Aqui, porém, se está falando a linguagem das Ciências Sociais, não a do Direito.

Por outro lado, essa discussão parece sugerir a possibilidade de ao menos **duas modalidades de teorias jurídicas: as *do* e *no* Direito e as *sobre* o Direito**. As primeiras estão no campo daquilo que se pode denominar *dogmática jurídica*, levada a cabo mediante a aceitação de um princípio de inegabilidade dos pontos de partida submetidos a operações lógicas de criação e validação de enunciados derivados. Observe-se que, aqui, tomou-se o cuidado de não caracterizar a dogmática como performada por séries argumentativas e, portanto, sujeita a uma depuração *dinâmica* decorrente da estabilização sucessiva de enunciados mediante regras discursivas, particularmente a tendente a não admitir a retomada da discussão de um ponto já sedimentado.[5]

A teorização dogmática se dá, no mínimo, a partir da discussão da validade e legitimidade de articulações lógicas baseadas em pressupostos consensuados. Nesse sentido, a *crítica* voltada a excluir uma afirmação se põe em um discurso organizado por padrões de teste e hierarquia lógica a respeito dos quais também se pressupõe o consenso. Não há, então, *regularidades empíricas* que possam ser observadas – a menos que se busque uma abordagem pautada por critérios externos, como, por exemplo, a medida da aceitação de teses jurídicas nas decisões dos tribunais e sua distribuição cronológica.

Curiosamente, a teoria das fontes do Direito dá lugar à absorção dessas observações empíricas, particularmente com a inclusão da *jurisprudência* e dos *costumes* no universo das fontes relevantes para a configuração das normas. Essas duas possíveis fontes se afirmam a partir da *conversão de uma regularidade empírica (repetição de decisões ou atividades) em uma pressuposição normativa.* O tratamento da *doutrina* como fonte admite uma complexidade maior, em que a verificação de uma regularidade (*doutrina predominante, doutrina mais aceita*) é associada à aceitação de uma hierarquia de centralidades do saber

---

[5] Para uma apresentação consistente dessa perspectiva, veja-se FERRAZ JR, Tércio Sampaio. *Introdução ao estudo do Direito*. São Paulo: Atlas, 1988. p. 93-230; *Direito, retórica e comunicação*: subsídios para uma pragmática do discurso jurídico. São Paulo: Saraiva, 1997.

(doutrina dos juristas mais renomados, professores das melhores escolas, membros das mais festejadas associações e academias).

Essas fontes, porém, quando trazidas para o campo da discussão dogmática, perdem a dimensão de regularidades empíricas e passam a ser pontos de partida discursivos. A própria discussão de se a teoria foi ou não aceita pela jurisprudência, costume ou doutrina mais avalizada sai do campo empírico para ocorrer em disputas dogmáticas de segundo grau, na forma de debates sobre critérios de legitimidade de ingresso de fontes materiais.

O conjunto das teorias *sobre* o Direito é, por óbvio, muito extenso. Abrange, pelo menos, Filosofia, Sociologia, Antropologia, Economia, Psicologia, Ciência Política, Linguística e Semiótica, sem contar as inúmeras abordagens menos ortodoxas envolvendo cinema, magia, culinária, turismo e variadas outras abordagens. Há, porém, uma peculiaridade potencialmente relevante: há campos adentrados sistematicamente por juristas e profissionais do Direito. É o caso da Filosofia do Direito, que, conforme relembra Celso Lafer, "não resulta da obra de filósofos, mas basicamente do trabalho de juristas com inquietações filosóficas.[6]" Do mesmo modo, os campos da Sociologia do Direito e o da Análise Econômica do Direito estão repletos de adeptos e cultores nas faculdades e tribunais.

Com efeito, algumas dessas disciplinas são profícuas em desenhar teorias completas, inclusive com base na identificação inicial de regularidades e a formulação de explicações sujeitas a testes de corroboração. Mesmo assim, duas dificuldades permanecem: (1) ao ingressar no discurso jurídico, enunciados dessas ciências se convertem em enunciados jurídicos e, portanto, sujeitos às regras próprias desse discurso; a testabilidade fica, obviamente, do lado de fora; e (2) pelo menos no campo das Ciências Sociais é preciso admitir certos graus de *reflexividade*, ou seja, na mesma medida em que teorias sobre o Direito são conhecidas por juristas e profissionais, estas afetam os consensos sobre a estrutura e as formas de ação estratégica, influenciando a própria organização do fazer jurídico de modo a *reforçar* ou *frustrar* as previsões teóricas.

Há, porém, uma peculiaridade própria do *mainstream* econômico: a tradição smithiana que funda na natureza humana suas teorias e previsões. São tidas

---

[6] LAFER, Celso. *A reconstrução dos direitos humanos:* um diálogo com o pensamento de Hannah Arendt. São Paulo: Companhia das Letras, 1988. p. 18.

APRESENTAÇÃO

como imanentes e imutáveis, por exemplo, a capacidade de trocar ("Ninguém jamais viu um cachorro realizar uma troca justa e deliberada de um osso por outro com outro cachorro[7]"), a busca de maximização dos próprios benefícios ("Não é da benevolência do açougueiro, do cervejeiro ou do padeiro que esperamos nosso jantar, mas de sua atenção aos próprios interesses[8]") e um individualismo radical pressuposto, *i.a*. Ainda que a estrutura da economia das nações possa ser moldada a partir da adoção de medidas voltadas a incrementar a dimensão do mercado, facilitar as trocas e promover a especialização do trabalho, *a natureza humana subjacente é estática* e, portanto, as cunhas e alavancas institucionais são meios estratégicos de maximizar a eficiência produtiva.

Essas peculiaridades da reflexão econômica, pelo menos em seu eixo central, implicam uma redução muito importante da consciência sobre a reflexividade.

Decerto, a substituição da Economia Clássica pelo Marginalismo como centro da reflexão econômica tem várias consequências sobre a capacidade e o sentido da elaboração teórica. Em primeiro lugar, ocorre um estreitamento epistemológico resultante na hiperestesia dos modelos microeconômicos e suas extensões a outros temas; um dos principais problemas desses modelos, observados desde o ponto de vista do fazer jurídico cotidiano, é uma tendência à naturalização e/ou normatização dos pressupostos do funcionamento de economias de mercado. Em outros termos, estruturas jurídicas e, particularmente, diversos institutos privados, tais quais a personalidade individual, a propriedade, os contratos e as estruturas societárias, ou são tidos como pressupostos ideais subjacentes à própria natureza humana (naturalizados), ou são postos como formas ideais a serem alcançadas por ajustes no Direito, dos quais a "minimização" do Estado é apenas uma das expressões mais comuns.

Para o bem e para o mal, grande parte da elaboração teórica da Análise Econômica do Direito (*Law & Economics*) e da própria Economia Neoinstitucional são orientadas pelos pressupostos marginalistas e, portanto, atrelados a uma concepção estática e relativamente estreita da natureza humana

---

[7] SMITH, Adam. *An inquiry into the nature and causes of the wealth of nations*, v. I. Londres: Methuen & Co., 1904. p. 15: "Nobody ever saw a dog make a fair and deliberate exchange of one bone for another with another dog."
[8] SMITH, *An inquiry*... p. 16: "It is not from the benevolence of the butcher, the brewer, and the baker, that we expect our dinner, but from their regard to their own interest."

COMMONS EMPRESARIAIS

e, também, das formas eficientes de estruturação da economia. Não há mal algum na pressuposição da organização econômica ditada exclusivamente por interações de mercado como referencial teórico de eficiência: é um pressuposto de modelagem e, como tal, faz sentido. Sua conversão ideológica em objetivo da estruturação social e política – o que poderia ser chamado de Neoliberalismo[9] – é algo bem diferente. Saber manter uma saudável distância da crença nessa classe de enunciados, como é característico do autor deste livro, é fundamental para um uso adequado das teorias econômicas sobre o Direito formuladas, muitas vezes pelos próprios juristas.

Porém, é difícil prever e domar todos os efeitos do ingresso das elaborações teóricas econômicas no discurso jurídico. É certo que a incorporação de enunciados dessa natureza é marcada pela alteração das regras sobre falseabilidade e centralidade, o que implica algum grau de submissão às condições dadas pela causa. Há, porém, outras consequências. Em primeiro lugar, proporcionalmente à reputação do uso retórico de hipóteses jurídicas atreladas a alguma forma de teoria econômica, modifica-se, para utilizar noções de Pierre Bourdieu,[10] a hierarquia de centralidade e o próprio *habitus* dos atores distribuídos pelo cenário jurídico. Em outros termos, ao acatar diretrizes da Análise Econômica do Direito e da Economia Neoinstitucional, os teóricos e práticos do Direito incorporam a suas concepções de fazer jurídico e incrustam nas próprias práticas cotidianas elementos constitutivos das construções do *mainstream* econômico.

Tal absorção comprime o distanciamento crítico, pois ao *dogmatizar* os conceitos econômicos para que possam servir de ponto de partida ao debate

---

[9] Para uma interessante e importante definição do neoliberalismo, veja-se HARVEY, David. *A brief History of Neoliberalism*. Oxford: Oxford University Press, 2005. p. 2: "Neoliberalism is in the first instance a theory of political economic practices that proposes that human well-being can best be advanced by liberating individual entrepreneurial freedoms and skills within an institutional framework characterized by strong private property rights, free markets, and free trade. The role of the state is to create and preserve an institutional framework appropriate to such practices. (...) Furthermore, if markets do not exist (in areas such as land, water, education, health care, social security, or environmental pollution) then they must be created, by state action if necessary. But beyond these tasks the state should not venture."

[10] Veja-se BOURDIEU, Pierre. "Condição de classe e posição de classe", *in A Economia das Trocas Simbólicas*, 6ª Edição. São Paulo: Perspectiva, 2006, pp. 3-25; _. La force du Droit: éléments pour une sociologie du champ juridique. *In Actes de la recherche en sciences sociales*, v. 64, n. 1. p. 3-19. 1986.

APRESENTAÇÃO

jurídico, fecham-se os espaços para o reconhecimento da noção de *homo oeconomicus* como uma definição de trabalho sem pretensões de realidade ou, se necessário, esgrimir contra a ideologia neoliberal o absurdo desse brutal estreitamento da condição humana. Em outras palavras, uma certa concepção da natureza humana termina por ser, sub-repticiamente, contrabandeada para os debates jurídicos e, dependendo da conformação do campo jurídico, pode passar a ser predominante.

Aqui, para retomar o fio condutor da discussão da importância da teoria, as reflexões jurídicas a respeito do emprego de postulados econômicos na *praxis* do Direito são facilmente soterradas por uma forma de naturalização ideologizante. Essa (1) está ausente do próprio estatuto epistemológico da Economia, onde a concepção de *homo oeconomicus* se limita a uma noção de trabalho passível de crítica, (2) orienta a geração de enunciados que não passam pelo teste popperiano da falseabilidade e, portanto, estão fora da concepção mais comum de Ciências da Natureza, constituindo o que se poderia chamar de uma *doutrina*, em oposição à *teoria*. Disso resulta a formação de expectativas pautadas por doutrinas normativas, as quais lutam com as armas próprias do campo jurídico para afastar a legitimidade de outras concepções de racionalidade e justiça.

Não resta em pé, portanto, a identificação das *regularidades* articuladas em torno de *explicações* expostas a testes de corroboração e confirmação. Uma vez absorvidas no campo do Direito e passando a integrar o discurso jurídico, qualquer ciência que articule teorias com referência a regularidades jurídicas *muda radicalmente seu estatuto* e suas enunciações teóricas passam a habitar um espaço discursivo, mais ou menos sistematizado socialmente, onde se convertem ora em pontos de partida dogmáticos relacionados a uma *praxis* geral, ora em doutrinas pretensamente determinantes das articulações possíveis do discurso; são pontos de partida dogmáticos de primeiro e segundo grau, respectivamente.

A peculiaridade da incorporação de teorias econômicas, porém, é a importação dos pressupostos metodológicos referentes à natureza humana, na figura do chamado *homo oeconomicus*, cuja fragilidade facilmente detectável no âmbito científico da Ciência Econômica é escamoteada mediante a conversão de ciência em doutrina jurídica. Não é, propriamente, uma preocupação que deva permear a leitura deste livro, cujo enfoque não é o de gerar uma absorção

COMMONS EMPRESARIAIS

acrítica da teoria econômica, mas de oferecer instrumentos teóricos para a construção de uma crítica das estruturas jurídicas desde fora. Em outros contextos, porém, a naturalização dos enunciados econômicos ocorre amiúde.

Bem, depois dessas breves considerações sobre a atividade de teorização, suas principais relações com o Direito e as peculiaridades da absorção de ideias econômicas transformadas, pragmaticamente, em doutrinas jurídicas, resta retomar a questão da importância da teoria no ensino do Direito.

Quanto aos programas das disciplinas, parece haver três alternativas principais para a composição do conteúdo e sequenciamento da exposição:

1. Abordagem estritamente pragmática: com vistas à prática do Direito, identificam-se as atividades mais recorrentes e busca-se explicar, episodicamente, como estas podem ser levadas a cabo na prática e quais são as intercorrências esperadas. Nesse caso, o programa tende a se construir em uma linha cronológica da realização de projetos e tarefas; *v.g.* contratos: "a vida dos contratos," negociação, gestão das obrigações de trato continuado ou sucessivo, eventos inesperados (força maior e onerosidade excessiva *i.a.*), formas de cumprimento e extinção do vínculo.

2. Abordagem doutrinária e dogmática: com vistas à sistematização da regulação jurídica, busca delimitar os elementos repertoriais e estabelecer vínculos lógicos e orgânicos entre tais componentes. A cronologia de exposição tende, a partir dos elementos mais básicos, a descrever a teoria de suas conexões e interações; *v.g.* contratos: "teoria geral e contratos em espécie," elementos e requisitos do negócio jurídico, contrato como espécie de negócio jurídico, autonomia privada, limites à autonomia privada, elementos do contrato (partes, forma, objeto e vínculos obrigacionais *i.a.*), validade do contrato, interpretação dos negócios jurídicos, efeitos do contrato etc.;

3. Abordagem pragmática ou doutrinária associada a teorias *sobre* o Direito: objetiva a projeção do fazer jurídico sobre um quadro mais amplo de análise, de modo a incluir teorias, se possível completas, sobre o Direito. Expõe pressupostos e teorias da ciência que analisa o fazer

APRESENTAÇÃO

jurídico (Sociologia, Economia, Antropologia etc.) para, então, cotejar com uma das abordagens anteriores; *v.g.* contratos: análise econômica dos contratos a partir da explicação de conceitos como "curva do contrato," "risco moral" e "quebra eficiente" para, a partir dessa ótica, apresentar as noções doutrinárias tendo por base a crítica de sua economicidade.

Qual dessas é a melhor alternativa?
A tentação de responder com a teoria eclética é grande...
Assim como é grande a tentação de deixar a vida ser dirigida pela lei do menor esforço, de se deixar levar pelo lúdico das ilustrações pitorescas e anedóticas. Não obstante a possibilidade de muita diversão, o fato é que, sem teorização consistente, é impossível desenhar ou dar um bom curso; entendido por bom aquele curso que é capaz de dar ao estudante os elementos suficientes para que este possa caminhar por si próprio, de disponibilizar os blocos básicos da construção do pensamento e, contanto, do discurso. Não se trata de abstração inútil, mas de construção sólida do conhecimento; daqueles que resistem à mudança da lei e das práticas.

Nesse sentido, apresentar e homenagear o autor deste livro interessantíssimo e jovem jurista e advogado de qualidade é, também, afirmar a certeza em seu brilhante futuro na profissão e na academia, como homem capaz do distanciamento crítico teórico dado por outras ciências, particularmente a Economia, bem tratada em seu texto. Isso sem cair no canto das sereias que afirmam resolver todas as questões jurídicas mediante cálculos de eficiência. Também capaz de sólida construção doutrinária, honrando a tradição dos comercialistas de nossa *alma mater.* Por fim, como prático, será certamente capaz de temperar o conhecimento sistemático com os ensinamentos da prática, mesmo sabendo que a prática só se aprende praticando.

José Augusto Fontoura Costa

Professor de Direito do Comércio Internacional da Faculdade de Direito da Universidade de São Paulo.
Advogado.

PREFÁCIO

Muito me honra apresentar, mais uma vez, um trabalho do acadêmico e agora já doutor em direito comercial, Pedro Ramunno.

Para tanto, lançarei mão de breve artigo[1] escrito pelo eminente professor Calixto Salomão Filho, colega do departamento de direito comercial da Faculdade de Direito da Universidade de São Paulo, nossa Velha e Nova Academia do Largo de São Francisco.

Referido artigo, publicado no jornal Folha de São Paulo em 2018, denominado "O crepúsculo do direito", inicia-se com a menção de que, há três décadas, o professor da Faculdade de Direito de Yale, Owen Fiss, escreveu relevantíssimo artigo com o nome "The death of the law", onde constam duas tendências que, segundo ele, estavam matando o direito e o raciocínio acadêmico sobre o direito em seu país. São elas: (i) os chamados "critical legal studies", que viam o direito como mera extensão da política e (ii) a análise econômica do direito, que o via como extensão dos raciocínios econômicos.

O professor Calixto, comentando a visão do professor Owen Fiss sobre a morte do direito, defendeu:

"Pois bem a prática brasileira desses últimos tempos tem se aproximado desse triste vaticínio. De um lado, na esfera das relações políticas e penais, o direito tem sido aplicado como extensão da política, muitas vezes sem nenhuma

---

[1] Disponível em: <https://www.google.com/search?q=o+crep%C3%BAsculo+do+direito& oq=o+crep%C3%BAsculo+do+direito&aqs=chrome..69i57.10478j0j7&sourceid=chrome&i e=UTF-8>. Acesso em 20 de abril de 2020.

> *consideração às garantias individuais e direitos fundamentais. O resultado: o direito é instrumentalizado e sucumbe aos desígnios políticos dominantes. Na esfera econômica, o mesmo ocorre. O direito sucumbe mais e mais aos desígnios econômicos e suas versões teóricas mais simplistas. As pressões dos interesses econômicos transformam o país em um verdadeiro paraíso de Bork.*
>
> *Para esse autor, ícone dos primórdios da análise econômica do direito, o direito da concorrência devia basicamente resumir-se ao combate aos cartéis, deixando de lado todo o resto —concentrações horizontais, a maior parte das integrações verticais mais relevantes etc. O resultado de 30 anos de aplicação dessa política minimalista nos EUA, diga-se de passagem, é uma economia crescentemente dominada pelos monopólios e com crescente concentração de renda.”*

Após, relatando a realidade brasileira, em que se combatem cartéis negligenciando o restante de aplicação do antitruste, o professor Calixto traz à baila o direito societário, nos termos seguintes:

> *“Ainda na esfera econômica, o direito societário padece. Concepções dos primórdios do contratualismo societário do século 19, que viam na empresa coisa exclusivamente dos sócios, aqui têm guardiã na jurisprudência e em certos projetos legislativos.*
>
> *Preocupações mais modernas em identificar e internalizar outros interesses (como o ambiental e social) ainda são vistas por muitos como esquisitices acadêmicas. Falta a compreensão de sua importância e relevância para a sociedade civil como um todo e para aumentar o próprio valor econômico das empresas.”*

Contudo, termina o otimista professor Calixto em contraposição ao professor Fiss, acreditando em um retorno do direito. Diz ele: “O Brasil tem uma esfera jurídica dedicada e em sua maioria ciente do seu dever de garantia de direitos fundamentais e valores jurídicos. Tenho a esperança de que a (grande) parcela idealista da esfera jurídica e política garantirá um breve amanhecer”.

Com razão o professor Calixto! Esta obra, representativa de responsável doutoramento defendido na nossa Velha e Nova Academia no final de 2019, aprovada com elogios da banca composta pelos Professores André Antunes Soares de Camargo, Armando Luiz Rovai, Carlos Pagano Botana Portugal Gouvêa, Felipe Chiarello de Souza Pinto e José Augusto Fontoura Costa,

PREFÁCIO

defende um direito societário moderno, que para nós não representa esquisitice alguma, mas sim análise responsável e correta sobre interesses internalizados nas empresas.

De fato, o autor Pedro Ramunno, partindo da observação da realidade e da insuficiência do ordenamento jurídico para responder a problemas complexos, nesta obra que me honra apresentar, enfrenta o tratamento de determinados bens de titularidade da companhia como sendo possuidores da natureza de bens comuns. Tais bens foram denominados pelo autor como *"corporate commons"* ou *"commons* empresariais", com nítida inspiração da terminologia cunhada por Elinor Ostrom, referência global nessa temática.

A construção do conceito de *commons* empresariais tem como pano de fundo as reflexões propugnadas pelo chamado *novo estruturalismo jurídico*, que tem como seu principal expoente o próprio Professor Calixto Salomão Filho, cujas palavras inspiraram a elaboração deste Prefácio. Esse arcabouço teórico serviu como base para o ensaio acerca da limitação da dicotomia entre bens públicos e bens privados, o que justificou a necessidade pela adoção de uma classificação de bens que levasse em consideração tanto o grau de subtração de uso, como o grau de dificuldade de exclusão.

Nesse contexto, em apresentação marcada por exploração de exemplos reais, o autor corrobora os ensinamentos de Ostrom pela existência de bens que possuem como característica o alto grau de subtração de uso e o alto grau de dificuldade de exclusão. São justamente os chamados bens comuns ou, simplesmente, *commons*, cujo conceito se pretende estender a alguns bens de titularidade da companhia.

Superada a conceituação terminológica, a obra passa a endereçar as implicações jurídicas da existência dos *commons* empresariais. Para tanto, o autor parte da premissa de que é necessária uma intervenção estrutural que tenha como pontos focais a propriedade e a empresa, o que é feito por meio do cotejamento de reflexões jurídicas e econômicas, tendo como uma das lentes de análise o chamado Direito e Economia (ou *Law and Economics*) – sendo acertadamente alertada a importância de não se considerar esse método de análise como uma solução mística e isolada para os problemas regulatórios. Aqui também a desilusão do professor Fiss inspirou o autor a melhor se qualificar e explorar a economia não como protagonista do direito, mas uma das ciências que pode e deve auxiliar na sua melhor conformação.

COMMONS EMPRESARIAIS

O estudo acerca da estrutura "empresa" perpassa importantes debates relacionados ao direito societário e ao direito empresarial como um todo, a exemplo das teorias que procuram delimitar qual o interesse que deve ser perseguido pela companhia – com alinhamento do autor ao institucionalismo organizativo – ou qual seria o conteúdo material do conturbado princípio da função social da empresa.

Já em relação à estrutura "propriedade", a temática enfrentada engloba o seu conceito econômico e o reconhecimento de que essa estrutura é composta por feixes de direitos – não devendo ser considerada um direito uno e absoluto como difundido pela teoria tradicional –, sendo possível a sua alocação aos diversos titulares que possam ser afetados pela destinação do bem em questão, no caso, um bem de titularidade de uma companhia.

Essas premissas teóricas são utilizadas pelo autor como instrumentos para a propositura de uma solução regulatória para a gestão e destinação dos *commons* empresariais. Essa proposta é pautada pelo reconhecimento da autorregulação como o método adequado para a organização dos interesses envolvidos e pela concepção de que os instrumentos associativos são os ideais para alcançar os objetivos almejados.

Em outras palavras, apura-se aqui a importância e relevância da empresa para a sociedade civil como um todo, podendo inclusive aumentar o seu próprio valor econômico, como alertou o professor Calixto no artigo de jornal no início mencionado.

Mesmo considerando, como alguma vez afirmado, que prefácio é algo que se escreve depois, se imprime primeiro, mas não se lê nem antes nem depois, lembrando Ariano Suassuna, ou seja, sem otimismo nem pessimismo, mas com realismo esperançoso, oxalá essas minhas palavras incentivem a leitura atenta e completa desta obra, que possui como norte a estruturação de negócios que promovam, simultaneamente, os nossos tão sonhados desenvolvimentos, econômico e social, sustentáveis.

Boa leitura a todos.

José Marcelo Martins Proença

Professor de Direito Comercial da Faculdade de Direito da Universidade de São Paulo.

LISTA DE SIGLAS E ABREVIATURAS

AMIS	Agency-Managed Irrigation Systems
CC	Código Civil (Lei nº 10.406/2002)
CEPAL	Comissão Econômica para América Latina e Caribe
CF	Constituição Federal
CPR	common-pool resources
DOI	Department of Irrigation
FMIS	Farmer-Managed Irrigation Systems
FGTS	Fundo de Garantia pelo Tempo de Serviço
IASC	International Association for the Study of Commons
JMIS	Joint-Managed Irrigation Systems
LSA	Lei de Sociedades Anônimas (Lei nº 6.404/1976)
PED	Plano Estratégico de Desenvolvimento
PIB	Produto Interno Bruto

SUMÁRIO

Introdução 35

Capítulo 1
A Premissa Metodológica: o Novo Estruturalismo Jurídico 43

1.1. Plano deste Capítulo 43
1.2. Breves considerações sobre o estruturalismo: do conceito filosófico
às correntes econômicas. O estruturalismo e a conformação
das estruturas brasileiras 45
 1.2.1 A evolução histórica da economia brasileira: o pano de fundo
 para as reflexões realizadas neste trabalho 48
1.3. As críticas ao estruturalismo e a ascensão do novo
estruturalismo jurídico. A premissa metodológica deste trabalho. . . . 63
1.4. Conclusão parcial 74

Capítulo 2
O Conceito de Bens Comuns e a Possibilidade de
Considerar Certos Bens da Companhia como
Bens Comuns: os *Commons* Empresariais. 77

2.1. Plano deste Capítulo 77
2.2. A insuficiência da dicotomia entre bens públicos e bens privados:
a ascensão dos bens comuns. Uma classificação de acordo
com a natureza do bem 80
2.3. Algumas experiências bem-sucedidas relacionadas a bens comuns . . 89

COMMONS EMPRESARIAIS

2.3.1. Sistemas de irrigação no Nepal 91
2.3.2. Terras comuns em Törbel, na Suíça 93
2.3.3. Extrativismo de mangaba no Nordeste do Brasil 94
2.4. Verificação da possibilidade de considerar e aplicar
o tratamento dado aos bens comuns a certos bens da companhia:
os commons empresariais. 97
2.5. Conclusão parcial: enquadramento de determinados
bens da companhia como bens comuns 109

Capítulo 3
Implicações Jurídicas da Aplicação da Teoria
dos Bens Comuns a Certos Bens da Companhia 113

3.1. Plano deste Capítulo 113
3.2. Bens comuns e direito 115
3.2.1. A regulação dos bens comuns: a necessidade
de uma intervenção estrutural 120
3.2.1.1. As estruturas sob foco: a propriedade e a empresa.
O estruturalismo jurídico e suas implicações. 122
3.2.1.2. Além da dicotomia contratualismo-institucionalismo:
uma questão de eficiência. O maior alinhamento
à vertente do institucionalismo integracionista
(ou organizativo) 129
3.3. Proposta: a regulação para os bens da companhia
com natureza de bem comum 158
3.3.1. A estrutura a ser analisada: o controle empresarial. 158
3.3.2. Eficiência distributiva, função social do bem empresarial
e o melhor interesse da companhia. 168
3.3.3. A função social da propriedade empresarial 171
3.4. Os feixes de direitos relacionados ao common empresarial. 184
3.5. Formas de alocação dos feixes de direitos relacionados
ao common empresarial: autorregulação voluntária
e autorregulação compulsória. 192
3.5.1. A autorregulação como forma para a alocação
dos feixes de direitos relacionados ao common empresarial 194
3.5.2. O contrato associativo plurilateral como método
para a internalização de externalidades. 202

32

3.6. Conclusão parcial: o contrato plurilateral associativo
como instrumento para promover a cooperação
e a maximização da eficiência distributiva. 214

Conclusões. 217

Referências 225

INTRODUÇÃO

Uma análise sob a ótica do novo estruturalismo jurídico[1], que vise ao desenvolvimento, implica a revisitação crítica de certas estruturas determinantes para a concentração e a manutenção do poder, tais como a propriedade e a empresa. Quando o objeto de reflexão consiste na conjugação de ambas as estruturas, ou seja, no tratamento dos bens da empresa, em especial da companhia, igual pensamento crítico deve ser almejado.

Nesse sentido, a tese deste trabalho trata da possibilidade de aplicar o tratamento dado aos bens comuns a alguns bens da companhia, o que se propõe denominar *"common* empresarial", partindo do reconhecimento da insuficiência da tradicional dicotomia entre bens públicos e bens privados para esses bens, devido a suas características especiais, que possibilitariam considerá-los como detentores da natureza de bem comum. Para tanto, alguns

---

[1] O termo estruturalismo jurídico se refere à crítica e transformação de estruturas (a exemplo do Estado, da propriedade e da empresa), formadas historicamente, que levam a relações de dominação e de concentração e manutenção de poder econômico, sem se preocuparem com os valores e interesses envolvidos. Sendo assim, a visão do estruturalismo jurídico pressupõe a necessidade de valoração dos interesses envolvidos, que está no cerne da organização jurídica das relações sociais, e afasta-se do funcionamento positivista do direito e da interpretação baseada no racionalismo jurídico, por favorecerem a manutenção das referidas estruturas de poder. Para uma análise aprofundada do estruturalismo jurídico v. SALOMÃO FILHO, Calixto. Novo estruturalismo jurídico: uma alternativa para o direito? In: Revista dos Tribunais, vol. 926. Dezembro, 2012, sendo de se destacar que as suas premissas serão endereçadas no decorrer do Capítulo 1, que versará sobre a premissa metodológica adotada neste trabalho.

COMMONS EMPRESARIAIS

questionamentos serão enfrentados para promover essa visão "às avessas"[2] da propriedade e da empresa, muitos deles decorrentes da aplicação das considerações relacionadas ao Direito e à Economia[3-4].

[2] Faz-se aqui clara referência ao artigo de Fábio Konder Comparato, "O direito e o avesso" (COMPARATO, Fábio Konder. O direito e o avesso. In: Estudos Avançados. v. 23, n. 67. São Paulo, jan. 2009. pp. 6-22).

[3] Sobre a interface entre direito e economia e sua importância, cujas premissas estão alinhadas com o escopo proposto para este trabalho, destaca-se o seguinte excerto: *"applying economics to the law shapes legal thought and language; in framing and detaling an order governed by law it necessarily frames the objective of law"* (JOHNSTON, Jason S. Law, Economics and Post--Realist Explanation. Working Paper No. 137 – Post Realist. Yale Law School Program in Civil Liability, 1990. p. 5).

[4] Mais precisamente, além das premissas relativas a *Law and Economics*, as considerações realizadas neste trabalho estão alinhadas com as premissas propagadas pela área Direito, Economia e Organizações. Esta área teria por objetivo redefinir o modo pelo qual economistas e outros cientistas sociais pensam e investigam a Economia, as Organizações e as Instituições. Afasta-se, assim, do conceito da "firma" como mera função de produção e caminha para a firma como um modo de governança, o que dá às organizações papel antes ignorado. Nesse contexto, as reflexões de Oliver Williamson sobre o papel do ordenamento privado em contraste com o ordenamento público são de grande valia. Para o autor, o segundo é mais afeto ao estudo da Análise Econômica do Direito tradicional, enquanto a ênfase no ordenamento privado, ou seja, na capacidade das organizações funcionarem como instâncias para a solução de conflitos pós-contratuais, tem papel central no enfoque do Direito, Economia e Organizações. Sobre o tema, v. ZYLBERSZTAJN, Decio; SZTAJN, Rachel. Análise Econômica do Direito e das Organizações. In: ZYLBERSZTAJN, Decio; SZTAJN, Rachel (Orgs.). Direito & Economia: Análise Econômica do Direito e das Organizações. Rio de Janeiro: Elsevier, 2005. p. 13). Precisamente sobre a visão de Oliver Williamson, v. WILLIAMSON, O. E. Transaction Cost Economics Meets Posnerian Law and Economics. In: Journal of Institutional and Theoretical Economics. Vol. 149, No.1, 1993. pp. 73-87; bem como, WILLIAMSON, O. E. Por que Direito, Economia e Organizações? (trad. Decio Zylbersztajn). In: ZYLBERSZTAJN, Decio; SZTAJN, Rachel (Orgs.). Direito & Economia: Análise Econômica do Direito e das Organizações. Rio de Janeiro: Elsevier, 2005. pp. 16-59. Cumpre ainda destacar a contribuição de Douglass North para o debate envolvendo Economia, Direito e Organizações, ao reconhecer que as organizações são arquitetadas de modo a buscar eficiência e que sua arquitetura é pautada pelo ambiente institucional, cf. NORTH, Douglass C. Economic Performance Through Time. In: The American Economic Review. Vol. 84, No. 3, jun./1994. pp. 359-368. Por fim, com o intuito de sintetizar o âmbito de estudo de Direito, Economia e Organizações, destaca-se o excerto de Hirsch: *"A new institucional perspective that relates to law, economics, and organization theory focuses on how feasible legal forms of organization work. It is based on the premise that legal institutions matter and lend themselves to analysis. The law, economics, and organization perspective rely on a firm-as-governance structure in which contracts are assumed to be incomplete and the action is concentrated on the mechanisms of ex post governance. It is positive and thoroughly interactive and makes use of transaction cost economics. Transaction cost economics considers transactions as the based*

INTRODUÇÃO

Em primeiro lugar, no Capítulo 1 deste trabalho, são realizadas algumas considerações acerca da premissa metodológica aqui sustentada, qual seja, o (novo) estruturalismo jurídico. Para tanto, inicia-se pela apresentação do conceito filosófico de estruturalismo, que serve como base para as diversas teses econômicas que têm por fundamento os ideais estruturalistas, com destaque para o estruturalismo cepalino (ou latino americano). Feita essa apresentação conceitual inicial, apresenta-se uma breve evolução histórica da economia brasileira, com o objetivo de delimitar o pano de fundo que serve como base para a atual composição das estruturas nacionais e para as reflexões feitas no decorrer deste trabalho.

A análise da evolução histórica das estruturas econômicas brasileiras, quando cotejadas com as premissas econômicas estruturalistas introduzem, por sua vez, as críticas apresentadas a esses modelos, o que culmina com a ascensão do chamado novo estruturalismo jurídico. Trata-se, justamente, da premissa metodológica na qual se sustentam os argumentos aqui defendidos. Destaca-se, desde logo, que, muito embora as premissas adotadas se sustentem sobretudo nas relevantes reflexões realizadas por Calixto Salomão Filho, as ponderações e conclusões atingidas neste trabalho podem dar a impressão (e de fato o fazem) que ao se referir, aqui, ao estruturalismo jurídico, adota-se um conceito ligeiramente mais alargado, o que em nenhuma hipótese afasta a precisão e profundidade dos argumentos do professor.

Feita a apresentação da premissa metodológica adotada, no Capítulo 2 deste trabalho, baseando-se no estudo desenvolvido pela cientista política Elinor Ostrom[5], traça-se uma conceituação dos bens comuns, tendo por pressuposto a insuficiência da clássica dicotomia entre bens públicos e bens privados e o

---

unit of analysis and focuses on aligning them with alternative modes of governance, e.g., markets and departments, with the objective of economizing transaction costs." (HIRSCH, Werner Z. Law and Economics: An Introductory Analysis. 3rd Ed. San Diego: Academic Press, 1999. p.11).

[5] Elinor Ostrom foi a primeira mulher a receber o Prêmio Nobel de Economia, em 2009. Além disso, Ostrom possui graduação (1954), mestrado (1962) e doutorado (1965) pela Universidade da Califórnia, bem como foi professora da Universidade de Indiana e fundadora da Associação Internacional para Estudo da Propriedade Comum, que desde 2006 não conta mais com o termo "propriedade" em seu nome, International Association for the Study of Commons (IASC). Atualmente, a IASC é tida como uma das principais instituições responsáveis pela a propagação de reflexões e estudos relacionados aos bens comuns (*commons*). Não à toa, as reflexões da IASC são referidas em algumas passagens deste trabalho.

COMMONS EMPRESARIAIS

conceito adotado por Ostrom ao se referir aos *common-pool resources (CPR)* ou, simplesmente *commons* ou bens comuns. Esta análise enfrenta brevemente os estudos de caso trazidos por Elinor Ostrom, bem como outras experiências nacionais e internacionais não apresentadas pela autora. Dessa reflexão delimita-se o conceito de bem comum adotado nesta tese.

Importante salientar que o conceito "bem comum", apesar de, em um primeiro momento, denotar que se leva em consideração critérios econômicos relacionados especialmente às características físicas desse bem, em realidade tem como fundamento a necessidade de acesso (econômico, social ou jurídico) de múltiplos interesses em relação a tal bem, independentemente de seus atributos físicos. Essa concepção de bem comum, como se procurará demonstrar, independe da titularidade jurídica do bem, ou seja, de quem é titular do direito de propriedade, reconhecido pelo ordenamento jurídico brasileiro (o próprio Estado, particulares, ou mesmo bens sem proprietário, que se aproximariam do tradicional conceito de *res nullius*).

Essa consideração implica desde logo afirmar que ao se caracterizar um bem como comum, faz-se referência à natureza do bem. Essa classificação não se confunde, por sua vez, ao tratamento que será proposto para a destinação que lhe será dada, tampouco podendo ser tratado como equivalente ao regime jurídico reconhecido pelo ordenamento para tal bem, que costuma classificá-los entre bens públicos e bens privados, principalmente.

Nesse contexto, partindo da análise de casos empiricamente bem-sucedidos relacionados à identificação de determinados bens como comuns, verifica-se a possibilidade de considerar e aplicar um tratamento especial a determinados bens da companhia, mormente integrantes do estabelecimento comercial. Isso envolve analisar a existência de identidade entre os elementos característicos dos comuns em alguns bens da companhia, quais sejam: o alto grau de subtrabilidade de uso e o alto grau de dificuldade de exclusão de terceiro em relação a esse bem, de acordo com as características apresentadas no decorrer desse segundo Capítulo.

Destaca-se que a delimitação do escopo de análise em torno dos bens da companhia não é arbitrária. Como se procurará demonstrar no decorrer deste trabalho, a discussão sobre a destinação de um bem de uma sociedade empresária é, em suma, uma discussão sobre interesses. Nesse contexto, a sociedade anônima, pelo seu caráter institucional e pelas razões de sua concepção no

INTRODUÇÃO

direito nacional, é o tipo societário propício para promover a organização e a internalização de interesses. Esse recorte metodológico, porém, não afasta as considerações e conclusões deste trabalho para debates que tenham por palco outras formas de organização da atividade empresarial, a exemplo de uma sociedade empresária limitada.

Diante da possibilidade teórica, como se procurará demonstrar, de reconhecer que alguns bens da companhia, a despeito de serem relacionados ao regime jurídico privado, possuem natureza de bem comum – sendo, assim, *commons* empresariais –, serão feitas ponderações sobre as implicações jurídicas da possibilidade de lhes proporcionar um tratamento especial. Essa análise, que inaugura o Capítulo 3 deste trabalho, procura definir a melhor forma para a alocação dos chamados feixes de direitos (*bundle of rights*) a titulares de interesses afetados pela destinação do bem da companhia considerado comum.

Essa reflexão, realizada de acordo com a premissa metodológica do estruturalismo jurídico, pressupõe o enfrentamento das estruturas propriedade e empresa, o que demanda a sua análise a partir do prisma do Direito e Economia de algumas importantes questões relacionadas ao direito societário, com o intuito de estabelecer as bases conceituais utilizadas nas discussões realizadas posteriormente. Nesse contexto, reconhece-se a propriedade como uma forma de internalização de externalidades, com o intuito de reduzir custos de transação e maximizar a eficiência relacionada à destinação do respectivo bem.

Já dentre as temáticas relacionadas ao direito societário, destaca-se a discussão acerca da definição do interesse social que deve ser perseguido pela companhia, cotejando as bases das correntes contratualistas e institucionalistas. Neste ponto, alguns comentários de cunho metodológico são necessários.

O estudo sobre o interesse social é realizado, em primeiro lugar, por se entender que a discussão sobre a destinação ou mesmo o tratamento jurídico de um bem da companhia pressupõe enfrentamento acerca da organização dos interesses por ela afetados. Em segundo lugar, parte-se da premissa de que o debate sobre o interesse social é um ponto de partida relevante para delimitação de quais seriam os interesses a serem tutelados diante do reconhecimento de um bem empresarial como sendo comum.

Diante dessas considerações, adota-se neste trabalho a corrente do institucionalismo integracionista (ou organizativo), que propõe uma solução

COMMONS EMPRESARIAIS

procedimental para a definição do interesse social, por meio da organização e internalização dos interesses afetados pela atividade empresarial.

Defende-se, contudo, que o interesse social não pode ser considerado exclusivamente sob o aspecto procedimental, devendo existir um substrato material mínimo para a sua delimitação. Dessa forma, sustenta-se que esse substrato material mínimo deve ser a eficiência em seu sentido distributivo, o que pressupõe algumas reflexões acerca da dicotomia entre eficiência alocativa e eficiência distributiva e as teorias de interesse social, enfrentamento que também é realizado no Capítulo 3.

Em seguida, com o objetivo de identificar o regramento a ser aplicado a tais bens, aborda-se o conceito de controle empresarial (que não se confunde com o controle societário), de modo a justificar o porquê de os mecanismos para internalização de interesses afetados pela destinação do bem comum da companhia, bem como de os parâmetros relacionados à alocação ótima dos feixes de direitos a ele relacionados, estarem vinculados à organização do controle empresarial.

Feitos esses esclarecimentos conceituais, aborda-se o parâmetro para a alocação dos feixes de direito relacionados aos *commons* empresariais, qual seja o "melhor interesse da companhia", o que equivale à realização da atividade empresarial de acordo com a sua função social.

Como se procurará demonstrar, a observância da função social da empresa não apenas implica o melhor interesse da companhia, como representa a forma de maximizar a eficiência distributiva relacionada à realização da empresa e à destinação do bem empresarial. Dessa forma, em outras palavras, defende-se que o melhor interesse da companhia é atingido na medida em que a atividade empresarial é realizada no sentido de se maximizar a eficiência distributiva decorrente de sua exploração, o que enuncia, por sua vez, a função social da propriedade do bem empresarial. Trata-se, assim, de consequência relacionada ao reconhecimento do substrato material mínimo vinculado ao interesse social, partindo do alinhamento à vertente do institucionalismo integracionista (ou organizativo).

Cumpre repisar desde logo, a despeito da delimitação feita, que a eficiência que se pretende maximizar é a eficiência distributiva, que não pode ser confundida com a denominada eficiência alocativa e que costuma ser vinculada

INTRODUÇÃO

às teorias utilitaristas tradicionais e, por consequência, associada às vertentes contratualistas do interesse social.

Após essas considerações, passa-se a analisar quais seriam os feixes do direito de propriedade relacionados ao *common* empresarial, bem como as formas para a alocação de tais feixes de direitos. Pretende-se demonstrar que essa alocação, pelas próprias características dos bens comuns, dar-se-ia do modo adequado e eficiente se realizada por meio de soluções autorregulatórias, sejam elas modalidades de autorregulação voluntária ou de autorregulação compulsória.

Essa discussão possibilita a reflexão estrutural sobre os contratos associativos plurilaterais, tidos como o instrumento mais adequado para formalizar essa alocação de feixes de direitos do bem da companhia considerado comum. Isso se dá, pois a forma de instrumentalizar as soluções autorregulatórias são, justamente, estruturas associativas, a exemplo de associações ou outras modalidades de contratos associativos plurilaterais. Importante salientar que o contrato associativo plurilateral configura uma forma tradicional de organização de interesses que é dotada de traços pautados no estruturalismo jurídico em razão da finalidade pretendida nesta tese.

Por fim, são elaboradas algumas considerações conclusivas com o objetivo de consolidar as reflexões realizadas no decorrer deste trabalho.

Capítulo 1
A Premissa Metodológica: o Novo Estruturalismo Jurídico

1.1. Plano deste Capítulo

O presente trabalho adota como premissa metodológica as reflexões relacionadas ao chamado novo estruturalismo jurídico, uma forma de analisar a ciência do Direito como uma ferramenta capaz de alterar a realidade das estruturas econômicas e sociais, tidas como elementos de um todo interconectado, cuja alteração de um de seus componentes afeta – ou, ao menos, influencia – os demais. Trata-se de uma resposta crítica ao racional-positivismo, que entende o sistema jurídico como uma composição lógica e hermética, devendo ser alcançadas as soluções para as controvérsias jurídicas dentro do próprio sistema, por meio de soluções pautadas no dogmatismo.

O escopo deste Capítulo é justamente promover uma breve apresentação desse arcabouço metodológico, tal como entendido para os fins deste trabalho, cujas premissas orientam as reflexões no decorrer das próximas Seções. Para tanto, inicia-se com uma abordagem conceitual do estruturalismo enquanto um conceito filosófico, que serve como base para a apresentação das principais correntes do chamado estruturalismo econômico, as quais, por sua vez, influenciarão o conteúdo do já referido novo estruturalismo jurídico.

Passa-se então a verificar como essas correntes econômicas de índole estruturalista estão relacionadas com a evolução da história econômica brasileira, na tentativa de justificar a atual conformação das estruturas econômicas do

43

COMMONS EMPRESARIAIS

país. Com o intuito de melhor direcionar considerações trazidas no decorrer deste Capítulo, faz-se mister afirmar que as reflexões realizadas têm por base principal a corrente do estruturalismo cepalino (ou latino americano), porém sem desconsiderar outras importantes influências para a conformação das estruturas brasileiras, a exemplo do estruturalismo da Escola de Harvard. Em outras palavras, apesar de o desenvolvimento adotado no decorrer das próximas páginas se alinhar de forma mais íntima a algumas correntes econômicas estruturalistas, há evidentes inspirações em outras, cujas manifestações serão devidamente identificadas.

Diante dessas considerações introdutórias e partindo das reflexões econômicas vinculadas às correntes estruturalistas, com o intuito de melhor delimitar a premissa metodológica adotada nesta tese, traça-se um paralelo entre o sistema jurídico racional-positivista, tido como responsável pela manutenção das estruturas de poder e pela ausência de mudanças estruturais que visem à superação do subdesenvolvimento, com as ideias propugnadas pelo chamado *novo estruturalismo jurídico*, que são inspiradas principalmente nas reflexões propostas por Calixto Salomão Filho.

Importante destacar desde logo que a visão adotada neste trabalho é, sem dúvida, influenciada pela obra do Professor Titular do Departamento de Direito Comercial da Faculdade de Direito da Universidade de São Paulo. A este despeito, as considerações realizadas neste trabalho permitem a identificação de uma abordagem ligeiramente mais alargada de suas reflexões, o que, de maneira alguma, afeta sua pertinência ou adequação; trata-se, em verdade, de sua corroboração e ampliação a uma nova fronteira de aplicação teórica.

Por fim, é igualmente relevante destacar que as considerações feitas no decorrer do Capítulo 1 constituem haste central para as reflexões feitas nas demais seções. Isso se dá, pois os demais Capítulos desta tese se debruçarão sobre as estruturas atinentes à propriedade e à empresa, que são justamente as estruturas mais diretamente afetadas quando se estender o tratamento dado a bens comuns para determinados bens considerados, em razão de sua natureza, tradicionalmente privados e de titularidade de uma companhia. Ou seja, a maior carga teórica e abstrata desenvolvida neste Capítulo 1 servirá como sustentáculo (e, por que não, convite) para as reflexões propostas nas demais passagens deste trabalho.

CAPÍTULO 1 – A PREMISSA METODOLÓGICA: O NOVO ESTRUTURALISMO JURÍDICO

1.2. Breves considerações sobre o estruturalismo: do conceito filosófico às correntes econômicas. O estruturalismo e a conformação das estruturas brasileiras

Sob a perspectiva filosófica, pode-se definir o termo estruturalismo como uma forma de se analisar o objeto de estudo enquanto parte integrante de um todo, levando em consideração a posição e a importância de tal objeto dentro deste todo[6]. Nesse contexto, a delimitação do conceito de estruturalismo, no âmbito filosófico, é bem realizada por Simon Blackbrun, conforme se extrai do breve excerto a seguir: "[structuralism is] *the belief that phenomena of human life are not intelligible except through their interrelations. These relations constitute a structure, and behind local variations in the surface phenomena there are constant laws of abstract structure*"[7].

Partindo da delimitação do conceito, pode-se afirmar que a análise estruturalista propõe enfrentar de que forma a alteração de um elemento do todo leva à modificação dos elementos a ele relacionados. Trata-se, assim, de uma a abordagem metodológica que permeia as mais diversas áreas do conhecimento humano, a exemplo da economia[8], da filosofia, do direito, da sociologia, dentre tantas outras[9].

---

[6] SALOMÃO FILHO, Calixto. Novo estruturalismo jurídico... p. 539.

[7] Cf. BLACKBURN, Simon. Oxford Dictionary of Philosofy. 2nd Edition Revised. Oxford: Oxford University Press, 2008.

[8] Como aponta Celso Furtado em seu livro "Teoria e política do desenvolvimento econômico", a noção de estruturalismo na América Latina é muito mais próxima da definição feita por Max Weber do que a sociológica feita por Lévi-Strauss, sendo antes um fenômeno econômico (e posteriormente jurídico) da tradução do estruturalismo, do que um fenômeno sociológico ou linguístico (Cf. FURTADO, Celso. Teoria e política do desenvolvimento econômico. São Paulo: Abril Cultural, 1983).

[9] Desde logo faz-se a ressalva que o conceito estruturalista não é alheio de críticas, especialmente no ramo da sociologia, em que Carlos Nelson Coutinho, em seu livro sobre o estruturalismo, descreve como um *"conceito que se tenta generalizar à totalidade da vida social"* (COUTINHO, Carlos Nelson. O Estruturalismo e a Miséria da Razão. 2ª Edição. São Paulo: Editora Popular, 2010. p. 80). E, ainda, Coutinho acrescenta: *"(...) os problemas epistemológicos são apenas um momento subordinado das questões ontológicas (ou, em outra palavras, a racionalidade subjetiva é um reflexo aproximativo do sistema de leis imanentes à objetividade do ser), no estruturalismo a relação se inverte, pois sua "ontologia" não é mais do que uma projeção no objeto das configurações formais descobertas na análise – unilateral e fetichizada – do intelecto subjetivo"* (Idem ao anterior. p. 79). Tem-se, portanto, a *"liquidação da dimensão ontológica na análise dos objetos* [no estruturalismo

COMMONS EMPRESARIAIS

O conceito de estruturalismo reflete, portanto, uma alteração que parte da microterminologia para a macroterminologia, modificando a "população" de análise do estruturalismo pela alteração metodológica existente[10]. A título exemplificativo e para melhor ilustrar o conceito apresentado, deixa-se de analisar o indivíduo dentro do plano econômico, de forma isolada, e se passa a analisar o plano econômico como um todo, com atenção às influências relacionais entre todos os elementos que o compõem. Pode-se dizer, assim, que o estruturalismo – em sua matriz filosófica – não é a alteração da perspectiva holística, mas uma análise conjunta das estruturas[11], explorando padrões e interrelações, adotando, por fim, uma ontologia das estruturas[12-13].

Dessa forma, assumindo como ponto de partida deste trabalho que o estruturalismo – e, consequentemente, a análise estruturalista – adota uma abordagem metodológica, o estudo aqui desenvolvido propõe a interrelação entre a dinâmica jurídica e a subsequente análise econômica. Busca-se,

moderno]" (Idem ao anterior. p. 243). Além da visão propagada por Coutinho, destaca-se a crítica de Robert Grafstein, para quem a alteração do objeto de estudo do estruturalismo leva necessariamente à ascensão da estrutura enquanto objeto de análise da metodologia estruturalista, com a consequente redução da importância do indivíduo (Cf. GRAFSTEIN, Robert. Structure and Structuralism. In: Social Science Quarterly, Vol. 63, No. 4, December/1982. p. 621). Diante dessa perspectiva, Grafstein conclui que a aplicação eficiente dos preceitos estruturalistas é prejudicada em razão da premente necessidade de alteração de seus paradigmas: *"At the same time, structuralism's claim to a more enduring contribution depends on its ability to justify its specific ontological commitments. I have argued that an ontology of structures, particularly in a Platonist form, can claim some plausibility. If the question of ontology is ever settled, or at least successfully bracketed out, then I suspect that the real problem for structuralism will be its claim that there are structural matters of fact."* (Idem ao anterior. p. 631).

[10] Cf. GRAFSTEIN, Robert. Op. cit. pp. 623-624.
[11] Cf. GRAFSTEIN, Robert. Op. cit. p. 625.
[12] Idem ao anterior. p. 630.
[13] A despeito da relevância do estruturalismo enquanto método de análise para os fins deste trabalho, não se olvida, mais uma vez, na linha das considerações trazidas na nota de rodapé nº 9, que a utilização apresenta limitações e falhas individuais, conforme se extrai do posicionamento de Robert Grafstein: *"Finally, what is the payoff for being finicky about ontology, aside from the intrinsic value of being clear about one's subject matter? When ontology is clear, one can distinguish between (1) complementary descriptions of different things – say, individuals and social structure – and (2) rival descriptions of the same things, e.g., individuals. In the first case, controversy over the correct description is otiose. In the second case, the success of an individualistic account of social phenomena can undermine, as we have seen, the explanatory grip of the structural account. How one settles the question of ontology thus has important implications for the normal social scientific pursuit of explanation"* (GRAFSTEIN, Robert. Op. cit. p. 630).

CAPÍTULO 1 – A PREMISSA METODOLÓGICA: O NOVO ESTRUTURALISMO JURÍDICO

desse modo, no decorrer das ponderações trazidas por este trabalho, entender as alterações de estruturas de maneira ontológica, com a consentânea (e simultânea) importância da área jurídica e da área econômica, o que implica a adoção de uma matriz de pensamento com nítida inspiração weberiana e que tem como característica central a igual relevância dada às diferentes formas de investigação do objeto de estudo, seja pela lente jurídica ou pela lente econômica, por exemplo[14]. Em outros termos, à guisa de conclusão e para consolidar a metodologia apresentada, deve-se analisar os efeitos que a mudança nos elementos de uma das estruturas gera nas demais.

Direcionando o termo estruturalismo para o objeto de estudo deste trabalho, trata-se, em realidade, da busca pela alteração da dinâmica do sistema positivista do direito, de modo a promover uma ótica que leve em consideração a gama de interesses envolvidos na aplicação das normas jurídicas, superando dificuldades ou problemas que o sistema positivista venha a ocasionar. Almeja-se, assim, analisar as possíveis soluções decorrentes dos problemas enfrentados por essa dinâmica positivista do direito e sua influência nas estruturas do sistema jurídico como um todo, sempre partindo dos interesses envolvidos e afetados pelas normas. Pretende-se, por meio dessa metodologia, atingir o objetivo último de propor soluções com objetivo desenvolvimentista e que possibilitem alternativas para a superação do subdesenvolvimento, justamente

---

[14] Sobre a temática e para melhor desenvolver a referida inspiração weberiana, destaca-se a reflexão de Pedro Cezar Dutra Fonseca: *"Neste caso, a inspiração weberiana é clara. Não é demais lembrar a surpresa que às vezes causa aos leitores o fato de Weber, depois de ter argumentado com o máximo rigor possível sobre a influência do protestantismo para as origens do capitalismo, dedica o último parágrafo não para concluir sobre o objeto de sua tese, mas sobre seu método, admitindo que a relação inversa não só seria válida, mas colaboraria para melhor elucidar o fenômeno: "But it would also further be necessary to investigate how Protestant Asceticism was in turn influenced in its development and its character by the totality of social conditions, especially economic. (...) But it is, of course, not my aim to substitute for a one-sided materialistic an equally one-sided spiritualistic causal interpretation of culture and oh history. Each is equally possible, but each, if it does not serve as the preparation, but as the conclusion of an investigation, accomplishes equally little in the interest of historical truth" (Weber 1904, p. 183). Ao criticar a unilateralidade do materialismo, Weber refere-se a Marx, pois interpreta este autor como determinista econômico ao entender fenômenos como a religião e a cultura como superestrutura. A passagem deixa claro: a influência de variáveis em ambas as direções é igualmente válida como objeto de investigação, múltiplos modelos são possíveis para explicar um mesmo fenômeno"* (FONSECA, Pedro Cezar Dutra. A Política e seu Lugar no Estruturalismo: Celso Furtado e o Impacto da Grande Depressão no Brasil. In: Revista EconomiA, Selecta, Vol. 10, No. 4, dez/2009, Brasília (DF). p. 875, nota de rodapé nº 4).

COMMONS EMPRESARIAIS

por se entender que dinâmica racional-positivista contribui, em certa forma, para a perpetuação do subdesenvolvimento. A despeito da profundidade desta breve reflexão, deixa-se para imergi-la posteriormente, quando se pretende melhor concretizar as discussões desta tese.

Nesse diapasão, para que se possa tecer uma crítica às estruturas – em especial, à propriedade e à empresa – e propor alternativas de reforma, deve-se não apenas entender o conceito de estruturalismo sob o prisma filosófico, mas também analisar a sua aplicação às ciências do direito e da economia, que são as áreas do conhecimento que mais diretamente influenciam tais estruturas, de acordo com as premissas adotadas por este trabalho. Essa análise só se entende profícua caso parta da própria origem das estruturas estudadas, mais especificamente no sistema jurídico-econômico brasileiro, palco da análise que será aqui desenvolvida.

Dessa forma, com o intuito de contextualizar o atual estado da técnica das estruturas propriedade e empresa, a origem da conformação dessas estruturas será abordada nas Seções subsequentes, iniciando-se pela breve apresentação da evolução histórica da economia brasileira. A abordagem proposta tem o intuito de compreender a origem dessas estruturas no Brasil e, justamente, traçar a sua conformação contemporânea, o que servirá como base para as reflexões realizadas no decorrer desta tese.

1.2.1 A evolução histórica da economia brasileira: o pano de fundo para as reflexões realizadas neste trabalho

Conforme preceituado na Seção anterior, para se entender o estado da técnica da análise estruturalista – e a ascensão do chamado novo estruturalismo jurídico, como será tratado oportunamente –, deve-se destinar atenção às relações das estruturas analisadas e as consequências da alteração das variáveis consideradas, sem, contudo, olvidar-se da importância da evolução histórica dessas mesmas estruturas. Para tanto, propõe-se uma breve análise da evolução histórica da economia brasileira, que terá por objetivo contribuir para a composição do atual estágio das estruturas sob análise na economia nacional, tecendo o pano de fundo das reflexões realizadas neste trabalho.

Para fins de esclarecimento, deve-se notar que a análise que será feita nesta Seção não pretende esgotar o estudo sobre a evolução histórica da economia

CAPÍTULO 1 – A PREMISSA METODOLÓGICA: O NOVO ESTRUTURALISMO JURÍDICO

brasileira. Almeja-se tão somente apresentar de forma estruturada o pano de fundo para a conformação das estruturas econômicas no Brasil contemporâneo, que servirão como base para as reflexões realizadas no decorrer desta tese.

Como previamente esclarecido, as reflexões aqui trazidas possuem forte relação com o estruturalismo cepalino (ou latino-americano), sem, no entanto, olvidar-se das diferentes análises estruturalistas possíveis, a exemplo do estruturalismo da Escola de Harvard e do chamado estruturalismo marxista, cujas premissas básicas influenciaram as medidas pensadas para o Brasil em diversas passagens históricas e serão referenciadas no decorrer das reflexões feitas nesta Seção. Dessa forma, a título preliminar, o estruturalismo econômico na América Latina, mais comumente referido como estruturalismo latino americano ou estruturalismo cepalino, é muito influenciado pelo manifesto estruturalista de Raúl Prebisch, economista argentino e um dos mais destacados intelectuais da Comissão Econômica para América Latina e Caribe (CEPAL), sendo o autor responsável pela alteração do paradigma econômico à época de suas publicações. Prebisch foi responsável pela introdução da concepção de uma estrutura internacional dividida entre um centro hegemônico industrial e uma periferia agrária e dependente economicamente dos centros industriais, o que representa uma contraposição direta à teoria do comércio internacional, baseada em vantagens comparativas e que era até então predominante[15].

Paralelamente, é essencial destacar a grande influência dos ideais relacionados ao Estruturalismo da Escola de Harvard para a composição do pensamento econômico brasileiro a partir dos anos 1960, conforme ficará mais claro com a apresentação do desenvolvimento na histórica econômica nacional. Essa vertente estruturalista tem como premissa o desenvolvimento e a relação das estruturas em um contexto de mercado, no qual as estruturas de mercado influenciam a conduta competitiva, alterando sua performance, ao passo que as próprias estruturas de mercado, por sua vez e por consequência, são influenciadas e potencialmente alteradas. Essa abordagem é referida como

---

[15] Sobre a evolução do estruturalismo econômico na América Latina, v. MISSIO, Fabrício J.; JAYME JR., Frederico G. Estruturalismo e Neoestruturalismo: Velhas Questões, Novos Desafios. In: Análise Econômica, Ano 30, N. 57, mar./2012, Porto Alegre. pp. 205-230, em especial p. 206).

COMMONS EMPRESARIAIS

"*SCP (Structure-Conduct-Performance)*" da escola de Harvard, que procura refletir o papel central do poder de mercado sobre as estruturas, que é o cerne dessa vertente de estruturalismo[16].

Feito esse breve esclarecimento terminológico dessas vertentes do estruturalismo econômico, passa-se a apresentar uma breve menção do desenvolvimento histórico da economia nacional, tendo como ponto de partida e como marco temporal para o recorte metodológico proposto a década de 1950, que inaugura a primeira etapa do desenvolvimento histórico da economia moderna brasileira, ou seja, o capitalismo moderno industrializado.

Destaca-se desde logo que o recorte temporal realizado não negligencia a relevância dos acontecimentos dos períodos anteriores e que guardam relação com a herança de uma economia colonial, que plasmou o modo de atuação dos monopólios legais e econômicos no Brasil contemporâneo. Para fins de mera referência, o período colonial era pautado pelo fenômeno da *tripla drenagem*, caracterizada pela concentração de mercado consumidor, pela concentração e extração de renda do mercado de trabalho e pela concentração e extração de recursos em geral[17]. Em suma, o recorte temporal proposto configura tão somente uma escolha metodológica para as considerações feitas no decorrer desta Seção.

---

[16] Para detalhamento acerca das premissas do estruturalismo da Escola de Harvard, v. BUDZINSKI, Oliver. Pluralism of Competition Policy Paradigms and the Call for Regulatory Diversity. In: Philipps-University of Marburg Volkswirtschaftliche Beitraege, No. 14/2003, oct. 2003. Disponível em: <https://ssrn.com/abstract=452900>. Acesso em 04.03.2019.

[17] Sobre a temática, é interessante melhor contextualizar a referida *tripla drenagem* e a sua intensa relação com os países que atualmente buscam a superação do subdesenvolvimento. Conforme destacado por Salomão Filho, Ferrão e Ribeiro, a forma de atuação dos monopólios legais e econômicos, peculiares das economias coloniais, teriam levado à concentração de mercado consumidor, à concentração e extração de renda do mercado de trabalho e à concentração e extração de recursos, resultando na chamada *tripla drenagem*, bem como em uma correlação direta entre a existência de poder econômico e a distribuição de renda e, consequentemente, com a pobreza. Sobre a abordagem dessa temática sob os pontos de vista teórico e empírico, v. SALOMÃO FILHO, Calixto; FERRÃO, Brisa Lopes de Mello; RIBEIRO, Ivan César. Concentração, Estruturas e Desigualdade: As Origens Coloniais da Pobreza e da Má Distribuição de Renda. Instituto de Direito do Comércio Internacional e Desenvolvimento (IDCID), 2008, em especial as pp. 29-42.

CAPÍTULO 1 - A PREMISSA METODOLÓGICA: O NOVO ESTRUTURALISMO JURÍDICO

Dessa forma, sob o aspecto econômico, os anos 1950 foram marcados por um ciclo de expansão, que se iniciou especialmente após a crise de 1929[18], e que teve como traço fundamental o chamado desenvolvimento do sistema centro-periferia[19], que pode ser caracterizado em razão dos seguintes aspectos[20]: (i) a substituição de importações como forma obrigatória de industrialização, concomitantemente a uma mudança na composição das importações; (ii) o desequilíbrio externo inerente ao processo de substituição de importações; (iii) altos níveis de subemprego estrutural e (iv) as condições da agricultura alteram os níveis de subemprego e provocam desequilíbrios intersetoriais de produção.

---

[18] Cf. VILLELA, André. Dos "Anos Dourados" de JK à Crise Não Resolvida (1956-1963). In: GIAMBIAGI, Fábio; VILLELA, André; DE CASTRO, Lavínia Barros; HERMANN, Jennifer (Orgs.). Economia Brasileira Contemporânea: 1945-2010. Rio de Janeiro: Elsevier, 2011, em especial p. 28.

[19] Sobre o tema, é essencial a reflexão feita por Octavio Rodriguez, considerado um dos principais intelectuais do chamado estruturalismo latino americano (ou estruturalismo cepalino): *"Os fundamentos do estruturalismo latino-americano têm sua origem e sua base essencial na concepção do sistema centro-periferia. Tacitamente, admite-se que o progresso técnico resulta de processos exógenos no âmbito do econômico, que se plasma na criação de novos bens de capital. Mas, além disso, como se pôde ver, postula-se que ele procede de forma mais rápida em certos setores, ramos e atividades da produção material e, em conexão com isso, que vai se dando a taxas mais altas nos centros que na periferia. (...) tendências consideradas inerentes ao funcionamento do pólo periférico do sistema: a superabundância de força de trabalho, a deterioração dos termos de troca e o desequilíbrio externo, respectivamente. Tais tendências se interinfluenciam e interatuam com a evolução da estrutura produtiva desse pólo. Entende-se, pois, que elas constituem aspectos essenciais do conteúdo básico, que requerem análises formalizadas — de teorias em sentido estrito — se quisermos compreender mais cabalmente as especificidades do desenvolvimento da periferia."* (RODRIGUEZ, Octavio. O Estruturalismo Latino-Americano, Rio de Janeiro: Editora Civilização Brasileira, 2009; p. 92)

[20] As considerações estão relacionadas sobretudo à obra de Raul Prebisch: *"La dinámica de los centros, si bien tiene considerable influencia en el desarrollo periférico, es de alcance limitado, debido a la índole centrípeta del capitalismo. En efecto, esa dinámica solamente impulsa al desarrollo periférico en la medida que atañe al interés de los grupos dominantes de los centros. La índole centrípeta del capitalismo se manifiesta persistentemente en las relaciones entre los centros y la periferia. En los primeros se origina el progreso técnico y tiende a concentrarse en ellos el fruto de la creciente productividad que trae consigo. A favor de la demanda creciente que acompaña al incremento de productividad se concentra también allí la industrialización, aguijada por incesantes innovaciones tecnológicas que diversifican más y más la producción de bienes y servicios. Así pues, en el curso espontáneo del desarrollo la periferia tiende a quedar al margen de ese proceso de industrialización en la evolución histórica del capitalismo"* (PREBISCH, Raúl. Capitalismo Periferico: Crisis y Transformación. 1ª Ed. México: Fondo de Cultura Económica, 1981. p. 35).

COMMONS EMPRESARIAIS

Essas características ocorrem, na visão de Octavio Rodríguez – referência no estudo do estruturalismo latino-americano – por dois motivos principais: a tendência ao desequilíbrio externo e o subemprego estrutural. Passa-se, então, a analisar cada um desses motivos, separadamente[21].

Em relação ao desequilíbrio externo, parte-se da premissa de que inexiste um padrão ideal para a transformação da estrutura produtiva da periferia com o objetivo de promover o seu desenvolvimento. Não há, assim, um modelo que estabeleça o grau de transformação que deve ser operado em cada um dos seus diferentes setores e ramos da economia, situação que é majorada em razão da especialização, tendente quando do desenvolvimento da periferia, que se dá em razão da eleição de um setor ou ramo específico da economia para ser transformado, sem que os demais o acompanhem com igual intensidade. A título exemplificativo, determinado polo periférico pode ter como característica central o desenvolvimento pontual e vertical do setor agrícola, sem que isso seja acompanhado de semelhante desenvolvimento pelos demais ramos econômicos.

Essa transformação desproporcional gera, justamente, uma dificuldade ainda maior de se alcançar um desenvolvimento isonômico dos diferentes ramos e setores econômicos. Nem poderia ser diferente, já que os recursos que podem ser alocados para o desenvolvimento dos diversos setores são, por definição, escassos, ao passo que a eleição de um dos setores para incentivo leva, quase que diretamente, à negligência dos demais. Como consequência, tem-se a tendência de que essa desproporção entre os variados setores e ramos da periferia impossibilite ou, ao menos, dificulte uma relação intersetorial eficiente, com concentração de riquezas e tecnologia em setores específicos da economia[22], o que implica, por usa vez, ainda maior

---

[21] Cf. RODRIGUEZ, Octavio. Op. cit. p. 84.

[22] Note-se que a especialização da periferia é um dos fatores que a caracterizam, o que não necessariamente implica o fato de país subdesenvolvido não possuir tecnologia ou mesmo riquezas. Muito pelo contrário, há tecnologia e riqueza, mas estas se concentram em setores específicos, especialmente no setor primário exportador, sem uma comunicação setorial propensa a possibilitar a superação da especialização estrutural. Novamente, utiliza-se como chave a análise de estruturas para possibilitar a solução desenvolvimentista voltada, como já falado, ao estruturalismo cepalino. Nesse sentido, Rodriguez se posiciona ao afirmar que: *"Um aspecto primordial dessa desigualdade — ou, como também se diz, dessa bipolaridade — consiste na reiteração das diferenças entre as estruturas produtivas ao longo do tempo. Sem desconhecer que vai*

CAPÍTULO 1 - A PREMISSA METODOLÓGICA: O NOVO ESTRUTURALISMO JURÍDICO

especialização e disparidade entre o setor eleito para o desenvolvimento vertical e os demais[23].

Nesse sentido, a transformação da periferia, por meio da industrialização – ou, em outras palavras, a superação do subdesenvolvimento para o desafio furtadiano[24] –, tem como marco inicial a especialização do setor primário exportador, tal como ocorrido nos países latino americanos, incluindo o Brasil[25]. Isso impede que a substituição de importações ocorra de maneira relativamente simultânea entre os diversos setores econômicos, visando à formação de uma cadeia produtiva, já que a economia mantém-se refém da importação de produtos de maior valor agregado, com maior grau de industrialização e

se ampliando e se tornando complexa, sustenta-se que a estrutura produtiva da periferia conserva traços marcantes de especialização e heterogeneidade, sempre contrastantes com a diversificação e homogeneidade do centro, que, por outro lado, seguem se acentuando" (RODRIGUEZ, Octavio. Op. cit. pp. 82-84).

[23] Conforme se pode observar, a forma de industrialização assinalada implica um padrão de mudança da estrutura produtiva periférica, na qual a reiteração de seu caráter especializado é inerente. Isso se dá, pois, esse padrão de mudança parte de alterações consideradas mais simples para as consideradas mais complexas e, portanto, a estrutura produtiva demanda muito mais tempo para atingir graus de complementaridade intersetorial e de integração vertical, as quais tendem a ser, nos países periféricos, reiteradamente incipientes, quando comparados com os alcançados pelos grandes centros. Esse padrão de mudança tampouco facilita a diversificação das exportações da periferia, que tendem, pois, a conservar seu caráter primário por períodos mais ou menos prolongados, conforme o caso (Cf. RODRIGUEZ, Octavio. Op. cit. p. 86).

[24] Faz-se aqui referência ao desafio furtadiano, no qual, pautado em uma análise estruturalista, advoga-se pelo desenvolvimento da região periférica que culminaria com a superação do subdesenvolvimento. A despeito da complexidade das reflexões que advém da obra de Celso Furtado, ressalvando a insuficiência de se tentar limitação de fenômeno de tamanha complexidade, o desafio furtadiano pode ser assim enunciado: "O desafio que se coloca à presente geração é, portanto, duplo: o de reformar as estruturas anacrônicas que pesam sobre a sociedade e comprometem sua estabilidade, e o de resistir às forças que operam no sentido de desarticulação do nosso sistema econômico, ameaçando a unidade nacional" (FURTADO, Celso. Brasil: a construção interrompida. 2ª Ed. Rio de Janeiro: Paz e Terra, 1992. p. 13). Essas ideias também estão refletidas, em diversas passagens, em FURTADO, Celso. Formação econômica do Brasil. 32ª Ed. São Paulo: Companhia Editora Nacional, 2003.

[25] Prebisch, sobre o tema, explica a propagação técnica da relação centro-periferia: "La clave del desarrollo está en la propagación de la técnica productiva de los centros mediante la acumulación de capital. Esta propagación se realiza mediante una superposición continua de las capas técnicas, donde se concretan las innovaciones de aquéllos. Si bien con característico retraso en relación a los centros, y con ciertas limitaciones, capas técnicas de creciente productividad y eficacia se añaden a capas precedentes de menor productividad y eficacia, en cuyo tramo inferior suelen encontrarse aún técnicas precapitalistas o semicapitalistas" (PREBISCH, Raúl. Op. Cit. p. 54).

53

COMMONS EMPRESARIAIS

desenvolvimento tecnológico, e exportadora de produtos sobretudo primários, o que tende a gerar, a longo prazo, uma balança comercial deficitária.

Em outras palavras, a especialização do setor primário gera a substituição, primeiramente, de itens mais simples, sendo característicos dos bens de consumo final da indústria leve[26]. Dessa forma, a própria noção de substituição de importações gera a necessidade de importação que excede os limites do crescimento das exportações e a gradual redução das importações dispensáveis[27], com a consequente dependência brasileira das relações econômicas internacionais[28].

Cumpre destacar, ainda, que as importações tidas como dispensáveis são justamente aquelas relacionadas a maiores parâmetros de desenvolvimento tecnológico e a bens de produção, tidos como necessários para a superação do subdesenvolvimento e para o desenvolvimento isonômico de todos os setores econômicos de forma simultânea. Isso é corroborado pelo fato de a noção de substituição de importações ser formada justamente pela indústria leve e de bens de consumo finais e não por bens caracterizados por um maior valor agregado. Há, assim, uma tendência a um círculo vicioso com consequências negativas e que levam à maximização e uma balança comercial deficitária.

Quanto ao segundo motivo, o subemprego estrutural, parte-se da premissa de que a estrutura da propriedade e a posse do solo na periferia não promovem a acumulação de capital[29], mas sim a subsistência, quando muito, dos agentes

[26] RODRIGUEZ, Octavio. Op. cit. p. 103.

[27] Idem ao anterior. p. 106.

[28] Sobre a dependência do mercado brasileiro das relações econômicas internacionais, destaca-se a passagem de Sylvia Ann Hewlett: *"In 1930, the coffee market collapsed and, with it, the Brazilian government. These dramatic events ushered in a period where foreign direct investment came to replace trade as the binding force tying Brazil to the exploitive dynamics of world capitalism. The strategy of import-substituting industrialization, the emergence of the multinationals, the increased role of the state, the deterioration in equality and the economic 'miracle': are all part of the same story – the subjugation of Brazil to the exigencies of corporate imperialism"* (HEWLETT, Sylvia Ann. Dynamics of Economic Imperialism: The Role of Foreign Investment in Brazil. In: Latin American Perspectives, Vol. 2, No. 1, Confronting Theory and Practice, Spring, 1975. pp. 136-148).

[29] Em relação ao subemprego estrutural, Prebisch demonstra como a análise das estruturas de uma sociedade que privilegia o consumo a despeito da acumulação promove a perpetuação do desemprego estrutural: *"Queríamos explicar el fenómeno de persistencia de los estratos inferiores ocupados con muy baja productividad. Si ello acontece es porque la acumulación no es suficiente para cumplir, en la medida posible, su papel de absorber la fuerza de trabajo de tales estratos en capas técnicas de creciente productividad. Y no es suficiente sobretodo porque al crecer el excedente, una parte considerable se dedica a acrecentar el consumo de los estratos superiores, recursos que pudieran consagrarse a la acumulación.*

CAPÍTULO 1 – A PREMISSA METODOLÓGICA: O NOVO ESTRUTURALISMO JURÍDICO

de produção. Essa composição estrutural tende a comprometer a expansão da oferta agrícola, assim como o aumento da demanda de emprego no setor, justamente relacionada à demanda por uma mão de obra pouco qualificada e em oferta insuficiente. Dessa forma, as estruturas levam a uma preservação das técnicas rudimentares nos minifúndios, também em prejuízo da expansão da oferta agrícola e da capacidade de retenção da mão de obra subempregada, em mais um exemplo de verdadeiro círculo vicioso com efeitos negativos para o desenvolvimento econômico e social.

Vê-se essa composição, claramente, no Brasil do início da gestão de Juscelino Kubitschek. Nesse momento, os indicadores macroeconômicos brasileiros começam a sofrer alteração, o que gera muitos pontos positivos, a exemplo do aumento do Produto Interno Bruto (PIB) e da taxa de exportação de bens, ao passo que há a piora de outros indicadores macroeconômicos no país, tais como a balança comercial e a dívida externa[30]. Essas características, vale ressaltar, são inerentes ao sistema centro-periferia e à própria especificação de um setor da economia quando desacompanhado do desenvolvimento isonômico dos demais setores. Corroboram-se, assim, as premissas apresentadas anteriormente.

Com o Programa de Metas[31] de Juscelino Kubitschek, chamado de o "mais completo e coerente conjunto de investimentos até então planejados na

---

No podrá cumplirse bien ese papel absorbente si no se eleva intensamente el ritmo de acumulación, aplicando a ello una proporción creciente del excedente. He aquí la grave consecuencia del desperdicio del potencial de acumulación que ocurre en la sociedad privilegiada de consumo, además de la succión de ingresos que efectúan los centros tan estrechamente ligados a ella y la hipertrofia del Estado. Pero hay algo más que esto. El problema de absorción no concierne solamente a la fuerza de trabajo que vegeta en los estratos inferiores sino tam bién al crecimiento de ella en toda la estructura social" (PREBISCH, Raul. Op. cit. p.58). Prebisch acrescenta: *"Espero qué después de estas explicaciones se pueda comprender la índole del capitalismo periférico. Para decirlo brevemente, la sociedad privilegiada de consumo es la consecuencia de ciertos fenómenos de propagación e imitación de los centros en una estructura social de la periferia muy diferente de la de éstos. La gran heterogeneidad de esta estructura permite la apropiación sumamente desigual del fruto del progreso técnico. Y esta desigualdad hace posible imitar las formas cada vez más avanzadas del consumo de los centros bajo el impulso de las técnicas masivas de comunicación y difusión. Todo lo cual entraña el ingente costo social de la exclusión y la redundância"* (Idem ao anterior. p. 56).

[30] Cf. VILLELA, André. Op. cit. p. 28.

[31] Vilela defende que os antecedentes do Programa de Metas de JK tiveram sua origem da 2ª Guerra Mundial, com duas missões estrangeiras que estudavam a economia brasileira, com destaque para a conhecida Missão Abbink, cujos relatórios foram utilizados para a realização do Plano SALTE, plano econômico elaborado pelo governo brasileiro na administração do presidente Eurico Gaspar Dutra (1946-1950), que tinha por objetivo estimular o desenvolvimento

COMMONS EMPRESARIAIS

economia brasileira"[32], altera-se radicalmente o quadro do setor, com a perda de espaço do setor agropecuário e o avanço da indústria[33]. Na linha das premissas dos estudos relacionados ao sistema centro-periferia, Juscelino Kubitschek mantém e incentiva o processo de industrialização da economia brasileira, que havia se iniciado com a crise especulativa conhecida como Encilhamento, aprofundando, com seu Programa de Metas, a substituição de importações[34], com foco justamente na indústria leve e de bens de consumo finais.

Consequentemente, com o esforço governamental para o desenvolvimento da industrialização substitutiva[35] no Brasil durante a década de 1950,

---

das áreas de saúde, alimentação, transporte e energia (exatamente o significado da sigla "SALTE"). Posteriormente, instalou-se a Comissão Mista Brasil-Estados Unidos (CMBEU), formando um conjunto de planos de investimento. A CMBEU chegou a recomendar que se criasse um banco de desenvolvimento, que deu origem ao Banco Nacional de Desenvolvimento Econômico (BNDE), com o objetivo inicial de financiamento de obras de infraestrutura pesada no âmbito público. O planejamento econômico, com trabalhos da CMBEU e do Grupo Misto Cepal-BNDE, seria reforçado pelo Conselho de Desenvolvimento de Juscelino Kubitschek. Tal conselho foi responsável pelo desenvolvimento de setores da economia que apresentavam capacidade de crescimento, elaborando, para tanto, um conjunto de 30 objetivos específicos, distribuídos em cinco áreas, que ficou conhecido justamente como o Plano de Metas (VILELLA, André. Op. cit. p. 35).

[32] ORENSTEIN, Luiz; SOCHACZEWSKI, Antonio Claudio. Democracia com desenvolvimento, 1956-1961. In: ABREU, Marcelo de Paiva (Org.). A Ordem do Progresso: dois séculos de política econômica no Brasil. Rio de Janeiro: Elsevier, 2015. Capítulo 8. p. 1.

[33] Cf. VILELLA, André. Op. cit. p. 30.

[34] Idem ao anterior.

[35] Consequência dessa evolução são os retratos sociais da formação agrícola do Brasil moderno, desenrolando-se do Brasil Imperial ao período analisado: *"Facilities requiring less capital and know-how, sucha as coffee-drying terraces, cotton gins, and sisal shredders, were also part of the plantations. Thus, since the earliest days of colonization, there existed a sort of integrated agroindustrial complex within sugarcane and coffee plantations. (...) The large plantation was, however, much more than just a basic unit in the agroindustrial process. It was also the basis of social life for the rural world in the first half of the twentieth century"* (GARCIA, Afrânio; PALMEIRA, Moacir. Traces of the Big House and the Slave Quarters: Social Transformation in Rural Brazil During the Twentieth Century. In: SACHS, Igancy; WILHEIM, Jorge; PINHEIRO, Paulo Sérgio (Eds.). Brazil: A Century of Change. The University of North Carolina, 2009. p. 24). Soma-se a essa visão, a análise neoweberiana sobre a alteração da "fazenda" retratada por Octavio Rodriguez, que cria uma desestabilização do fundamento econômico-social da época: *"Esta crise se vincula à debilitação de seus três suportes básicos. O da "fazenda" — fundamento econômico-social essencial — ocorre como resultado da sua gradual "mercantilização", isto é, da difusão de critérios mais estritos de racionalidade nas atividades produtivas e de gestão, pari passu com os impulsos do dinamismo econômico, em boa medida provenientes do âmbito externo. A transformação da "fazenda" — ou, se preferirmos, sua*

CAPÍTULO 1 – A PREMISSA METODOLÓGICA: O NOVO ESTRUTURALISMO JURÍDICO

tem-se, a partir da segunda metade da década, uma alteração da balança de pagamentos, o aumento do déficit e o aumento da inflação[36-37], decorrente especialmente das medidas protecionistas praticadas à época e das exigências de investimento público, via de regra destinadas para o incremento da infraestrutura pesada, associado ao rodoviarismo característico do Brasil de Kubitschek. Nesse contexto, como consequência das escolhas realizadas no período anterior, na primeira metade dos anos 1960, nota-se a redução drástica da taxa de crescimento industrial e se adentra em um período de estagnação econômica no Brasil[38-39].

"modernização" — traz conseqüências de grande significado. A principal consiste em que essa transformação se configura como uma força-chave no processo de expulsão da mão-de-obra para as cidades. Entre as conseqüências, destacam-se também certos "problemas psicossociais — anomia, desenraizamento — provocados pela desintegração do paternalismo senhorial"" (RODRIGUEZ, Octavio. Op. cit. p. 243).

[36] Sobre o tema, destaca-se a passagem de Jameson: *"The structuralist explanation of domestic inflation rested upon the postulate of domestic supply inelasticities, particularly in agriculture and in export (import capacity) commodities. In the context of rapid urbanization and industrial growth both factors generate inflationary pressures. Domestic agricultural products become more expensive and since they are wage goods, this forces industrial wages up. Inelastic export supply and declining international terms of trade result in exchange controls to ensure import of essential intermediate goods, a pressure intensified by an unequal distribution of income when the wealthy have a high propensity to consume imported goods. Resultant devaluations again generate domestic inflation. Add to this the pressures of a fiscal deficit resulting from necessary infrastructure projects, and the basis of a structural analysis of domestic inflation is laid"* (JAMESON Kenneth P. Latin American Structuralism: A Methodological Perspective. In: World Development. Vol. 14, No. 2, feb./1986. p. 225).

[37] Prebisch elucida a questão da inflação no âmbito da América Latina, demonstrando como a inflação gera uma espiral inflacionária que é difícil de ser combatida pelo governo, gerando mais um círculo vicioso com efeitos negativos para as relações econômicas: *"El aumento de precios por el mayor costo de la sustitución de importaciones, el encarecimiento relativo de productos agrícolas y la elevación de precios resultante de la devaluación destinada a corregir el alza de costos y la baja de precios de la producción exportable, son manifestaciones de problemas cuya solución fundamental exige aquellas transformaciones en la forma de producir, en la estructura económica y en el módulo distributivo a que tantas veces nos hemos referido. A falta de estas transformaciones, la espiral inflacionaria suele ser el camino más expeditivo, por la renuencia a acudir al sistema impositivo para repartir mejor la carga que aquellos desajustes traen consigo y evitar que gravite exclusivamente sobre las masas populares"* (PREBISCH, Raúl. El Falso Dilema entre Desarrollo Económico y Estabilidad Monetaria. In: Boletin Económico de América Latina, Vol. VI, No. 1, 1961. p. 16).

[38] Cf. RODRIGUEZ, Octavio. Op. cit. pp. 189-190.

[39] Nesse sentido: *"Os países latino-americanos se industrializaram e várias das economias mais industrializadas da região e do mundo em desenvolvimento apresentavam sinais de estagnação, de recrudescimento da inflação e de problemas crônicos de equilíbrio no balanço de pagamentos. Ademais, os requisitos de importação dessas economias cresceram mais rapidamente do que a produção nacional, tornando-as*

COMMONS EMPRESARIAIS

Para contornar tal problema, procurou-se realizar reformas nas estruturas, especialmente influenciadas pelo estruturalismo cepalino (ou latino americano) e que possuíam algum contato (ainda inicial) com as premissas da Escola de Harvard, cuja influência sofreu um sensível acréscimo no decorrer da década de 1960.

Nesse sentido, como forma de promover uma alteração estrutural da economia brasileira, procurou-se realizar um plano de reformas com determinadas características: (i) um programa de ajuste fiscal, baseado em metas de aumento da receita do Estado, por meio do maior arrecadamento tributário e da contenção de despesas governamentais; (ii) a colocação de um orçamento que possibilitasse o surgimento de taxas decrescentes de expansão dos meios de pagamentos; (iii) o controle do crédito ao setor privado, limitado o crédito às mesmas taxas de expansão definidas para os meios de pagamento; (iv) um mecanismo de correção salarial pelo qual as revisões salariais se guiassem pela manutenção do salário real médio verificado no biênio anterior, somado à porcentagem correspondente ao aumento de produtividade[40], dentre outras iniciativas observadas no decorrer do período[41].

Paralelamente, como consequência dos problemas da década de 1950 vinculados ao subemprego estrutural, foi proposta a alteração – igualmente estrutural – da maneira de se dispor do mercado de trabalho, alterando consequentemente a sua estrutura. Tal objetivo foi vislumbrado pela alteração do regime jurídico trabalhista e do regime previdenciário, por meio da criação do Fundo de Garantia por Tempo de Serviço (FGTS)[42]. Trata-se de resposta

mais, e não menos, dependentes dos mercados internacionais" (MISSIO, Fabrício J.; JAYME JR., Frederico G. Op. cit. p. 208).

[40] Cf. HERMANN, Jennifer. Reformas, Endividamento Externo e o "Milagre" Econômico (1964-1973). In: GIAMBIAGI, Fábio; VILLELA, André; DE CASTRO, Lavínia Barros; HERMANN, Jennifer (Orgs.). Economia Brasileira Contemporânea: 1945-2010. Rio de Janeiro: Elsevier, 2011. pp. 51-52.

[41] No que tange à economia brasileira, outros pontos importantes a se destacar na década de 1960 são: o maior investimento estrangeiro na economia nacional, especialmente com a entrada das montadoras de automóveis internacionais no Brasil, garantidas pelo governo com a exclusão de seus concorrentes (Cf. HEWLETT Sylvia Ann. Op. cit. p. 140), e o financiamento monetário do déficit do governo através da criação de um mercado de dívida pública do país (HERMANN, Jennifer. Op. cit. pp. 53-54).

[42] O FGTS entra como fator importante para a reforma estrutural da economia brasileira pois permite a construção de um fundo de capitalização para o trabalhador e, especialmente,

CAPÍTULO 1 - A PREMISSA METODOLÓGICA: O NOVO ESTRUTURALISMO JURÍDICO

clara à característica do subemprego estrutural observada no período anterior, conforme relato trazido no decorrer deste Capítulo.

Posteriormente, com o advento do regime militar, o estruturalismo enquanto forma de se enxergar a economia brasileira cai em declínio, o que leva ao reforço da promoção das exportações e a substituição de importações, que já vinham gradativamente ascendendo. Como resultado, há a promoção de um processo de adaptação da política econômica e das eventuais reformas a serem realizadas às necessidades derivadas do anseio por estabilização e liberalização econômicas, de acordo com os princípios norteadores do Consenso de Washington, com características pautadas nos preceitos do neoliberalismo[43]. O afastamento dos ideais estruturalistas pode ser entendido, assim, como um processo natural.

Há, dessa forma, a partir de 1968, o crescimento econômico brasileiro, com incremento do PIB e dos investimentos na economia nacional[44], especialmente devido ao controle da inflação, que passou a enfatizar o componente de custos, em vez da demanda, já que a economia operou em ritmo de *stop and go* nos três anos do governo Castello Branco, conciliando com políticas específicas de incentivo à retomada do crescimento econômico[45].

Em 1968 é lançado, ainda, o Plano Estratégico de Desenvolvimento (PED), cujas prioridades eram: (i) a estabilização gradual dos preços, sem a fixação de metas explícitas de inflação; (ii) o fortalecimento da empresa privada, promovendo a retomada de investimentos; (iii) a consolidação da infraestrutura (leve e pesada) sob a chefia do governo; e (iv) a ampliação do mercado interno, visando à sustentação da demanda de bens de consumo, especialmente dos bens de consumo duráveis[46].

Apesar de a visão jurídica pautada nas premissas estruturalistas ser objeto de análise futura no âmbito deste Capítulo, cumpre destacar alguns impactos jurídicos decorrentes das reformas adotadas no período[47].

---

a formação de uma poupança compulsória para o custeio do programa habitacional do governo. (Cf. OLIVEIRA, Francisco E. B.; BELTRÃO, Kaizô I.; PASINATO, Maria Teresa de M.; FERREIRA, Mônica Guerra. A Rentabilidade do FGTS. Rio de Janeiro: IPEA, 1998).

[43] MISSIO, Fabrício J.; JAYME JR., Frederico G. Op. cit. p. 207.

[44] HERMANN, Jennifer. Reformas, Endividamento Externo e o "Milagre" Econômico... p. 62.

[45] Idem ao anterior. p. 64.

[46] Idem ao anterior. pp. 64-65.

[47] As considerações realizadas a partir desse momento são baseadas, sobretudo, em. CARVALHOSA, Modesto. A Nova Lei das S/A. São Paulo: Saraiva, 2002. pp. 67-69.

COMMONS EMPRESARIAIS

O governo brasileiro, ao capitanear a concentração monopolística de certos setores como forma de desenvolvimento nacional, promoveu um ambiente de concorrência imperfeita, o qual, por sua vez, gerou a liderança dos oligopólios já existentes, incentivando a concentração do poder econômico de forma verticalizada. O modelo, ainda, era baseado na descentralização da propriedade das ações das companhias por meio da abertura de capital.

Dessa forma, os grupos financeiros absorveriam diversos segmentos industriais, constituindo grandes *holdings* que seriam o motor do desenvolvimento industrial nacional, com o dito objetivo de superação do subdesenvolvimento e industrialização, acompanhado de menor assunção de risco, haja vista se valerem dos recursos provenientes da poupança popular, via mercado de capitais. Tal como explanado, trata-se do controle, pelo governo, por meio do capital financeiro, da economia nacional, o que configura a entrada brasileira no capitalismo financeiro.

No período seguinte, da metade da década de 1970 à metade da década de 1980, nota-se o esgotamento do modelo de desenvolvimento baseado na industrialização por substituição de importações, devido (i) ao aumento da dependência externa, (ii) à dependência estrutural da economia brasileira com a base petrolífera, (iii) ao choque do petróleo em 1973, (iv) à retração das importações dos países industrializados e (v) ao aumento das despesas da dívida externa[48]. Com o esgotamento do modelo de desenvolvimento baseado na industrialização por substituição de importações, há o desprestígio das teorias – em especial econômicas – que justificavam o antigo modelo econômico brasileiro[49]. A necessidade de uma matriz econômica diversa era premente.

---

[48] Cf. HERMANN, Jennifer. Auge e Declínio do Modelo de Crescimento com Endividamento: o II PND e a Crise da Dívida Externa. In: GIAMBIAGI, Fábio; VILLELA, André; DE CASTRO, Lavínia Barros; HERMANN, Jennifer (Orgs.). Economia Brasileira Contemporânea: 1945-2010. Rio de Janeiro: Elsevier, 2011. pp. 73-78.

[49] O mencionado desprestígio pode ser extraído da seguinte passagem: *"A tais resultados negativos se uniu o desprestígio das idéias mais cabalmente ortodoxas então prevalecentes: aquelas inspiradoras das experiências de liberalização a extremo empreendidas nos três países do Cone Sul da América Latina, as quais – como se indicou anteriormente – conduziram a terminantes fracassos"* (RODRIGUEZ, Octavio. Op. cit. p. 494).

CAPÍTULO 1 – A PREMISSA METODOLÓGICA: O NOVO ESTRUTURALISMO JURÍDICO

No término dos anos 1980 e durante os anos 1990, verifica-se certa estabilidade econômica na América Latina, por meio da adoção de um plano neoliberal mais ortodoxo, o que gerou um crescimento no valor dos investimentos, bem como o acréscimo do PIB *per capita*, da taxa de crescimento do PIB, dentre outros indicadores macroeconômicos que denotavam crescimento[50]. Novamente, tem-se a aproximação da América Latina aos princípios do Consenso de Washington.

Com a perda de importância dos países latino americanos, incluindo-se o Brasil, nas relações com os Estados Unidos, o que se remete em especial à aproximação americana com as questões do Oriente Médio, o bloco latino americano começa a estreitar as suas relações e a interagir comercialmente de forma mais intensa[51]. Nesse contexto, exsurgem as discussões relacionadas ao neo-estruturalismo, com objetivo de propor novas reformas em relação às anteriormente realizadas, de matriz estruturalista (influenciadas agora, com maior peso, pelo estruturalismo da Escola de Harvard), visando à garantia de uma macroeconomia alternativa, com crescimento a longo prazo e com alinhamento aos preceitos do estruturalismo neoweberiano, pautado em um paradigma não apenas econômico, mas também na sociologia do desenvolvimento[52].

---

[50] Cf. RODRIGUEZ, Octavio. Op. cit. pp. 495-499.

[51] Idem ao anterior. pp. 501-503.

[52] Sobre a relação entre os preceitos neo-estruturalistas e os ideais neoweberianos, referenciado em algumas passagens desta Seção, Octavio Rodriguez explica: *"A especificidade desse enfoque reside em que seu fundamento já não é um referente arraigado principalmente no econômico, mas em um paradigma inscrito na sociologia do desenvolvimento, elaborado em bases reconhecidamente weberianas. Como também se poderá ver mais adiante, esse ponto de apoio permite penetrar com maior amplitude e profundidade na consideração dos obstáculos sociais ao desenvolvimento, captados na experiência latino-americana. Tendo em conta suas bases analíticas, este segundo enfoque se caracterizou como "neoweberiano". Considerá-lo separadamente não implica, no entanto, negar sua convergência de pontos de vista com o primeiro. É claro que isso depende do fato de que as tarefas dos dois principais autores individuais — Medina e Prebisch — foram realizadas, durante um longo período, no seio de uma mesma instituição. Mas tal convergência tem outra origem destacável: o intuito consciente de Medina de articular uma percepção sui generis da economia, já estabelecida em bases sólidas, com um modo de ver o social também elaborado com precisão e solidez"* (RODRIGUEZ, Octavio. Op. cit. pp. 208-209).

Em síntese, é possível verificar que a conformação das estruturas caracterizadoras do cenário econômico brasileiro foram objeto de diversas reformas, pautadas por premissas econômicas distintas. Em um primeiro momento, verifica-se a adoção de reformas com nítido cunho estruturalista cepalino (ou estruturalista latino americano). Com o advento das crises econômicas mundiais e nacionais, há o afastamento desse modelo e a aproximação a políticas econômicas pautadas em uma agenda neoliberal.

Com essa transição, as estruturas que eram outrora marcadas por uma economia agropecuarista são diretamente afetadas pelo processo de industrialização tardia remetendo a sua dinâmica para essa industrialização. Com a adoção da agenda neoliberal, como já tratado, afasta-se da preocupação com as estruturas (e como essas estruturas são afetadas pela transformação de outras variáveis) e passa-se a dar atenção, principalmente, aos aspectos relacionados ao crescimento econômico, delegando ao mercado grande parte do papel de regulação, com foco na melhora dos índices macroeconômicos.

Ocorre que, como visto por meio do breve relato histórico, as estruturas que caracterizaram essa primeira fase, cujo traço marcante era a transposição da estrutura agropecuarista para uma dinâmica industrial, não deixaram de existir, tampouco foram endereçadas por uma matriz de pensamento que promovesse real desenvolvimento – ou, ao menos, superação do subdesenvolvimento. Essa herança do modelo neoliberal gerou a replicação contemporânea dos problemas identificados pela corrente estruturalista, quais sejam, a tendência ao desequilíbrio externo e o subemprego estrutural.

Diante desse cenário que exsurgem vertentes neoestruturalistas, com a proposta de uma vez mais voltar as atenções às estruturas, almejando uma transformação isonômica entre elas e um maior apelo às influências das alterações dessas estruturas para com as demais. Como será abordado adiante, a maior parte dessas iniciativas guardou preocupação com a análise das estruturas a partir de uma lente preocupada com os aspectos econômicos, relegando ao direito um papel secundário. Quando a análise estrutural pretende dotar as estruturas jurídicas de um papel protagonista, fala-se no novo estruturalismo jurídico, abordagem metodológica adotada neste trabalho e cujas premissas conceituais serão apresentadas na Seção subsequente.

CAPÍTULO 1 - A PREMISSA METODOLÓGICA: O NOVO ESTRUTURALISMO JURÍDICO

1.3. As críticas ao estruturalismo e a ascensão do novo estruturalismo jurídico. A premissa metodológica deste trabalho.

Partindo do desenvolvimento histórico que contribuiu para a formação das estruturas brasileiras e sua atual conformação, em especial por uma abordagem econômica, realizado na Seção anterior, voltam-se as atenções para a análise estrutural tendo como pedra fundamental o direito.

Primeiramente, cumpre destacar que as passagens e momentos históricos apresentados durante o desenvolvimento da história econômica mais recente do Brasil foram utilizados como instrumentos para determinada política econômica ou para conceber alterações que resultassem em um crescimento econômico e social para o país, com maior ou menor apelo a uma transformação estrutural, conforme abordado na Seção anterior. Nesse contexto, a regulação em geral, mais especificamente, a legislação societária – para os fins dos objetivos pretendidos por este trabalho –, acaba por ser utilizada como um instrumento de realização de fatores econômicos, tal como enunciado por um dos autores do anteprojeto da Lei de Sociedades por Ações, Alfredo Lamy Filho[53].

Quando os anseios da política econômica se afastam de transformações estruturais, a regulação, por meio de instrumentos jurídicos, tende a não mais incentivá-las, uma vez que há a procura por um alinhamento da regulação aos objetivos macroeconômicos do período. Quando não ocorre esse alinhamento entre a regulação e a política econômica, é possível que exista um descompasso, caracterizando um cenário marcado por disposições que vão ao encontro com as visões de um período econômico diferente, que ficam sujeitas à mera instrumentalização do direito, sem que haja uma efetiva mudança estrutural, relegando os instrumentos jurídicos a um papel secundário quando comparado com os econômicos. Nesse sentido, como será abordado no decorrer desta Seção, Calixto Salomão Filho é preciso ao reconhecer a correlação entre a regulação e a economia[54], lamentando a perda da penetração das normas

---

[53] Cf. LAMY FILHO, Alfredo. Considerações sobre a elaboração da Lei de S.A. e de sua necessária atualização. In: Revista de Direito Mercantil, Industrial, Econômico e Financeiro, Vol. 104, Ano XXXV, out.-dez./1996. pp. 84-96.

[54] Para ilustrar o intenso relacionamento entre o direito e a economia, o trecho de Weber é esclarecedor: *"E isso porque o desenvolvimento do racionalismo econômico é parcialmente dependente da técnica e do direito racionais, mas é ao mesmo tempo determinado pela habilidade e disposição do homem*

COMMONS EMPRESARIAIS

jurídicas sobre as relações econômicas quando comparado com outras esferas de conhecimento, com destaque para a política[55].

Com o objetivo de ilustrar a ideia desenvolvida nos parágrafos anteriores tendo como ponto central de análise a regulação societária, o descompasso mencionado torna evidente as premissas da análise da "sociologia do poder na sociedade anônima", fazendo a devida referência à expressão que intitula importante texto do Professor José Alexandre Tavares Guerreiro. Para justificar a afirmação realizada, destaca-se breve excerto do texto datado de 1986 e publicado em 1990, valendo-se das palavras do Professor Tavares Guerreiro como se fossem as do autor deste trabalho[56]:

em adotar certos tipos de conduta racional prática. Quando tais tipos de conduta têm sido obstruídos por obstáculos espirituais, o desenvolvimento da conduta econômica racional encontrou também séria resistência interna" (WEBER, Max. A ética protestante e o espírito do capitalismo. São Paulo: Editora Pioneira, 1985. p. 09).

[55] O autor aponta a relação intrínseca da relação que envolve essas duas áreas do conhecimento, concluindo pela necessidade da regulação jurídica do mercado, conforme excerto que segue: *"The reason for this lack of harmony among the effects of the Law over the political and economic spheres is in the content of the respective rules. While legal rules in the political sphere are procedural, providing the choice to all and consequently social change, legal rules in the economic sphere are deterministic, being usually mere instruments of economic policy. Economic Law has never been capable of establishing freedom of consciousness and choice in the economic field; such rules are the only ones that truly have autonomous changing potential, since they are the only ones that allow that the changes be introduced by the society itself and not by the State."* (SALOMÃO FILHO, Calixto. Revolution through law in the economic sphere. SELA (Seminario en Latinoamérica de Teoría Constitucional y Política) Papers. Paper 10. p.2. Disponível em http://digitalcommons.law.yale.edu/yls_sela/10, Acesso em 28.02.2019).

[56] GUERREIRO, José Alexandre Tavares. Sociologia do Poder na Sociedade Anônima. In: Revista de Direito Mercantil, Industrial, Econômico e Financeiro. Ano XXIX, n. 77, jan.--mar./1990. p. 50. E, ainda, em complementação ao excerto destacado, acrescenta o Professor da Faculdade de Direito da Universidade de São Paulo: *"(...) Parece no entanto que nós, os juristas, com as exceções de praxe, confiamos demais nas aparências e nos sintomas e sentimos uma preguiça tropical de invadir as essências e as causas dos distúrbios sociais e econômicos que nos incumbe resolver. (...) Ninguém pode negar, porém, que uma terapia de choque, decretada com surpresa e estrépito, não leva em conta, nem razoavelmente seria de esperar que pudesse fazê-lo, as raízes mais remotas e verdadeiramente fundamentais dos problemas nucleares da sociedade brasileira. No que respeita especificamente à vida econômica (que só analiticamente se pode dissociar, para fins de estudo, da experiência social concreta), a regulação jurídica ainda caminha pelos cômodos rumos do formalismo, ignorando, às vezes de forma inexplicável, que os conflitos verdadeiros se travam nos bastidores da cena. Essa é a razão pela qual a análise sociológica do poder se deve colocar como tema de debate e discussão para que, na medida do possível, a realidade se desvende, libertando-se da forma e da aparência"* (Idem ao anterior. p. 51).

CAPÍTULO 1 – A PREMISSA METODOLÓGICA: O NOVO ESTRUTURALISMO JURÍDICO

"Estou também seguro de que o modelo de sociedade anônima desenhado pelo legislador de 1976 não coincide necessariamente com o tipo de empresa que predominava àquela época, nem com o tipo de empresa que vemos atuar em nossa recém-reformada economia. Um das causas desse descompasso reside exatamente na enraizada mas enganada convicção de que a forma jurídica da sociedade anônima, tal como modulada pela lei, pode conter e abarcar toda a realidade econômica da empresa moderna, em um regime que se diz ser de mercado e que se afirma estar baseado no princípio constitucional da livre iniciativa. (...) A atuação da empresa na economia tem escapado sistematicamente às previsões legislativas, em razão da incompreensível inércia dos governos quanto à regulação efetiva dos abusos do poder econômico, cuja legislação se encontra escandalosamente atrasada e cuja repressão só agora se cuida de atualizar (...)".

A alusão à LSA caminha em sintonia com o desenvolvimento histórico da economia nacional observado no decorrer deste Capítulo, deixando de certa forma claro que a regulação vem a reboque das escolhas econômicas. No entanto, a despeito do descompasso entre a realidade econômica e a regulação jurídica, o que acaba por fazer com que justamente uma posição coadjuvante seja relegada ao direito, não seria ainda sim, no contexto atual, possível enxergar o direito como um organizador da sociedade e transformador das estruturas? Em outras palavras, em que medida é possível que o direito seja encarado como detentor de um papel protagonista na regulação social e não mero chancelador das escolhas determinadas pelo âmbito econômico?

Esse questionamento foi objeto de intensa reflexão por Calixto Salomão Filho, cujos fundamentos serão analisados a seguir e enunciam as premissas do (novo) estruturalismo jurídico.

Para realizar essa reflexão, faz-se necessário visualizar o direito e os instrumentos jurídicos insertos no âmbito estrutural – ou seja, como um competente integrante de um todo interrelacionado – e entender a lógica por trás da regulação jurídica, para que, então, seja possível compreender seu funcionamento. Para que essa análise pautada no estruturalismo seja profícua, entende-se relevante segregá-la em dois âmbitos: o econômico e o jurídico.

Em relação ao aspecto econômico do estruturalismo, remete-se às considerações feitas durante a Seção 1.2., acima, com destaque para a influência do

COMMONS EMPRESARIAIS

estruturalismo cepalino (ou latino americano), com fundamentos neoweberianos, para o Brasil. Destaca-se, ainda, que o modelo estruturalista visualizado no país também sofre influência de outras vertentes estruturalistas, a exemplo de matrizes relacionadas ao estruturalismo da Escola de Harvard, ou mesmo da crítica realizada pelo estruturalismo marxista.

Já em relação ao aspecto jurídico, foco deste trabalho, parte-se da premissa de que o sistema de direito moderno é marcado pelo racionalismo jurídico e pela constante busca por auto integração[57]. Nesse sentido, entende-se que um direito pautado no racionalismo tem como pedra angular – no lugar de uma criação e interpretação do direito de maneira exegético-histórica – o anseio por uma demonstração lógica[58], com o objetivo de gerar uma unidade sistemática do sistema jurídico, com coerência interna.

A concepção de uma unidade sistemática do sistema jurídico, com relação e coerência entre si, remetendo à ideia de um ordenamento jurídico completo, caracterizado pela completude, representa um verdadeiro dogma da corrente juspositivista, que teve em Norberto Bobbio um dos seus principais expoentes. Trata-se do chamado dogma da completude e que implica a monopolização do direito por parte do Estado, sendo esse monopólio encarado como a forma mais adequada para cobrir todas as hipóteses do mundo dos fatos por meio das normas jurídicas[59].

---

[57] SALOMÃO FILHO, Calixto. Novo estruturalismo jurídico... p. 534.

[58] Cf. SALOMÃO FILHO, Calixto. Novo estruturalismo jurídico... p. 534.

[59] Sobre a teoria da completude – e para ilustrar a assertiva – na visão de Norberto Bobbio, destaca-se o seguinte excerto: *"Admitir que o ordenamento jurídico estatal não era completo significava introduzir um direito concorrente, romper com o monopólio da produção jurídica estatal. E é por isso que a afirmação do dogma da completude caminha pari passu com a monopolização do direito por parte do Estado. Para manter o próprio monopólio, o Estado deve servir a todos os usos"* (BOBBIO, Norberto. Teoria Geral do Direito. Trad. Denise Agostinetti. 3ª ed. São Paulo: Martins Fontes, 2010. p. 276). E, em resumo: *"os tempos modernos o dogma da completude tornou-se parte integrante da concepção estatista do direito, ou seja, daquela concepção que faz da produção jurídica um monopólio do Estado. À medida que o Estado moderno crescia em potência, esgotavam-se todas as fontes do direito que não fossem a lei, ou seja, o comando do soberano. A onipotência do Estado canalizou-se para o direito de origem estatal, e não foi reconhecido outro direito a não ser aquele que era emanação direta ou indireta do soberano. (...) Uma expressão macroscópica desse desejo de completude foram as grandes codificações; e, observe-se, é justamente no interior de uma dessas grandes codificações que foi pronunciado o veredicto de que o juiz deve julgar permanecendo sempre dentro do sistema já dado. A miragem da codificação é a completude: uma regra para cada caso"* (Idem ao anterior).

CAPÍTULO 1 – A PREMISSA METODOLÓGICA: O NOVO ESTRUTURALISMO JURÍDICO

Entende-se, ainda, que um sistema de direito fechado, com coerência interna e, enfim, alinhado com dogma da completude promoveria uma relação de complementariedade entre suas diversas disposições[60]. Consequentemente, as próprias ideias de completude e de adequação da monopolização da regulação do direito pelo Estado seriam reforçadas.

Essa autointegração, caracterizada por um sistema hermético, gera a crença de que o método lógico é capaz de resolver todas as situações da vida em sociedade[61], sendo um fenômeno da sociedade e que só pode ser por ela concebido[62]. Afinal, tem-se como natural que um sistema logicamente completo promova cobertura para todas as situações do mundo dos fatos.

Há a formação, assim, da conceituação positivista[63] do direito continental, especialmente na Alemanha no século XIX por meio da Escola Pandectística (ou ciência das Pandectas) e pelo estudo dogmático[64]. Para a corrente filosófica do positivismo jurídico (ou juspositivismo), procura-se reduzir o direito apenas àquilo que tenha sido posto pelas autoridades que detêm o poder político

---

[60] Faz-se aqui referência à chamada "dialética de complementariedade" cunhada por Miguel Reale. Partindo de sua teoria tridimensional do Direito, fato, valor e norma formam uma correlação de natureza funcional e dialética, diante da implicação-polaridade que há entre o valor e o fato, cuja constante tensão dá origem ao momento normativo. Esses elementos possuem intensos pontos de contato, resultando em sua interação dinâmica e na dialética dos três elementos. Essa relação é o que Miguel Reale denomina de "dialética da complementariedade", na qual o fato e o valor se correlacionam de tal modo que cada um deles se mantém irredutível ao outro e distintos, mas se exigindo mutuamente, o que resulta na origem da estrutura normativa como momento de realização do direito. A dialética de Reale compreende, assim, o processo histórico como um processo sempre aberto, no qual componentes opostos, em uma ação mútua, implicam-se e se completam, sem reduzir um ao outro, correlacionando-se e mantendo-se independentes. Sobre o tema, v. REALE, Miguel. Teoria Tridimensional do Direito. 5ª Ed. São Paulo: Editora Saraiva, 2003.

[61] Cf. SALOMÃO FILHO, Calixto. Novo estruturalismo jurídico... p. 534.

[62] A ideia decorre das reflexões sobre a teoria tridimensional do Direito, conforme brevemente endereçada na nota de rodapé nº 60.

[63] Como será abordado ao se tratar da ascensão do novo estruturalismo jurídico, ressalta-se desde logo que o sistema positivista não é alheio a críticas, podendo-se citar a demasiada preocupação com a sua ausência de valoração e com a descrição da realidade (ao ponto de, por vezes, afastar-se dela), provocando um distanciamento dos juízos de valor e dos impactos da incidência da norma jurídica nas demais estruturas sociais. Além disso, pode se eleger como uma das mais prementes críticas ao positivismo jurídico as constantes definições ultrapassadas e anacrônicas, tal como sustentado pela reflexão trazida por Calixto Salomão Filho (Cf. SALOMÃO FILHO, Calixto. Novo estruturalismo jurídico... p. 534-536).

[64] SALOMÃO FILHO, Calixto. Novo estruturalismo jurídico... p. 535.

de impor as normas jurídicas, ou seja, pelo Estado[65]. Trata-se, inclusive, de um ideal condizente com a concepção de um sistema jurídico pleno.

Partindo dessas delimitações conceituais, a busca pela plenitude do sistema racional-positivista leva quase que naturalmente ao fenômeno da codificação e sua intensificação, com a criação de corpos normativos positivados e caracterizados pela relação sistêmica das normas que o integram. Esse cenário evidencia ainda mais o já mencionado dogma da completude, segundo o qual o juiz deve solucionar as questões controvertidas que lhe sejam submetidas com base em uma norma positivada vigente do ordenamento jurídico. Consequentemente, decorre a crença pela inexistência de lacunas no ordenamento jurídico positivo[66].

---

[65] Sobre a conceituação de positivismo jurídico, vale-se da definição trazida por Giuseppe Lumia, que aborda os significados que podem estar relacionados ao termo: *"Por la expresión «positivismo jurídico» se entiende habitualmente dos cosas: una perspectva científica y una concepción ideológica. Como perspectiva científica el positivismo jurídico se presenta como aquel tipo de aproximación al estudio del Derecho que trata de excluir de una consideración científica del mismo tal y como es – como de hecho está vigente en una determinada comunidad histórica – toda referencia a su correspondencia o no correspondencia con un determinado sistema de valores. En esta acepción el positivismo jurídico se identifica sin más con el método propio de un estudio correcto de la realidad del Derecho que pretenda tener validez científica. Pero es en la otra acepción en la que nos interesa el positivismo jurídico, aquella en la que da lugar a una especie de FORMALISMO ÉTICO por el que se tiende. a identificar el Derecho justo con el Derecho vigente, bien porque se piense que este último, por el solo hecho de existir, realiza los valores propios del Derecho (el orden social, la certeza de las relaciones intersubjetivas, etcétera) bien porque se niegue la existencia de valores objetivos distintos de los que encuentran expresión en el Derecho vigente"* (LUMIA, Giuseppe. Principios de Teoría e Ideología del Derecho. Trad. Alfonso Ruiz Miguel. Santiago: Ediciones Olejnik, 2017. p. 110). Ainda, segundo Bobbio, sobre a necessidade de se dar atenção aos ideais do positivismo jurídico: *"o cientista moderno renuncia a se pôr diante da realidade com uma atitude moralista ou metafísica, abandona a concepção teleológica (finalista) da natureza (segundo a qual a natureza deve ser compreendida como pré-ordenada por Deus a um certo fim) e aceita a realidade assim como é, procurando compreendê-la com base numa concepção puramente experimental (que nos seus primórdios é uma concepção mecanicista)"* (BOBBIO, Norberto. O Positivismo Jurídico: Lições de Filosofia do Direito. Compiladas por Nello Morra. Trad. e notas Márcio Pugliesi, Edson Bini e Carlos E. Rodrigues. São Paulo: Ícone, 1999. pp. 135-136).

[66] Nesse sentido, Bobbio leciona que a completude decorre da concepção de que o juiz é obrigado a julgar as questões controvertidas que a ele se apresentem com base em uma norma vigente do sistema jurídico. Trata-se, assim, de um elemento necessário ao ordenamento. Do dogma da completude decorre a crença pela inexistência de lacunas e no princípio de que o ordenamento jurídico é completo, fornecendo ao julgador todas as soluções, tal como defendido pelos teóricos da Escola da Exegese. Nesse sentido, destaca-se o excerto de Norberto Bobbio: *"Por "completude" entende-se a propriedade pela qual um ordenamento jurídico tem uma norma para regular qualquer caso. Uma vez que a falta de uma norma se chama geralmente "lacuna"*

CAPÍTULO 1 – A PREMISSA METODOLÓGICA: O NOVO ESTRUTURALISMO JURÍDICO

Somando-se à crença de ausência de lacunas legislativas, tem-se o recurso da analogia[67], que representa verdadeira forma de integração legislativa, o que gera, por sua vez, o reforço da crença de que o direito – positivo – é suficiente para resolver todas as questões da vida social[68]. O direito é visto, assim, como um sistema de fins, obedecendo a finalidade fundamental de que, havendo uma razão jurídica, há identidade de disposição nos casos análogos, chancelando-se a norma jurídica trazida ao mundo pela autoridade competente.

Destarte, há a aparente desnecessidade por soluções que visem à alteração das estruturas, vez que o sistema jurídico aparenta ser capaz de trazer soluções satisfatórias para todas as demandas da vida social, ao menos do ponto de vista lógico.

Diante dessas considerações, Calixto Salomão Filho introduz sua crítica ao modelo racional-positivista, o que servirá como base para enunciar o que seria o (novo) estruturalismo jurídico.

Nesse sentido, em primeiro lugar, o Professor da Faculdade de Direito da Universidade de São Paulo relaciona a capacidade do positivismo ao auto centrismo e, em segundo lugar, a racionalidade à propensão de tal sistema jurídico ser utilizado como instrumento para o atingimento de objetivos econômicos.

(num dos sentidos do termo "lacuna"), "completude" significa "falta de lacunas". Em outras palavras, um ordenamento é completo quando o juiz pode encontrar nele uma norma para regular qualquer caso que se lhe apresente, ou melhor, não há caso que não possa ser regulado com uma norma tirada do sistema. Para dar uma definição mais técnica de completude, podemos dizer que um ordenamento é completo quando jamais se verifica o caso de que a ele não se podem demonstrar pertencentes nem uma certa norma nem a norma contraditória. Especificando melhor, a incompletude consiste no fato de que o sistema não compreende nem a norma que proíbe um certo comportamento nem a norma que o permite (BOBBIO, Norberto. Teoria do ordenamento jurídico. 10ª Ed. Brasília: Universidade de Brasília, 1999. p. 115). A título de complementação e síntese, Tércio Sampaio Ferraz Jr. ensina que "completo é, assim, o que está feito, plena e completamente, isto é, o que possui tudo o que lhe convém, tudo o que lhe é próprio" (FERRAZ JR., Tércio Sampaio. Direito, retórica e comunicação. 2ª Ed. São Paulo, Saraiva, 1997. p. 126).

[67] Conforme se extrai das considerações feitas sobre a obra de Bobbio anteriormente, nesse contexto, é interessante endereçar o posicionamento do autor que caracteriza que a aplicação da analogia pelo ordenamento dos Estados quando das codificações, sob um prisma pautado pelo positivismo jurídico, era uma forma de se preservar a autonomia e a soberania dos Estados ante a aplicação de direito estrangeiro. Logo, com o imperativo de que o sistema era completo e pleno, tinha-se o argumento para manter o monopólio da produção jurídica estatal, em que o juiz deve julgar sempre conforme a aplicação lógica do sistema jurídico, preferencialmente com fundamento nas normas positivadas que o compõe.

[68] Cf. SALOMÃO FILHO, Calixto. Novo estruturalismo jurídico... p. 534.

COMMONS EMPRESARIAIS

Paralelamente, não se olvida quanto a possibilidade de o sistema jurídico racional-positivista gerar certo grau de previsibilidade em suas decisões[69].

A despeito da segurança jurídica que decorre desse maior grau de previsibilidade, não há, contudo, como já afirmado, um apelo por uma mudança estrutural por meio desses sistemas jurídicos que possuem uma natureza racional-positivista. Como resultado, tais sistemas tendem a configurar formas de manutenção de poder econômico, como será abordado oportunamente.

Logo, em consonância com a afirmação realizada, transfere-se para a economia o papel de formulação de políticas econômicas, enquanto ao direito cabe formalizá-las em norma posta[70], garantindo estabilidade para as predileções econômicas feitas pelos detentores do poder econômico. A apuração da validade do sistema é meramente formal, de tal modo que as regras jurídicas se ordenam de maneira hierárquica e lógica, sem qualquer apreciação dos interesses envolvidos e que venham a ser afetados pela aplicação dessa norma jurídica[71], ou mesmo pretensão pela alteração das estruturas de poder decorrentes desse sistema. Afinal, nem poderia se esperar uma conformação diferente, já que o raciocínio positivista por definição é racional e almeja soluções decorrentes do próprio sistema, sendo um fim em si mesmo[72]. Trata-se, enfim, de consequência lógica do já mencionado dogma da completude.

---

[69] Cf. SALOMÃO FILHO, Calixto. Novo estruturalismo jurídico... p. 536-537.

[70] SALOMÃO FILHO, Calixto. Novo estruturalismo jurídico... p. 537.

[71] *Mutatis mutandis*, com o intuito de ilustrar a passagem, pode-se utilizar a reserva de consistência como um dos métodos interpretativos do Direito, haja vista que o sistema jurídico integra a própria normatividade do ordenamento, o que leva a uma aplicação que demanda o sopesamento de interesses no sistema positivista, justamente por não ser o único método interpretativo a ser considerado. Analisando essas premissas no ramo dos Direitos Humanos, a título de exemplo, destaca-se o excerto de André de Carvalho Ramos: "*Aplicada à seara dos direitos humanos, a reserva de consistência em sentido amplo exige que a interpretação seja: 1) transparente e sincera, evitando a adoção de uma decisão prévia (...); 2) abrangente e plural, não excluindo nenhum dado empírico ou saberes não jurídicos (...); 3) consistente em sentido estrito, mostrando que os resultados práticos da decisão são compatíveis com os dados empíricos apreciados e com o texto normativo original; 4) coerente, podendo ser aplicada a outros temas similares, evitando as contradições que levam à insegurança jurídica*" (RAMOS, André Carvalho. Curso de Direitos Humanos. 4ª Ed. São Paulo: Saraiva, 2017. p. 105). E, ainda, mais adiante: "*Espera-se, então, que os julgadores recebam e efetivamente utilizem tanto os subsídios técnicos quanto as repercussões sociais, políticas e econômicas que determinada formatação de um direito possa gerar*" (Idem ao anterior. p. 106).

[72] Cf. SALOMÃO FILHO, Calixto. Novo estruturalismo jurídico... p. 537.

CAPÍTULO 1 - A PREMISSA METODOLÓGICA: O NOVO ESTRUTURALISMO JURÍDICO

Como consequência desta lógica, consolida-se o corolário da compensação como solução tradicional da lógica racional-positivista[73-74], quase como uma regra de fechamento do sistema. Ora, na ausência de uma norma jurídica positivada específica para a aplicação em concreto, socorre-se à analogia e às demais regras normalmente referendadas para a solução de antinomias e integração do sistema positivista. Caso as soluções encontradas não sejam satisfatórias, vale-se da solução compensatória (indenizatória) como forma de solução última, sem que o sistema abra a possibilidade para uma alteração estrutural que potencialmente evite a necessidade de ser preciso recorrer ao instrumento indenizatório para promover o fechamento do sistema. A solução compensatória é vista, assim, como *last resort* da integração embandeirada pelos teóricos do dogmatismo.

Isso ocorre, pois, ao olvidar das estruturas do direito e focar especialmente nos esquemas lógicos e auto integrados, restringem-se as soluções possíveis às compensações interindivíduos ou intergrupos. Por mais que as compensações, em si, não sejam ruins, em especial para grupos hipossuficientes, não possibilitam, como afirmado, a alteração da estrutura e mantém o direito como reprodução dos fatores políticos e econômicos que levaram a sua criação,

---

[73] Idem ao anterior.
[74] Sobre a solução indenizatória como regra de fechamento do sistema positivista, Ernest J. Weinrib expõe: *"The point of departure for corrective justice is that liability treats the parties as correlatively situated. This correlativity highlights the obvious fact that the liability of the defendant is always a liability to the plaintiff. Liability consists of a legal relationship between two parties each of whose position is intelligible only in light of the other's. In holding the defendant liable to the plaintiff, the court is making not two separate judgments, one that awards something to the plaintiff and the other that coincidentally takes the same thing from the defendant, but a single judgment that embraces both parties in their interrelationship. The defendant cannot be thought of as liable without reference to a plaintiff to whom such liability runs. Similarly, the plaintiff's entitlement exists only in and through the defendant's correlative obligation. Because liability corrects an injustice, that injustice also is correlatively structured. In bringing an action against the defendant, the plaintiff is asserting that they are connected as doer and sufferer of the same injustice. As is evidenced by the judgment's simultaneous correction of both sides of the injustice, the injustice done by the defendant and the injustice suffered by the plaintiff are not independent items. Rather, they are the active and passive poles of the same normative occurrence, so that what the defendant has done counts as an injustice only because of what the plaintiff has suffered, and vice versa. Each party's position is normatively significant only through the position of the other, which is the mirror image of it"* (WEINRIB, Ernest J. Deterrence and Corrective Justice. In: UCLA Law Review, 50, 2002. p. 626).

COMMONS EMPRESARIAIS

principalmente, sem possibilitar uma influência determinante do sistema econômico, com a possibilidade de sua modificação[75].

Para ilustrar o relato, toma-se como exemplo o direito consumerista, no qual o consumidor, detentor de posição marcada, em princípio, pela vulnerabilidade econômico e por hipossuficiência probatória, interage com o fornecedor, tido como detentor de posição economicamente mais forte. Em última instância, na hipótese de possível abuso por parte do fornecedor, a regra de fechamento do sistema é o pagamento de indenização pelo fornecedor para o consumidor que tenha sido lesado.

Inexiste, em realidade, preocupação com a alteração das bases estruturais para evitar novo abuso futuro, sendo certo que, na prática, a indenização será contingenciada e incorporará o preço praticado nas demais relações de consumo travadas pelo fornecedor. Consequentemente, há manutenção das estruturas de poder econômico, no qual o fornecedor, geralmente, mantém-se economicamente hegemônico e o consumidor relegado à vulnerabilidade econômica e hipossuficiência. O caminho para eventual novo abuso fica, em síntese, aberto.

Nesse contexto, parece relevante a aplicação do conceito teorizado pela escola estruturalista de Harvard, de *Structure-Conduct-Performance* (SCP)[76], segundo o qual as compensações não são suficientes em uma realidade econômica dominada por estruturas com extrema concentração de poder de mercado. Pelo contrário: tendem a consolidar esse poder nas mãos de seus titulares originais, justamente por se pautarem em soluções que não possuem uma preocupação estrutural.

Como consequência desse cenário, Calixto Salomão Filho destaca as seguintes considerações: (i) as políticas públicas dificilmente conseguem ser implementadas por meio do direito, visto que as decisões judiciais que tratam de soluções compensatórias são casuísticas e não são coordenadas e coerentes, afastando-se de mudanças estruturais; (ii) as compensações são incapazes de fazer frente às desigualdades sistêmicas, logo, o direito não promove transformação econômica e social, o que só seria possível justamente por meio de alterações estruturais.

---

[75] Cf. SALOMÃO FILHO, Calixto. Novo estruturalismo jurídico... p. 538.
[76] Vide as considerações trazidas no início da Seção 1.2.1, acima.

CAPÍTULO 1 – A PREMISSA METODOLÓGICA: O NOVO ESTRUTURALISMO JURÍDICO

Diante da situação descrita, para o autor, a acepção correta do estruturalismo, quando aplicado ao direito, é como raciocínio valorativo em busca de alteração da organização e da estrutura econômico-social[77]. Essa visão configura o referido novo estruturalismo jurídico, pano de fundo das reflexões feitas neste trabalho.

Em síntese, o estruturalismo tem como base a explicação histórica da formação das estruturas, conforme as premissas trazidas nesta Seção, cuja análise se mostra relevante para o entendimento da formação econômica de determinada localidade, mais especificamente o Brasil e, consequentemente, de suas estruturas econômicas. Essa configuração econômica, por sua vez, acaba por moldar o sistema jurídico, que, pautado em uma matriz racional-positivista, resulta em normas jurídicas que estabelecem padrões de poder e dominação, ao invés de valores[78], ao passo que as disposições do sistema racional-positivista tendem – em razão das soluções de integração e fechamento propostas pelo próprio ordenamento, como visto – a gerar estabilidade para a concentração de poder econômico e a sua manutenção.

Logo, defende-se, partindo das premissas defendidas por Calixto Salomão Filho, que o estruturalismo (em sua abordagem jurídica) seja analisado a partir da realidade e aplicado tendo por premissa justamente a realidade, possuindo, dessa forma, forte relação com outras teorias sociais. Como será abordado nas próximas Seções, pretende-se, pautando-se no conceito de novo estruturalismo jurídico de Calixto Salomão Filho, propor uma alteração estrutural tendo por base os bens da companhia cujas características o dotem de natureza de bem comum. Nesse cenário, as estruturas a serem analisadas serão, sobretudo, a empresa e a propriedade.

Esse enfrentamento parte do reconhecimento do direito como motor para influenciar e alterar a dinâmica econômica e social, com vistas à superação do subdesenvolvimento.

Por fim, sem prejuízo da pertinência das reflexões trazidas pelo Professor Calixto Salomão Filho, repisa-se que a leitura feita acerca do raciocínio valorativo referido como novo estruturalismo jurídico pode, sim, transparecer

---

[77] Cf. SALOMÃO FILHO, Calixto. Novo estruturalismo jurídico... p. 540.
[78] Idem ao anterior.

COMMONS EMPRESARIAIS

uma amplitude visceral um pouco mais alargada do que a pretendida pelo professor em sua obra.

1.4. Conclusão parcial

Diante das considerações trazidas no decorrer do Capítulo 1, exsurgem as seguintes conclusões:

(i) as estruturas econômicas brasileiras, com especial destaque para a empresa e para a propriedade, são marcadas por alto de grau de concentração de poder econômico, sendo que sua atual conformação decorre do processo de evolução da economia brasileira;

(i.1) esse processo de evolução econômica, como visto no decorrer do Capítulo 1, teve como características um intenso desequilíbrio externo e o subemprego estrutural, que foram agravados pelas escolhas econômicas de diferentes períodos e que tiveram pouca preocupação estrutural;

(i.2) resulta desse processo uma maior preocupação com o crescimento de índices macroeconômicos, consoante a adoção de uma agenda econômica de cunho neoliberal, em detrimento justamente de uma agenda que promovesse alteração nas estruturas;

(ii) como consequência dessa conformação estrutural, tem-se a dificuldade de superação do subdesenvolvimento, o que é agravado pela resistência à realização de alterações estruturais, conforme foi retratado no Capítulo 1, valendo-se sobretudo das premissas do chamado estruturalismo latino americano (ou cepalino) e influências relacionadas ao estruturalismo da Escola de Harvard, no âmbito econômico;

(iii) do ponto de vista jurídico, a adoção de um sistema racional-positivista, caracterizado por uma pretensa completude e desejo constante de auto

CAPÍTULO 1 – A PREMISSA METODOLÓGICA: O NOVO ESTRUTURALISMO JURÍDICO

integração – que caracterizam o chamado dogma da completude – contribui para manutenção das estruturas, vez que o direito acaba por adotar um papel secundário e que legitima as estruturas conformadas de acordo com a determinação econômica;

(iii.1) como consequência, há adoção de um arcabouço jurídico que estabiliza a concentração de poder econômico e promove o ambiente regulatório propício para a sua manutenção;

(iv) nesse contexto, o chamado (novo) estruturalismo jurídico, que foi muito desenvolvido pelas reflexões do Professor Calixto Salomão Filho, configura uma proposta de análise que pretende alterar o papel secundário assumido pela ciência jurídica, com o intuito de promover uma interpretação pautada em uma abordagem estrutural;

(iv.1) o estruturalismo jurídico deve ser entendido como raciocínio valorativo em busca de alteração da organização e da estrutura econômico-social, por meio do direito, partindo das seguintes premissas:

(a) as políticas públicas dificilmente conseguem ser implementadas por meio do direito, visto que as decisões judiciais que tratam de soluções compensatórias são casuísticas e não são coordenadas e coerentes, afastando-se de mudanças estruturais, o que leva à consolidação do poder econômico concentrado;

(b) as compensações são incapazes de fazer frente às desigualdades sistêmicas, logo, o direito não promove transformações econômicas e sociais, o que só seria possível justamente por meio de alterações estruturais;

(v) os ideais do (novo) estruturalismo jurídico configuram a premissa metodológica das reflexões feitas neste trabalho, tendo por foco, principalmente, as estruturas propriedade e empresa;

COMMONS EMPRESARIAIS

(v.1) diante de algumas das considerações feitas no decorrer deste trabalho, é possível associar as reflexões realizadas a uma visão mais alargada do estruturalismo jurídico propugnado pelo Professor Calixto Salomão Filho, o que, em nenhuma hipótese, afasta a pertinência e adequação de suas ponderações.

Capítulo 2
O Conceito de Bens Comuns e a Possibilidade de Considerar Certos Bens da Companhia como Bens Comuns: os *Commons* Empresariais

2.1. Plano deste Capítulo

A existência de bens em relação aos quais muitas pessoas precisam ter acesso, mas o uso por uma pessoa ou grupo de pessoas impede a utilização pelas demais, serve como base para um relevante entrave regulatório que já havia sido outrora identificado, por Garett Hardin, ao tratar da chamada "Tragédia dos Comuns"[79].

Para ilustrar esse entrave regulatório, Hardin apresenta um exemplo hipotético de uma pastagem compartilhada por pastores locais. Partindo da racionalidade humana, admite-se que os pastores tenderão a maximizar a sua produção e, assim, aumentarão o tamanho do rebanho sempre que for possível. Diante da ausência de uma solução para evitar o acréscimo exacerbado dos rebanhos, a pastagem tende a ser superexplorada e deixar de existir.

---

[79] Cf. HARDIN, Garrett. The Tragedy of the Commons. In: Science, New Series. Vol. 162. No. 3859 (Dec. 13, 1968). pp. 1243-1248.

COMMONS EMPRESARIAIS

Essa situação analisada por Hardin[80] parte da premissa de que os indivíduos sempre tendem a maximizar os seus próprios benefícios materiais a curto prazo. Dessa forma, tal como explanado anteriormente, os bens que não pertençam concretamente a um particular, ou que não estejam sujeitos a uso exclusivo do aparato Estatal, tendem a ser superexplorados pelos indivíduos que compartilhem o seu uso[81].

Levando em consideração essas características e o fato de tais bens estarem sujeitos a uma inevitável superexploração – ou *overpopulation*, para utilizar o termo adotado pelo autor –, Hardin visualiza como potenciais soluções para promover a continuidade de tal bem e evitar a sua extinção, a adoção impositiva de gestão pelo próprio governo, que tomaria para si a gestão do bem, ou a constituição de propriedade privada em relação a tais bens, por meio de "cercamentos"[82]. Paralelamente, a despeito de não ser o cerne deste trabalho, destaca-se que Hardin também ensaia em seu trabalho outras soluções possíveis – que não a privatização e a adoção impositiva pelo governo – para a administração desses bens comuns, a exemplo da adoção de conceito análogo ao do poluidor-pagador.

Levando em consideração a análise proposta por Hardin e a tendo como uma das premissas, o objetivo deste Capítulo 2 é, por meio de uma análise conceitual, verificar a possibilidade de considerar determinados bens da companhia, em razão de suas características, como possuindo natureza de bens comuns. Para encerrar o conceito de bem comum tal como entendido

---

[80] Importante destacar que o estudo de um recurso natural pautado na sua exploração pelos indivíduos quando da ausência de controle, levando ao seu uso excessivo de forma insustentável e antieconômica já havia sido realizado em 1954 por Gordon, ao tratar de um pesqueiro (*fishery*) enunciando o que poderia se aproximar das características de um "bem comum", Cf. GORDON, H. Scott. The Economic Theory of a Common-Property Resource: The Fishery. In: The Journal of Political Economy. Vol. 62, No. 2, apr./1954. pp. 124-142.

[81] Clemencia Aldana é precisa ao expor o fundamento da Tragédia dos Comuns: "*El argumento fue debatido por (...) Hardin (1968) explicando el hecho de que los individuos siempre maximizarán sus propios beneficios materiales de corto plazo, y si no pertenecen a alguien en concreto, o son de uso exclusivo del Gobierno, los oportunistas los sobreexplotarán, la gente que comparte la tierra inevitablemente la sobreexplotará. El dilema de la Tragedia de los Comunes, ha sido utilizado en diferentes escenarios y por autores para explicar la sobreexplotación de los recursos*" (ALDANA, Clemencia I. M. La cooperación: estrategia para la sostenabilidad de los recursos. In: Dimensión Empresarial. Vol. 14, N. 2. p. 34).

[82] Cf. HARDIN, Garrett. Op. cit. p. 1245.

CAPÍTULO 2 - O CONCEITO DE BENS COMUNS E A POSSIBILIDADE DE CONSIDERAR...

neste trabalho, parte-se dos ensinamentos propagados por Elinor Ostrom, que propôs importante revisitação das reflexões realizadas por Hardin.

Para atingir esse objetivo, inicia-se com o desenvolvimento do conceito de bem comum de acordo com a obra de Ostrom, entendido como uma classificação a ser dada em relação à natureza de um bem, com a possibilidade de se adotar um tratamento diferenciado uma vez que certo bem seja caracterizado como possuidor de natureza de bem comum (*common-pool resource* ou, simplesmente, *CPR*, para adotar as referências terminológicas utilizadas por Ostrom).

Para fins de melhor entendimento das preposições trazidas no decorrer deste Capítulo, os termos "bem comum", "comum" e *"common"* serão utilizados indistintamente para se referir ao bem que possua natureza de bem comum. Essa assertiva é importante e será endereçada oportunamente no decorrer deste Capítulo, quando serão apresentados diferentes conceitos vinculados ao termo.

Nesse contexto, o entendimento pela possibilidade de determinado bem ser considerado bem comum e lhe ser imputado um tratamento específico para sua gestão – e consequente destinação – é baseado tanto no entrave regulatório apresentado por Hardin, como na insuficiência da clássica distinção entre bens públicos e bens privados, sendo que esta dicotomia será endereçada no decorrer deste Capítulo.

Além disso, esse entendimento, vale destacar, é compatível com diversas situações reais observadas no Brasil e no mundo. Para ilustrar o afirmado, serão analisados no decorrer deste Capítulo 2, os sistemas de irrigação no Nepal, as terras comuns em Tröbel, na Suíça, e o extrativismo de mangaba na região Nordeste brasileira. Importante destacar que as situações descritas representam meros exemplos da aplicação do conceito de bem comum, não podendo ser considerados como experiências isoladas. A análise de situações concretas é metodologicamente estratégica para demonstrar a aplicabilidade prática das considerações teóricas que serão aqui desenvolvidas.

Após essas considerações iniciais, promove-se uma breve reflexão acerca da possibilidade de alargamento do conceito de bem comum, enquanto uma categoria para qualificar a natureza de um bem, para alguns bens da companhia, sendo que esta consideração demanda, desde logo, uma ponderação.

COMMONS EMPRESARIAIS

Conforme será oportunamente endereçado no decorrer deste trabalho, a classificação de um bem como comum é mormente associada a bens do meio ambiente. Essa tradição doutrinária não afasta a possibilidade de uma expansão conceitual, sendo certo que essa ampliação encontra guarida nas reflexões mais recentes propostas pela própria Elinor Ostrom.

Em outras palavras, presentes as características delimitadoras dessa modalidade de bem, determinado bem deve ser tido como comum. Ou seja, concretizando essa abstração para o objeto de estudo desta tese, uma vez verificado que determinado bem integrante do estabelecimento empresarial de uma companhia possui as características que lhe permitam ser considerado como tendo natureza de bem comum, deve ser assim considerando, devendo--se, consequentemente, enfrentar a possibilidade de aplicação de tratamento diferenciado para sua gestão e destinação.

Nesse sentido, adianta-se como possível exemplo de aplicação dessa visão o reconhecimento de que as plantas industriais das chamadas *company towns* ou mesmo as barragens de resíduos de empresas como a Samarco Mineração S.A. (Mariana-MG) ou Vale S.A. (Brumadinho-MG), que foram palco de catástrofes ambientais sem precedentes no passado recente, poderiam ser caracterizadas como bens comuns em razão de suas características. Essa concepção não deve gerar surpresa, sendo que as premissas serão devidamente estressadas no momento oportuno para validar as considerações feitas.

Por fim, como conclusão parcial deste Capítulo, faz-se a importante ressalva de que a caracterização de um bem da companhia como bem comum deve ser tratada como hipótese excepcional, não se admitindo tratar essa situação como regra. Afinal, o enquadramento de um bem como comum só pode ser feito caso, de fato, a respectiva natureza esteja presente.

2.2. A insuficiência da dicotomia entre bens públicos e bens privados: a ascensão dos bens comuns. Uma classificação de acordo com a natureza do bem

A clássica segmentação entre bens públicos e bens privados foi difundida especialmente por Paul A. Samuelson, em seu trabalho *The Pure Theory of Public Expenditure*, que divide os bens entre *private consumption goods* e *collective*

80

CAPÍTULO 2 - O CONCEITO DE BENS COMUNS E A POSSIBILIDADE DE CONSIDERAR...

consumption goods [83]. Em outros termos, essa dicotomia coloca, de um lado, (i) os bens puramente privados, que possuem como características econômicas essenciais o fato de serem excludentes, pois o titular pode impedir seu consumo por terceiros, e rivais, pois o consumo por um indivíduo impede o seu consumo por outro, e, de outro lado, (ii) os bens públicos, definidos como não excludentes, pois é impossível não permitir o acesso pelos indivíduos, e não rivais, pois o consumo por um indivíduo não impede seu consumo por outro, ou seja, tais bens não são passíveis de subtração[84].

[83] Nesse sentido, confira-se o seguinte excerto da obra de Samuelson: "*I explicitly assume two categories of goods: ordinary private consumption goods (...) which can be parceled out among different individuals (...) according to the relations (...); and collective consumption goods (...) which all enjoy in common in the sense that each individual's consumption of such good leads to no subtraction from any other individual's consumption of that good.*" (Cf. SAMUELSON, Paul A. The Pure Theory of Public Expenditure. In: The Review of Economics and Statistics. Vol. 36, No. 4. Nov., 1954. p. 387). As ideias desenvolvidas por Samuelson no trabalho anteriormente referenciado são reproduzidas – e em alguns poucos aspectos – complementadas em SAMUELSON, Paul A. Diagrammatic Exposition of Theory of Public Expenditure. In: The Review of Economics and Statistics. Vol. 37, No. 4. Nov., 1955. pp. 350-356; e SAMUELSON, Paul A. Aspects of Public Expenditure Theories. In: The Review of Economics and Statistics. Vol. 40. No. 4. Nov., 1958. pp. 332-338).

[84] Para ilustrar essa diferença entre os bens públicos e privados, a passagem de Davis e Whinston, reconhecendo a importância do desenvolvimento de Samuelson, é bem interessante: "*Some years ago, in a now classic series of articles, Professor Paul A. Samuelson made an admitily polar distinction between public and private goods. Briefly, private consumption goods, like bread, must be parceled out among persons with one man getting a loaf more if another gets a loaf less. (...) A public consumption good, on the other hand, differs in that one man's consumption does not diminish the quantity available for another. (...) Prime examples are supposed to be outdoor circuses, national defense, and, some may have though, radio waves and TV signals*" (DAVIS, Otto. A.; WHINSTON, Andrew B. On the distinction between public and private goods. In: The American Economic Review. Vol. 57, No. 02. Papers and Proceedings of the Seventy-ninth Annual Meeting of the American Economic Association. May, 1967. p. 360). Os autores ainda destacam, refletindo sobre a dicotomia desenvolvida por Samuelson, que a distinção entre as modalidades de bens tem como objetivo refletir uma falha de mercado e não propriamente uma preocupação com o gasto de recursos públicos, o que poderia se extrair da leitura do título do mais relevante artigo de Samuelson: "*It is important to understand that, despite the title, Samuelson's model is not directly concerned with public expenditures. Rather, it is a model of market failure. What is shown is that in a system incorporating his "public" consumption goods, the market "fails" in the sense that the necessary conditions for the attainment of Pareto optimality are not automatically satisfied. One should observe two facts here. First, despite the name given to the public goods, the failure of the pricing mechanism to satisfy the necessary conditions for Pareto optimality does not constitute a prima facie case for public ownership, or even public regulation, of the relevant facilities for either production or distribution. Second, the institutional arrangements under which a good, even a public consumption good, is distributed in a*

COMMONS EMPRESARIAIS

A título exemplificativo, tem-se os bens de consumo, a exemplo de um pedaço de pão ou uma maçã, como representantes do primeiro grupo, ao passo que ondas de rádio, sinais de televisão e, até mesmo, direitos fundamentais, podem ser enquadrados como manifestações do segundo grupo.

Paralelamente, essa segmentação foi, durante muito tempo, tida como inconteste e de acordo com a também clássica dicotomia entre mercado – como a instituição ótima para a produção e troca de bens privados – e o Estado (ou governo) – como ideal para regular os bens não privados ou, simplesmente, públicos[85]. A concepção de que as relações de mercado e o mecanismo de preço seriam suficientes para alocar de forma eficiente os bens privados e que a intervenção do Estado (ou governo) era pressuposta para garantir acesso aos bens caracterizados como não excludentes e marcados pela ausência de rivalidade parecia ser um enfrentamento razoável diante da relação praticamente paradoxal encerrada por essas modalidades de bens.

A existência de bens que não apresentavam tais características – e merecedores de tratamento diverso –, não podendo ser tranquilamente enquadrados como bens privados ou públicos colocou a clássica diferenciação sob questionamento[86].

Nesse contexto, Ostrom parte da análise de que a facilidade de subtração de uso dos bens e a dificuldade de exclusão dos indivíduos em relação aos bens não são critérios absolutos e podem apresentar graus diversos. Há, assim, relativização dos caracteres utilizados para a clássica segmentação entre bens públicos e bens privados: os pares excludentes e não-excludentes, e rivais e não-rivais, dão lugar à multiplicidade de graus dos quesitos, dificuldade de exclusão e facilidade de subtração dos bens[87].

---

market perform an important role in determining the characteristics of the performance of the pricing mechanism" (Idem ao anterior. p. 361).

[85] Nesse sentido, OSTROM, Elinor. Beyond Markets and States: Polycentric Governance of Complex Economic Systems. Prize Lecture, December 8, 2009. pp. 409-410. Disponível em: <http://www.nobelprize.org/nobel_prizes/economic-sciences/laureates/2009/ostrom_lecture.pdf>. Acesso em: 13/02/2018. É de se destacar, ainda, que o critério de eficiência utilizado para a separação entre mercado e governo era a eficiência de Pareto, conforme será endereçado oportunamente no decorrer deste trabalho.

[86] A título meramente exemplificativo, cabe mencionar a crítica feita por James Buchanan e que serviria como base para o desenvolvimento da teoria sobre os "club goods", cujas premissas podem ser encontradas adiante.

[87] Cf. OSTROM, Elinor. Beyond Markets and States... pp. 411-413.

CAPÍTULO 2 - O CONCEITO DE BENS COMUNS E A POSSIBILIDADE DE CONSIDERAR...

Com base nessa premissa, a autora expõe que certos tipos de bens são marcados tanto pela alta facilidade de subtração de uso, que é típica dos clássicos bens privados, como pela alta dificuldade de exclusão, que, por sua vez, é típica dos clássicos bens públicos. Como resultado, os bens com essas características são marcados pela maior possibilidade de escassez[88], estando sujeitos ao protagonismo da tão mencionada "Tragédia dos Comuns"[89].

Nesse contexto, sem prejuízo das demais considerações apresentadas acerca das reflexões do ecologista G. Hardin no decorrer desta tese, a tragédia dos comuns decorre da superutilização de áreas não reguladas. Os terrenos baldios, tal como endereçado no início deste Capítulo, têm a tendência de sofrerem com a pastagem descontrolada, tendo como consequência o fato de os benefícios da introdução de uma cabeça adicional de gado no pasto serem apropriados tão somente pelo seu dono – internalização de benefícios –, ao passo que o custo de utilização do pasto é absorvido por todos os membros dessa comunidade – exteriorização dos custos –, tendo como resultado dessa dinâmica a exploração excessiva do terreno baldio, tendendo à sua destruição[90].

[88] SALOMÃO FILHO, Calixto. Direito Concorrencial. São Paulo: Malheiros Editores, 2013. p. 369. No mesmo sentido, v. SALOMÃO FILHO, Calixto. Teoria Crítico-Estruturalista do Direito Comercial. São Paulo: Marcial Pons, 2015. pp. 105-119.

[89] Sem prejuízo das demais referências trazidas no decorrer deste trabalho, segundo G. Hardin: *"The tragedy of the commons develops in this way. Picture a pasture open to all. It is to be expected that each herdsman will try to keep as many cattle as possible on the commons. (...) the rational herdsman concludes that the only sensible course for him to pursue is to add another animal to his herd. And another; and another... But this is the conclusion reached by each and every rational herdsman sharing a commons. Therein is the tragedy (...) Freedom in a commons brings ruin to all"* (HARDIN, Garrett. Op. cit. p. 1244).

[90] Dessa forma, a utilização ótima dos recursos escassos pressupõe a delimitação de tais bens, com o intuito e assegurar maior eficiência econômica. Consequentemente, os direitos de propriedade, ou seja, exclusividade sobre os bens, geram a otimização do uso dos recursos, com a equiparação entre a internalização de benefícios e custos, sem reflexos para terceiros. Destarte, a delimitação e proteção do direito de propriedade atenuam o problema de exaustão dos recursos, justificando-se assim, com base na "tragédia dos comuns", o direito de propriedade (Cf. MATIAS, João Luis Nogueira. A função social da empresa e a composição de interesses na sociedade limitada. Tese (Doutorado em Direito) – Faculdade de Direito da Universidade de São Paulo. São Paulo, 2009. p. 50). Ainda sobre a "tragédia dos comuns", é interessante traçar um paralelo entre a possível consequência descrita por Hardin e a adoção de *communal rights* como forma de promover *entitlements*, conforme se extrai da seguinte passagem de Donal Wittman ao tratar da exploração de peixes em uma porção de água sob *communal right*: "(...)

COMMONS EMPRESARIAIS

Em paralelo à referência às reflexões de G. Hardin, Elinor Ostrom se vale de outros dois modelos influenciadores – que corroboram justamente a situação narrada pela "tragédia dos comuns" – para sustentar a insuficiência da dicotomia entre bens públicos e bens privados e a necessidade de se reconhecer um tratamento diferenciado para os bens comuns.

Em relação a essas "metáforas" (os referidos modelos influenciadores) – e além da "tragédia dos comuns" (*"the tragedy of the commons"*) –, Ostrom faz referência, em primeiro lugar, ao "dilema do prisioneiro" (*the prisioner's dilemma game*), como exemplo de jogo não cooperativo, no qual a comunicação entre os participantes é proibida, impossível ou simplesmente irrelevante, com a característica de que todos os participantes possuem informação completa, ou seja, o conhecimento de todas as ramificações do jogo e as consequências de cada jogada a ser realizada é presumidamente conhecida por todos os participantes[91].

Adicionalmente, Ostrom também se vale da chamada "lógica da ação coletiva" (*logic of collective action*), desenvolvida sobretudo pelo economista Mancur Olson, que propõe a utilização de modelos econômicos para a análise de grupos sociais e da ação coletiva. Nesse contexto, Olson prescreve que mesmo em situações em que todos os indivíduos de um grupo sejam racionais e centrados em seus próprios interesses e que alcancem benefícios se agirem conjuntamente – ou seja, como um grupo – para atingir objetivos comuns, mesmo assim eles tenderão a não agir coordenadamente de forma voluntária em prol desses interesses comuns e grupais. Partindo dessa premissa, o autor explora a importância de acordos "paralelos" para a organização dos interesses

---

when there is overgazing and hypercongestion, communal rights start to fail. With regard to fishing, the only way to get the property right is to catch the fish. Throwing fish back into the lake until they are the optimal size will not benefit the person catching the fish because he has no claims on them. Thus there will be overfishing and inefficient allocation of resources devoted to getting the fish first. Not surprisingly, communal rights to ocean fish have led to inefficient depletion of these resources" (WITTMAN, Donald. Economic Foundations of Law and Organization. Cambridge University Press, 2006. p. 97).

[91] Sobre a temática, v. DAWES, R. M. Formal Models of Dilemmas in Social Decision Making. In: KAPLAN, M. F.; SCHWARTZ, S. Human Judgement and Decision Processes: Formal and Mathematical Approaches. New York: Academic Press, 1975. pp. 87-108; e RAPOPORT, Anatol; CHAMMAH, Albert M.. Prisoner's Dilemma: A Study in Conflict and Cooperation. University of Michigan Press, 1965).

CAPÍTULO 2 – O CONCEITO DE BENS COMUNS E A POSSIBILIDADE DE CONSIDERAR...

envolvidos, bem como os impactos de *free riders* nas estruturas marcadas pela "lógica da ação coletiva", com potenciais prejuízos para todo o grupo[92].

Com base nas premissas desenvolvidas por esses modelos influenciadores, a situação dos *commons* se agrava diante da pluralidade de interesses que podem ser afetados pelo exercício do direito de propriedade sobre tais bens. Esse atributo configura, inclusive, outra justificativa para a promoção de um tratamento diferenciado em relação a tais bens.

Dessa forma, a despeito da maior probabilidade de tais bens estarem sujeitos à "tragédia dos comuns", Ostrom entende pela possibilidade de os indivíduos poderem conviver harmonicamente, a partir do momento em que tal bem seja objeto de um uso racional que não leve a sua superexploração e destruição[93]. A cientista política apresenta, inclusive, argumentos pela limitação e, em certa medida, inadequação do argumento de Hardin para retratar a situação por ele enfrentada[94]. Somado a isso, valendo-se das reflexões de

---

[92] Sobre o tema, v. OLSON, Mancur. The Logic of Collective Action – Public Goods and the Theory of Groups. Cambridge: Harvard University Press, 1965; o texto de Mancur Olson também está disponível em OLSON, Mancur. The Logic of Collective Action: Public Goods and Theory of Groups. In: In: DAHL, Robert; SHAPIRO, Ian; CHEIBUB, José Antonio. The Democracy Sourcebook. Cambridge: The MIT Press, 2003. pp. 372-380). Para a análise dessas metáforas por Ostrom, v. OSTROM, Elinor. Governing the Commons: the evolution of institutions for collective action. California: Cambridge University Press, 1990. pp. 1-28).

[93] Sobre a abordagem, extrai-se o seguinte excerto da obra de Ostrom, traduzida para o espanhol, que bem resume o seu posicionamento acerca da situação descrita por G. Hardin: "*No todos los usuarios de los recursos naturales son incapaces de cambiar sus restricciones; en tanto que los usuarios sean vistos como prisioneros, las prescripciones políticas tomarán como referencia esta metáfora, por ello la cuestión es cómo incrementar las capacidades de los participantes para cambiar las reglas coercitivas del juego a fin de alcanzar resultados distintos a las despiadadas tragedias*" (OSTROM, Elinor. El Gobierno de los Bienes Comunes. La evolución de las instituciones de acción colectiva. México: Fondo de Cultura Económica, 2000. p. 33).

[94] A limitação mencionada decorre basicamente das premissas adotadas para a concepção do modelo de Hardin, que estavam presentes no trabalho realizado por Gordon em 1954 (e referenciado anteriormente neste trabalho): "*most theoretical studies by political economists have analyzed simple common-pool resource systems using relatively similar assumptions. In such systems, it is assumed that the resource generates a highly predictable, finite supply of one type of resource unit (one species, for example) in each relevant time period. Appropriators (those who harvest from a resource system, such as fishers and pastoralists) are assumed to be homogeneous in terms of their assets, skills, discount rates, and cultural views. They are also assumed to be short-term, profit-maximizing actors who possess complete information. In this theory, anyone can utilize the resource and appropriate resource units. Appropriators gain property rights only to what they harvest. The harvested resource units are then privately owned and can be sold in an open, competitive market. The open-access condition is a given and*

COMMONS EMPRESARIAIS

Mancur Olson, Elinor Ostrom entende que condutas que são benéficas para um grupo de indivíduos tendem a gerar uma ação coletiva que promoverá condutas coordenadas e cooperativas em benefício dos envolvidos, em verdadeiro círculo vicioso com efeitos positivos.

Os bens que conjugam essas características e em relação aos quais se presume a possibilidade de um tratamento harmônico entre os indivíduos, com geração de uma ação coletiva em benefício do grupo de indivíduos envolvidos, foram referidos por Ostrom como *common-pool resources* ou *CPR*[95], cuja tradução para o português é "bem comum", sendo que também se valerá dos termos "comum" ou *"commons"*, o que justifica a ressalva terminológica feita no início deste Capítulo[96].

Diante dessas considerações, Ostrom propõe uma classificação diferenciada para a natureza dos bens, partindo dos parâmetros mencionados anteriormente: (i) maior ou menor grau de dificuldade de exclusão (de potenciais

---

the appropriators make no effort to change it. Appropriators act independently and do not communicate or coordinate their activities in any way" (OSTROM, Elinor; HESS, Charlotte. Ideas, Artifacts, and Facilities: Information as a Common-Pool Resource. In: Law and Contemporary Problems. Vol. 66, winter/spring 2003. pp. 116). O argumento analisado por Ostrom e Hess havia sido identificado anteriormente por Feeny, Hanna e McEvoy: *"In this setting, as the incisive analysis of Gordon and Scott demonstrates, each fisherman will take into account only his own marginal costs and revenues and ignores the fact that increases in his catch affect the returns to fishing effort for other fishermen as well as the health of future fish stocks. (...) [E]conomic rent is dissipated; economic overfishing, which may also lead to ecological overfishing, is the result"* (FEENY, David; HANNA, Susan; MCEVOY, Arthur F. Questioning the Assumption of the "Tragedy of the Common" Model of Fisheries. In: Land Economics. Vol. 72, No. 2, may/1996, pp. 187-189).

[95] Destaca-se que, para os fins deste trabalho, não é feita uma diferenciação entre os *commons* e os denominados *semicommons*, conforme definidos por Henry E. Smith: *"A semicommons exists where property rights are not only a mix of common and private rights, but both are significant and can interact. The major example of a semicommons is the medieval open-field system in which peasants owned scattered strips of land for grain growing but used the land collectively for grazing. The ownership structure allowed operation on a large scale for grazing and harnessed private incentives for grain growing. But a semicommons potentially leads to problems of strategic behavior that go beyond the familiar incentives to overuse a commons. In order to raise the costs of such behavior devices such as the scattering of strips may be used to mix up entitlements. Generally, boundary placement and norms are substitute methods of addressing strategic behavior in a semicommons. Among these solutions, scattering functions as a sanction for activities associated with strategic behavior"* (SMITH, Henry E. Semicommon property rights and scattering in the open fields. In: The Journal of Legal Studies. Vol. 29. No. 1. jan./ 2000. p. 1).

[96] SALOMÃO FILHO, Calixto. Direito Concorrencial...

CAPÍTULO 2 – O CONCEITO DE BENS COMUNS E A POSSIBILIDADE DE CONSIDERAR...

beneficiários); (ii) maior ou menor grau de subtrabilidade de uso, tal como enunciado anteriormente.

Para uma apresentação esquemática da tipologia de bens apresentada por Ostrom, faz-se referência à Tabela 1, a seguir[97]:

Tabela 1 – Tipologia de bens – esquema

		Subtrabilidade de uso	
		Alto grau	Baixo grau
Dificuldade de exclusão (de potenciais beneficiários)	Alto grau	Bens Comuns (*Common-Pool Resources – CPR*)[98]	Bens Públicos (*public goods*)
	Baixo grau	Bens privados (*private goods*)	Bens de clube (*Club goods* ou *toll goods*)[99]

Importante sublinhar que o conceito de *common-pool resource* (*CPR*), de acordo com as características apresentadas acima, é associado sobretudo à obra de Ostrom, muito embora não seja a única forma de definir um *common* ou simplesmente bem comum.

Para justificar a assertiva, destaca-se que a quantidade de menções ao termo é rica e ampla. Dentre elas, cumpre fazer referência a um dos trabalhos de Charlotte Hess, cuja edição de 1999 contém 22.500 referências

[97] Cf. OSTROM, E. Beyond Markets and States... p. 143.

[98] Ostrom apresenta como exemplos de bens comuns (CPR): bacias subaquáticas, lagos, sistemas de irrigação, locais destinados para pesca, florestas, dentre outros, conforme será abordado oportunamente no decorrer deste trabalho (Cf. OSTROM, Elinor. Beyond Markets and States... p. 413).

[99] Note-se que os bens comuns não podem ser confundidos com outra modalidade de bens apresentada por James M. Buchanan, qual seja os *club goods*, que são caracterizados pelo alto grau de subtrabilidade de uso (são excludentes) e pelo baixo grau de dificuldade de exclusão (são não rivais), por essa razão costuma-se associar essa modalidade de bens ao conceito de escassez artificial. Para aprofundamento sobre os *club goods* (ou bens de clube), v. BUCHANAN, James M. An Economic Theory of Clubs. In: Economica, New Series, Vol. 32, No. 125. Feb., 1965. pp. 1-14. É interessante salientar que Ostrom sugere a substituição do termo "*club*" por "*toll*" (taxa, pedágio) ao se referir a essa modalidade, pois os bens com essas características são normalmente providos por associações privadas (Cf. OSTROM, Elinor. Beyond Markets and States... p. 412).

COMMONS EMPRESARIAIS

a trabalhos envolvendo *commons*, possuindo atributos amplos para a definição do que seria considerado um *CPR*[100]. Os conceitos e definições diferentes observados pela doutrina são igualmente numerosos[101-102], o que mais justifica a opção pelo uso indistinto de diferentes termos, conforme mencionado anteriormente.

---

[100] Cf. HESS, Charlotte; Indiana University, Bloomington. A Comprehensive Bibliography of Common-Poll Resources. Workshop in Political Theory and Policy Analysis, Indiana University, Bloomington, Ind, 1999 – disponível em mídia digital.

[101] Nesse contexto, destacam-se alguns dos conceitos observados na literatura especializada. Primeiramente, para Lawrence Lessig, o conceito é amplo e guarda relação com a existência de acesso amplo, universal: *"The commons: There's a part of our world, here and now, that we all get to enjoy without the permission of any"* (LESSIG, Lawrence. Code and the Commons. Keynote, given at a conference on Media Convergence Fordham Law School, Feb./1999. p. 2. Disponível em: <https://cyber.harvard.edu/works/lessig/Fordham.pdf>. Acesso em: 10.03.2019). Já para Yochai Benkler o conceito envolve restrições legais em resposta a regimes controladores: *"The commons refers to institutional devices that entail government abstention from designating anyone as having primary decision-making power over use of a resource. A commons-based information policy relies on the observation that some resources that serve as inputs for information production and exchange have economic or technological characteristics that make them susceptible to be allocated without requiring that any single organization, regulatory agency, or property owner clear conflicting uses of the resource"* (BENKLER, Yochai. The Commons as a Neglected Factor of Information Policy. p. 2. Disponível em: <http://www.benkler.org/commons.pdf>. Acesso em: 10.03.2019). Litman, por sua vez, relaciona o conceito de commons ao de domínio público: *"The concept of the public domain is another import from the realm of real property. In the intellectual property context, the term describes a true commons comprising elements of intellectual property that are ineligible for private ownership. The contents of the public domain may be mined by any member of the public"* (LITMAN, Jessica. The Public Domain. p. 8-9. Disponível em: <https://www.law.duke.edu/pd/papers/litman_background.pdf>. Acesso em: 10.03.2019). Por fim, mas certamente não menos importante, é o comentário de Ostrom e Hess sobre a utilização do termo *"commons"* em um de seus trabalhos, demonstrando a falta de convergência para o conceito: *"(...) in the law literature cited throughout this article, a wide variety of concepts and definitions of the commons or public domain is used. We feel there needs to be clarity, shared meanings, and a common language to research this area better. In the legal arena, the term 'commons' is often used synonymously with the term public domain. Is it a given right, a nonassigned right, an unclaimed right, an unmanaged resource, or something that should just be there in a democracy? A survey of law dictionaries does not clear matters up. Oran's Dictionary of the Law, for instance, gives two definitions of public domain: 'land owned by the government' and 'something free for anyone to use or something not protected by patent or copyright. In the first definition, there is an owner- -the government. In the second, there is no owner. Are scholars trying to protect a realm of government ownership or a realm of no ownership?'"* (OSTROM, Elinor; HESS, Charlotte. Op. cit. pp. 114-115).

[102] Em complementação às possíveis definições atribuídas para o termo *"commons"*, recomenda-se a apresentação feita pela Profª. Tine De Moor em vídeo disponível em: <https://www.youtube.com/watch?v=g_RVxNvmwqI>. Acesso em 10.03.2019.

CAPÍTULO 2 - O CONCEITO DE BENS COMUNS E A POSSIBILIDADE DE CONSIDERAR...

Ressalvada a questão terminológica, passa-se a analisar algumas experiências reais nas quais o reconhecimento das peculiaridades apresentadas acima estava presente em relação a determinado bem, sendo que a adoção de estratégias que proporcionaram ações coletivas, pautadas em soluções cooperativas, mostraram-se bem sucedidas para a promoção de uma gestão mais adequada e eficiente.

2.3. Algumas experiências bem-sucedidas relacionadas a bens comuns

A classificação de um bem como um *common* costuma ser associada, quase que exclusivamente, aos bens ambientais, o que remete, por sua vez, aos mais variados recursos naturais[103]. A título exemplificativo, pode-se citar a indústria de pesca e os corpos de água em que se realizam a exploração de peixes, hipótese reiteradamente vista na literatura como exemplo dessa modalidade de bem[104]. Afinal, os exemplos tipicamente utilizados ao se referir aos bens comuns, e erroneamente confundidos como únicos, são justamente reservatórios, fontes de água, florestas, pastos ou a atmosfera, sendo recorrente que se deixe de mencionar ou mesmo considerar a possibilidade enunciada por

---

[103] Confira-se, a título exemplificativo, o seguinte excerto: *"Observe-se que essa derivação* [dos bens comuns] *é válida para uma série de bens ligados à Natureza, como florestas, pesca marítima e fluvial e, mesmo, propriedades com fontes de água. Sua relação com a proteção do meio ambiente é, portanto, direta e imediata."* (SALOMÃO FILHO, Calixto. Direito Concorrencial... p. 369). Além disso, para referências de bens comuns enunciadas por Ostrom, v. as inúmeras referências trazidas no decorrer deste trabalho.

[104] A grande quantidade de menções relacionadas à indústria pesqueira e corpos de água em que há produção de peixes fica evidenciada em: *"For common-pool resources, where yields are rivalrous and use is only partially excludable, the absence of controls over access leads to the "tragedy of the commons." Fisheries provide the classic case of open access, where market failures arise, in part, because agents are unable to contract to exclude others and prevent rent dissipation"* (GRAFTON, R. Q.; SQUIRES, Dale; FOX, Kevin J. Private property and economic efficiency: a study of a common-pool resource. In: Journal of Law & Economics. Vol. XLII, October, 2000. p. 680). De igual modo, v GORDON, H. Scott. Op.cit.); RUDDLE, Kenneth. Solving the Common-Property Dilemma: Village Fisheries Rights in Japanese Coastal Water. In: Common Property-Resources: Ecology and Community-Based Sustainable Development, 1995. pp. 168-184; bem como SWEENEY, Richard James; TOLLISON, Robert D.; WILLETT, Thomas D. Market failure, the common-pool problem, and ocean resource exploitation. In: The Journal of Law and Economics. Vol. 17. No. 1, apr./1974. pp. 179-192.

COMMONS EMPRESARIAIS

Ostrom no sentido de serem os bens comuns *"natural"* ou *"human-made"* – ou seja, criados pelo homem –, conforme será endereçado nas próximas Seções desta tese.

Nesse contexto, com o objetivo de melhor contextualizar a discussão referente aos *commons* e as características intrínsecas de tais bens, promove-se uma reflexão dedicada ao estudo de algumas experiências implementadas ao redor do globo, analisadas pela própria Elinor Ostrom em seus trabalhos, ou não. Destacam-se, assim, as seguintes experiências: (i) os sistemas de irrigação nepaleses, (ii) as pastagens na região de Törbel, na Suíça, e (iii) o extrativismo da mangaba, na região nordeste do Brasil.

Conforme será possível depreender da leitura das próximas passagens, cada uma dessas experiências possui como ponto de identidade a existência de bens marcados pelo alto grau de dificuldade de exclusão e pelo alto grau de subtrabilidade de uso, sendo caracterizados como possuindo natureza de bem comum. Para fins de esclarecimento, o alto grau de dificuldade de exclusão decorre da necessidade de "acesso" em relação a determinado bem, de acordo com as considerações que serão realizadas oportunamente, ao passo que o alto grau de subtrabilidade de uso decorre do fato de a destinação de um dado bem por um indivíduos impedir ou limitar drasticamente o seu uso pelos demais.

Nesse contexto, o estudo das experiências que serão apresentadas possibilitará identificar que os bens objeto dos relatos a seguir são afetados por interesses múltiplos, sendo que as tensões decorrentes de sua exploração sugerem a adoção de soluções cooperativas e que promovam ações coletivas para incrementar a eficiência decorrente de sua destinação.

Esta análise fornecerá subsídio empírico para o estudo da possibilidade de aplicação do conceito de bem comum, enquanto uma natureza do bem, e que traduz as características enunciadas anteriormente a certos bens de titularidade da companhia, a despeito de serem tradicionalmente considerados como bens privados ou particulares. A escolha das experiências relatadas a seguir não tem o condão de limitar a extensão de aplicação dos *commons*[105],

---

[105] Inclusive, Ostrom e Hess são expressas ao destacar a enorme quantidade de experiencias bem sucedidas relacionadas ao conceito de bem comum: *"A sufficient number of empirical examples exist where the absence of property rights and the independence of actors captures the essence of the problem facing appropriators that the broad empirical applicability of the conventional theory was not*

CAPÍTULO 2 – O CONCEITO DE BENS COMUNS E A POSSIBILIDADE DE CONSIDERAR...

sendo que a escolha dos casos que serão mencionados se dá pelo fato de serem passagens que possibilitam um interessante paralelo entre a atribuição de um dado bem como comum e a utilização de instrumentos associativos para a sua exploração, por meio da adoção de sistemas de autorregulação compulsória e autorregulação voluntária, temáticas que serão endereçadas no decorrer deste trabalho.

2.3.1. Sistemas de irrigação no Nepal

No caso dos sistemas de irrigação no Nepal, com a primeira análise feita por Ostrom em 1988[106], identificou-se que na ausência de qualquer tipo de acordo entre os interessados, os agricultores a montante, com acesso aos recursos hídricos, tendem a utilizá-los de forma egoísta e individualista. Agricultores a jusante, por sua vez, ficariam tão somente com o restante da água, prejudicando a sua produtividade, o que resultaria em uma gestão pouco eficiente do recurso hídrico. Trata-se de nítido exemplo da "Tragédia dos Comuns".

Diante desse cenário, pautando-se em variáveis consideradas relevantes para a mensuração da performance dos sistemas de irrigação[107], foram implementados 229 (em 2002) sistemas de irrigação no Nepal, divididos em 3 modalidades: *Farmer-Managed Irrigation Systems (FMIS)*, gerido integralmente pelos produtores rurais; *Agency-Managed Irrigation Systems (AMIS)*, gerido pelo governo, por meio do *Department of Irrigation (DOI)*; e *Joint-Managed Irrigation Systems (JMIS)*, no qual o governo, por meio do *DOI*, seria responsável pelo controle da vazão da barragem e os produtores rurais pelo gerenciamento do recurso hídrico disponível nos canais[108].

---

challenged until the mid-1980s. The massive deforestation in tropical countries and the collapse of the California sardine fishery and other ocean fisheries confirmed for many scholars the worst predictions to be derived from this theory" (OSTROM, Elinor; HESS, Charlotte. Op. cit. p. 117).

[106] Sobre o estudo desenvolvido por Ostrom, v. SHIVAKOTI, Ganesh P.; OSTROM, Elinor. Improving Irrigation Governance and Management in Nepal. ICS Press, 2001.

[107] As variáveis analisadas e levadas em consideração são: condições físicas dos sistemas de irrigação, quantidade de água disponível para os produtores a jusante e produtividade agrícola dos sistemas.

[108] Sobre as modalidades de sistemas de irrigação implementadas no Nepal, v. SHIVATOKI, Ganesh P. Management Transfer of Agency-Managed Irrigation Systems in Nepal: Are There Any Lessons To Be Learned from Farmer-Managed Irrigation Systems? Disponível em: <http://publications.iwmi.org/pdf/H015464.pdf>. Acesso em: 01.07.2019.

COMMONS EMPRESARIAIS

Interessante destacar, ainda, que a adoção dessas modalidades era incentivada, e até mesmo determinada, pela regulação do poder central, por meio da chamada *Irrigation Policy*, caracterizando verdadeiro sistema de autorregulação obrigatória, bem como que o intercâmbio de interesses entre os produtores rurais se dava em reuniões ou assembleias da *Water Users' Association*[109], que também era responsável pela imposição de sanções àqueles que descumprissem as regras estabelecidas pela associação ou que sobre utilizassem os recursos hídricos disponíveis no sistema de irrigação.

Nota-se, assim, a adoção de típica forma de organização do direito societário para regular a relação entre os interessados, por meio da utilização de uma estrutura associativa para promoção de uma gestão do recurso hídrico considerada mais eficiente. Diante dessas considerações, é possível desde logo relacionar o relato do caso nepalês aos ensinamentos de Ronald Coase expressos no clássico trabalho *"The Nature of the Firm"*, uma vez que a adoção da estrutura associativa relatada – enquanto um "feixe de contratos" ou "nexo para contratos" – possui como uma das funções determinantes a redução dos custos de transação que certamente seriam majorados caso todos os agricultores negociassem entre si, separadamente, por meio de contratos bilaterais, o uso dos recursos hídricos[110]. As reflexões desenvolvidas por Coase, bem como outras temáticas que serão pontualmente destacadas nos relatos a seguir, serão retomadas com maior profundidade no decorrer das próximas Seções.

---

[109] Idem ao anterior.

[110] Cf. COASE, Ronald H. The Nature of the Firm. In: Economica, New Series, Vol. 4, No. 16, Nov., 1937. pp. 386-405. Destaca-se que a visão coaseana de empresa como um "feixe de contratos" ou "feixe para contratos" foi primariamente desenvolvida por ALCHIAN, A.; DEMSETZ, H. Production, information costs and economic organizations. In: The American Economic Review, vol. 62, 1972. pp. 777-783 e, posteriormente, por JENSEN, M; MECKLING, W. Theory of the firm: Managerial Behaviour, Agency Costs and Ownership Structure. In: Journal of Financial Economics, vol. 3, 1976. p. 305. Para mais informações sobre a relação teoria Coaseana como um "feixe de contratos" ou "feixe para contratos", v. COMPARATO, Fábio Konder; SALOMÃO FILHO, Calixto. O Poder de Controle na Sociedade Anônima. 6ª edição revista e atualizada. Rio de Janeiro: Ed. Forense, 2014. pp. 319-320, especialmente a nota de rodapé nº 248.

CAPÍTULO 2 - O CONCEITO DE BENS COMUNS E A POSSIBILIDADE DE CONSIDERAR...

2.3.2. Terras comuns em Törbel, na Suíça

No caso dos pastos de Törbel, na Suíça, Ostrom analisou o tratamento observado por uma pequena região com cerca de 600 habitantes, marcada por 5 tipos de terras comunais: prados de pastagens alpinas, florestas, terrenos baldios, sistemas de irrigação e vias de ligação que conectavam as áreas comuns e as áreas particulares[111]. Diante da necessidade de gestão mais eficiente de algumas dessas terras comunais e na tentativa de evitar a "Tragédia dos Comuns", foi fundada, em 1º de fevereiro de 1483, uma associação com o objetivo de melhor regular o uso dos prados de pastagens alpinas, das florestas e dos terrenos baldios. A referida associação regulava o acesso e o uso das pessoas a esses tipos de terras comunais por meio do acesso das pessoas ao quadro de associados[112].

Essa regulação envolvia, por um lado, estrita demarcação dos limites das áreas consideradas comuns, bem como a imposição de sanções para aqueles que utilizassem as áreas mais do que previamente acordado[113]. Para garantir o cumprimento dessas determinações, eram eleitas pessoas responsáveis pela fiscalização do uso adequado e proporcional das terras comuns, incluindo a retirada de árvores para a produção de lenha e a distribuição desse direito de retirada por cada família, bem como pela imposição das sanções[114].

[111] O caso das terras comunais de Törbel é analisado por Elinor Ostrom em OSTROM, Elinor. Governing the Commons... pp. 61-64.

[112] Confira-se, nesse sentido, a seguinte passagem: *"The law specifically forbade a foreigner (Frehmde) who bought or otherwise occupied land in Törbel from acquiring any right in the communal alp, common lands, or grazing places, or permission to fell timber. Ownership of a piece of land did not automatically confer any communal right (genossenschaftliches Recht). The inhabitants currently possessing land and water rights reserved the power to decide whether an outsider should be admitted to community membership."* (NETTING, R. McC. What Alpine Peasants Have in Common: Observations on Communal Tenure in a Swiss Village. Human Ecology 4, 1976. p. 139).

[113] Sobre o fenômeno da "sobre-pastagem", Netting esclarece que o critério utilizado para determinar a quantidade de cabeças de gado que poderiam ser alocadas nas áreas comuns era equivalente à quantidade de cabeças de gado que poderiam ser alimentadas por essa mesma pessoa durante o inverno, sob pena de multa. Trata-se da denominada "wintering rule": "(...) *no citizen could send more cows to the alp than he could feed during the winter"* (NETTING, R. McC. Op cit. p. 139).

[114] As pessoas responsáveis pela fiscalização eram denominadas *Gewalthaber* (equivalente a *local official*) e, além de serem eleitas periodicamente, nas reuniões das assembleias da associação dos cidadãos de Tröbel, tinham o direito de reter 50% (cinquenta por cento) do valor

93

COMMONS EMPRESARIAIS

Note-se que a estrutura jurídica adotada, tal como observado no caso nepalês, também se vale de forma típica de organização associativa, ou seja, uma associação, que configura, como será desenvolvido no decorrer das próximas Seções, uma das formas de manifestação de um contrato associativo plurilateral. Contudo, a despeito das semelhanças, o caso de Tröbel afasta-se do primeiro caso analisado, uma vez que não há a determinação ou imposição, pelo poder regulador central, da adoção de uma estrutura dessa natureza para gestão do bem com natureza de bem comum. Trata-se, assim, da utilização de uma solução promovida pela autorregulação voluntária, temática que também será analisada com maior verticalidade oportunamente.

2.3.3. Extrativismo de mangaba no Nordeste do Brasil

Por fim, mas não menos importante, cabe destacar uma experiência brasileira relacionada à gestão comum do extrativismo da mangaba, no Nordeste do Brasil, sendo o único caso eleito para a análise nesta Seção que não é baseado diretamente nas reflexões de Elinor Ostrom[115].

Trata-se de uma experiência que demonstra a harmonização, por meio do reconhecimento da existência de um bem com natureza de bem comum, de interesses de diversos titulares, quais sejam: (i) catadoras de mangaba; (ii) proprietários de áreas nas quais a mangabeira havia sido plantada, que eram utilizadas para agricultura, turismo e, sobretudo, construção de viveiros para exploração do cultivo de camarões; e (iii) comunidade em geral, pois o desequilíbrio ambiental, principalmente relacionado à produção do camarão, vinha provocando a extinção do caranguejo nos manguezais, principal responsável pela alimentação e pela renda da comunidade.

Com a extinção do caranguejo gerada justamente pela produção de camarão pelos proprietários das áreas de manguezais, a comunidade deslocou sua

---

das multas aplicadas aos cidadãos que desrespeitassem as determinações relacionadas ao uso das terras comuns, conforme identificado por Netting (Idem ao anterior).

[115] Os dados utilizados se baseiam em pesquisa empírica realizada entre 2005 e 2006, conforme visão principalmente sociológica presente no trabalho de SCHMITZ, Heribert; MOTA, Dalva Maria da; SILVA JÚNIOR, Josué Francisco da. Gestão coletiva de bens comuns no extrativismo da mangaba no nordeste do Brasil. In: Ambiente & Sociedade. v. XII, n. 2. jul--dez. 2009. pp. 273-292.

CAPÍTULO 2 - O CONCEITO DE BENS COMUNS E A POSSIBILIDADE DE CONSIDERAR...

fonte de subsistência para o extrativismo da mangaba, que é o fruto da mangabeira, árvore rústica e bastante comum no litoral do Nordeste. Importante destacar que as mangabeiras estavam localizadas em áreas privadas, não raro nas mesmas propriedades em que os camarões eram criados.

Consequentemente, a população passaria a investir na reprodução das plantas e a insistir no acesso às áreas da mangabeira, que eram, repise-se, geralmente propriedades privadas, ao passo que os titulares dos direitos de propriedade sobre essas terras tenderiam a construir cercas e a impedir a invasão das propriedades pelas catadoras de mangaba. Trata-se da conduta normalmente observada quando da tentativa de se proteger uma área privada da invasão por parte de terceiros.

Curioso notar que em ambos os cenários descritos – intensificação do extrativismo da mangaba e construção de cercas para impedimento do acesso às árvores frutíferas – haveria intensificação da coleta dos frutos, tanto pela maior demanda e consequentemente acréscimo da sua extração, quanto pela urgência para gerar renda que compensasse a indisponibilidade do caranguejo, uma vez que a qualquer momento poderia ser impedido o acesso às árvores frutíferas.

Consequentemente, está-se diante de uma situação em que as áreas em que as mangabeiras estão localizadas apresentam tanto alto grau de subtrabilidade de uso, como alto grau de dificuldade de exclusão, sendo assim, bens comuns. Dessa característica de tais bens, exsurge a necessidade de se promover uma solução regulatória que evite a superexploração dessas áreas, o que é intensificado justamente pelo acréscimo de invasões para a extração dos frutos das mangabeiras.

Neste caso, embora se esteja mais uma vez diante de uma modalidade de autorregulação voluntária (tal como observado no caso de Törbel), diferentemente do observado nas demais experiências analisadas anteriormente, não há um centro formal de decisão[116], o que impacta na inexistência de definição clara de quem participa e representa os interesses afetados, negociação formal ou mesmo de sanção para aqueles que descumprissem as regras, salvo

[116] As informações trazidas no decorrer desta Seção são feitas com base nas considerações trazidas por SCHMITZ, Heribert; MOTA, Dalva Maria da; SILVA JÚNIOR, Josué Francisco da. Op. cit.

COMMONS EMPRESARIAIS

eventual repressão extraordinária e oral. Adicionalmente, esse caso também possui como característica de destaque o fato de as árvores frutíferas estarem localizadas em uma propriedade particular, podendo ser considerada privada para fins da tradicional dicotomia dos bens, divididos em públicos ou privados.

Juridicamente, por se basear em conhecimentos tradicionais e na oralidade, pode-se afirmar que o instrumento jurídico utilizado para orientar a extração da mangaba e o acesso às propriedades de terceiros eram contratos verbais[117], que poderiam até configurar, no plano fático, uma técnica associativa, em nítido exemplo de autorregulação voluntária. De toda forma, hipoteticamente, fosse o caso de se pensar em estrutura mais complexa para organizar os interesses envolvidos no tratamento do bem comum, qual seja, as áreas nas quais estavam localizadas as árvores frutíferas, certamente poder-se-ia cogitar a adoção de uma associação, novamente uma estrutura típica de organização do direito societário e instrumentalizada por um contrato associativo plurilateral.

Além disso, é de mencionar, conforme se tratará oportunamente, que neste caso o bem com natureza de bem comum não era uma área com ausência de proprietário, tal como ocorre no caso de Törbel e que poderia ser considerada, para fins de classificação jurídica, como *res nullius*. No caso das áreas em que ocorria o extrativismo da mangaba tinha-se uma área privada, o que corrobora a diferenciação entre a natureza do bem e o regime jurídico formalmente reconhecido ao bem, já que ao passo que tal área possui, em razão de suas características econômicas, natureza de bem comum, é formalmente protegida por um regime de propriedade de um particular, sendo, assim, tratada como bem privado, como já destacado anteriormente. De todo modo, essa segmentação será abordada com maiores detalhes no decorrer das próximas passagens desta tese.

---

[117] Interessante destacar as regras decorrentes da tradição e da celebração desses contratos verbais entre as catadoras de mangaba e os proprietários das terras em que estavam plantadas as mangabeiras, conforme evidenciado no trabalho de Schmitz (et. al.): *"1) Todos podem catar mangaba; 2) Respeitar as cercas; 3) Não quebrar galhos; 4) Não catar frutas verdes; 5) Não tirar leite da mangabeira; 6) Não cortar mangabeiras; 7) Não catar no mesmo pé quando já tiver alguém catando"*.

CAPÍTULO 2 – O CONCEITO DE BENS COMUNS E A POSSIBILIDADE DE CONSIDERAR...

2.4. Verificação da possibilidade de considerar e aplicar o tratamento dado aos bens comuns a certos bens da companhia: os *commons* empresariais

Como já destacado anteriormente, as Seções anteriores tiveram como preocupação verificar experiências bem-sucedidas do reconhecimento de certos bens como possuindo natureza de bens comuns, partindo da conceituação trazida por Ostrom[118], e a forma adotada para a sua gestão e destinação,

[118] Importante destacar que a despeito de as experiências apresentadas serem consideradas bem-sucedidas, não se desconsideram eventuais críticas para o modelo apresentado por Elionor Ostrom. Dentre tais críticas, podem ser mencionadas a amplitude das variáveis consideradas pela autora agraciada com o Prêmio Nobel de Economia para a propositura de soluções cooperativas em relação aos bens considerados, por ela, *common-pool resources* (ou *CPR*), somado ao fato que essa amplitude tende a prejudicar a previsibilidade entre os indivíduos envolvidos nessa solução cooperativa. Essas limitações foram bem analisadas por Clemencia Aldana: *"¿Cuáles son los flujos promedio y los valores estimados de las unidades de recursos a futuro en relación con las actuales? ¿Cuáles serán los deltas del flujo de unidades de recursos, determinados entre los existente y lo resultante a futuro por los nuevos acuerdos? ¿Cuáles serán las diferencias cualitativas a futuro versus las vigentes en el presente? ¿A partir de cuándo se espera que se den las nuevas unidades por el cambio de decisiones y acuerdos? ¿Las nuevas propuestas reducirán los conflictos en comparación con la situación actual, o permanecerán igual? Las respuestas a los anteriores cuestionamientos están en función de variables muchas veces exógenas de los agentes que deben decidir sobre la conveniencia de asumir las nuevas reglas. Entre las principales variables de comportamiento se pueden enumerar: la cantidad de apropiadores, el tamaño del sistema de recursos, la volatilidad de las unidades en el tiempo y en el espacio, la situación actual del sistema de recursos, las condiciones del mercado, la modalidad de conflictos y la periodicidad de los mismos, la disponibilidad de datos registrados sobre comportamientos históricos y presentes de apropiación, las reglas y acuerdos vigentes y las definidas para el futuro. Estos aspectos enunciados no son de fácil disposición porque los interesados no siempre cuentan con toda la información para procesar y tomar decisiones"* (ALDANA, Clemencia I. M. Op. cit. p. 35). Ainda, sobre a dificuldade de determinação de quantos e quais indivíduos devem ter participação da gestão coletiva do bem caracterizado como common-pool resource (CPR), v. PLOTT, Charles R.; MEYER, Robert A. The Technology of Public Goods, Externalities, and the Exclusion Principle. In: MILLS, Edwin S. (Ed.). Economic Analysis of Environmental Problems. NBER, 1975. pp. 65-94. Na mesma linha das críticas possíveis à visão de Ostrom, destaca-se a possibilidade de se alcançarem resultados mais positivos do ponto de vista de eficiência e produtividade por meio da "privatização" de regiões que eram outrora consideradas *common-pool resources*, conforme se extrai do seguinte abstract, que reflete pesquisa empírica realizada com base na exploração pesqueira entre 1980 e 1996: *"The British Columbia halibut fishery provides a natural experiment of the effects of 'privatizing the commons.' Using firm-level data from the fishery 2 years before private harvesting rights were introduced, the year they were implemented, and 3 years afterward, a stochastic frontier is estimated to test for changes in technical, allocative, and economic efficiency. The study indicates that (1) the short-run efficiency gains from privatization may take several years to materialize and can*

COMMONS EMPRESARIAIS

com o intuito de promover um resultado eficiente e evitar a superexploração e potencial extinção de tais bens.

Como pode ser extraído das experiências analisadas – o que também pode ser aplicado à maior parte dos casos presentes na obra de Ostrom –, os *commons* eram relacionados ao meio ambiente (a exemplo dos recursos hídricos no Nepal, das pastagens em Tröbel e das áreas em que estavam plantadas as mangabeiras no Nordeste do Brasil). Isso se dá, pois, a análise de Ostrom em relação ao grau de dificuldade de exclusão e em relação ao grau de subtrabilidade de uso pode denotar, em um primeiro momento, que o parâmetro de análise é sobretudo o conjunto de características físicas do bem, principalmente nos exemplos analisados neste trabalho e na maior parte da produção bibliográfica da autora. Essa perspectiva, contudo, pode ser ampliada, inclusive com base nas reflexões trazidas pela própria Ostrom, que salienta o reconhecimento de os bens poderem ser naturais, ou seja, relacionados ao meio ambiente, ou produzidos pelo ser humano, conforme se extrai da seguinte passagem: *"One of four types of economic goods. CPRs are either natural or human--made, where one person's use subtracts from another's and where it is difficult to exclude users"*[119].

Presentes os atributos essenciais que caracterizam os *commons* em determinado bem, a ele deve ser conferido igual tratamento, já que possui semelhante natureza. Em outras palavras, verificado que certo bem – cujo uso por um indivíduo pode gerar escassez para os demais sem que exista alguma espécie de cooperação entre os agentes e coletividades que precisam utilizar o referido bem – apresenta alto grau de facilidade de subtração de uso e alto grau de dificuldade de exclusão em relação aos interesses por ele afetados, cabe considerá-lo como bem comum e aplicar o tratamento pertinente, mesmo que essas características não guardem relação com os caracteres físicos do bem. Em suma, o critério independe da relação do bem analisado com a natureza.

---

be compromised by restrictions on transferability, duration, and divisibility of the property right; (2) substantial long-run gains in efficiency can be jeopardized by preexisting regulations and the bundling of the property right to the capital stock; and (3) the gains from privatization are not just in terms of cost efficiency but include important benefits in revenue and product form" (GRAFTON, R. Q.; SQUIRES, Dale; FOX, Kevin J. Op. cit. p. 679).

[119] HESS, Charlotte; OSTROM, Elinor. Understanding Knowledge as a Commons, From Theory to Practice, The MIT Press, Cambridge, Massachusetts Institute of Technology, London, England, 2007. p. 349.

CAPÍTULO 2 – O CONCEITO DE BENS COMUNS E A POSSIBILIDADE DE CONSIDERAR...

A aferição de tais critérios deve ser realizada a partir da necessidade de acesso (econômico, jurídico ou social) em relação a tal bem, independentemente, repise-se, de suas características físicas. Para ilustrar e justificar a assertiva, é extremamente representativa a reflexão trazida pela própria Elinor Ostróm, juntamente com Charlotte Hess, quanto à possibilidade – e de acordo com as autoras, a verdadeira necessidade – de se reconhecer, em um contexto de intensa privatização das informações, sobretudo por meio de institutos relacionados ao direito industrial, que até mesmo as informações possuem natureza de bem comum[120]. Cumpre destacar, ainda, que a visão mais alargada dos *commons* não é exclusiva de Ostrom e Hess, podendo-se citar também Lessig, que inclui a internet e os *open source softwares* como exemplos[121].

[120] Nesse sentido, destaca-se o excerto a seguir: *"Distributed digital technologies have the dual capacity to increase access to information while in some instances restricting such access. These technologies have generated greater access to important information about history, science, art, literature, and current events, while at the same time enabling profit-oriented firms to extract value from resources previously held in common and to establish property rights. Multiple forces are vying for capture and restriction of traditionally available knowledge corporations versus indigenous peoples, such as Monsanto owning the patent on the genetic structure of the neem; federal and state governments versus citizens regarding balancing encryption and digital surveillance with individual privacy; universities versus professors as to whether institutions or individuals will own intellectual property; and publishers versus libraries in the ephemeralization of library collections through licensing, bundling, and withdrawal of information. This competition for ownership of previously shared resources is not unique to the public domain of knowledge. Given the opening of vast markets for commodities of all kinds, many natural as well as human-made resources are under pressure. (...) We will suggest ways in which the study of the governance and management of CPRs can be applied to the analysis of information and the 'intellectual public domain.' The complexity of the issues is enormous for many reasons: the vast number of players, multiple conflicting interests, rapid changes of technology, the general lack of understanding of digital technologies, local versus global arenas, and a chronic lack of precision about the information resource at hand"* (OSTROM, Elinor; HESS, Charlotte. Op. cit. pp. 112-113). As autoras complementam: *"Most of the CPR examples discussed so far have been natural resource systems and human-made resources, such as irrigation systems. In the past five years, interdisciplinary researchers are finding great benefit in applying CPR analysis to a number of new or previously ignored common-pool resources. Studies that have been written to date on the Internet as a common-pool resource" tend to focus on the technology infrastructure and the social network issues rather than the institutions developed about the distributed information per se"* (Idem ao anterior. p. 127-128).

[121] *"The internet is a commons: the space that anyone can enter, and take what she finds without the permission of a librarian, or a promise to pay. The net is built on a commons — the code of the world wide web, html, is a computer language that lays itself open for anyone to see — to see, and to steal, and to use as one wants. If you like a web page, then all major browsers permit you to reveal its source, download it, and change it as you wish. It's out there for the taking; and what you take leaves as much for me as there was before. Open source software is a commons: the source code of at least part of Linux, for example, lies*

99

COMMONS EMPRESARIAIS

Dessa consideração decorre a concepção de *common* adotada para fins das reflexões realizadas no decorrer desta e das próximas Seções, a qual acaba por englobar maior quantidade de bens do que os relacionados ao meio ambiente, como se analisará a partir de agora. Trata-se, vale destacar, de uma das pedras fundamentais desta tese.

Essa concepção mais alargada está, inclusive, alinhada com as modalidades de bens comuns de acordo com a *The International Association for the Study of the Commons*[122] (IASC), que classifica os bens comuns como sendo: (i) *common land*[123], (ii) *urban common*[124] ou (iii) *knowledge common*[125]. Tais modalida-

open for the taking on any number of servers. Anyone can download the code; anyone can try her hand at improving it. No permission is necessary; no authorization may be required" (LESSIG, Lawrence. Op. cit. p. 3).

[122] De acordo com o sítio institucional da associação: "*The IASC is the leading professional association dedicated to the commons. The association, founded in 1989, is devoted to bringing together multi-disciplinary researchers, practitioners, and policymakers for the purpose of improving governance and management, advancing understanding, and creating sustainable solutions for commons, common--pool resources, or any other form of shared resource (https://www.iasc-commons.org/)*".

[123] "*Common land is land owned and governed collectively by a number of persons. It may also concern land owned by one person, institution, or a number of persons, over which other people have certain traditional rights, such as to allow their livestock to graze upon it, to collect firewood, or to cut turf for fuel. Those entitled to those rights are called commoners. Common land can be found in many different forms; in some areas, such as Belgium and the Netherlands, common land as such has almost completely disappeared in the course of the nineteenth century. In other countries, such as the United Kingdom, in Italy, but also in Eastern-European countries, commons still exist until the present day: in England, for example, there are still over 7,000 registered commons*" (Fonte: https://www.iasc-commons.org/commons-types/).

[124] "*Urban residents share access to a number of tangible and intangible resources in which they have a common stake. These resources range from local streets and parks to public places to a variety of shared neighborhood amenities. The management and governance of these collectively shared urban resources or 'urban commons' face the same challenges as there rural counterparts: How to create sustainable ways of managing these resources? How to avoid free-riding? In present-day society, urban commons nonetheless seem to offer a solution both regular governments and market parties are incapable of offering. In some cases, city governments therefore embrace this development and form coalitions with its citizenship to co-create the city as a common*" (Fonte: https://www.iasc-commons.org/commons-types/). Destaca-se, ainda, que a definição de "urban commons" mencionada no sítio eletrônico da IASC é mencionada em FOSTER, Sheila R. Collective Action and the Urban Commons. In: Notre Dame Law Review. Vol. 87, No. 1. pp. 57-134. Disponível em: <http://ssrn.com/abstract=1791767>. Acesso em: 12.03.2019).

[125] "*The term 'knowledge commons' refers to information, data, and content that is collectively owned and managed by a community of users, particularly over the Internet (e.g. Wikipedia). What distinguishes a knowledge commons from a commons of shared physical resources is that digital resources are*

CAPÍTULO 2 – O CONCEITO DE BENS COMUNS E A POSSIBILIDADE DE CONSIDERAR...

des guardam relação, respectivamente, (i) com áreas de terras não urbanas e que podem inclusive ser reconhecidas como de titularidade de uma pessoa ou grupo de pessoas, porém com terceiros tendo necessidade de acesso em relação a tais bens, (ii) com áreas urbanas, cujo acesso é necessário por uma coletividade, a exemplo de ruas e praças e (iii) com informações em geral, o que remete à reflexão feita anteriormente quanto a possibilidade de a própria Internet ser considerada um bem com natureza de bem comum.

Nesse contexto, cabe analisar se determinados bens de titularidade de uma companhia, em especial os integrantes do estabelecimento comercial[126], apresentam os atributos essenciais que caracterizam os bens comuns, possuindo, destarte natureza de bem comum (ou *CPR*, para utilizar a terminologia consagrada por Ostrom). Vale destacar que a ponderação deixa evidente que se adota, aqui, esse conceito mais alargado e não limitado a bens relacionados ao meio ambiente. A resposta para essa possibilidade de enquadrar bens destinados à atividade empresarial e integrantes do patrimônio de uma companhia como comuns tende a ser afirmativa, o que introduz o conceito de *common* empresarial.

Tome-se, como exemplo, uma companhia que tem uma planta industrial sediada em uma dada localidade, sendo que essa planta industrial representa a principal atividade econômica desenvolvida na região. Em linhas gerais, os recursos públicos são destinados para o fornecimento de infraestrutura necessária para a atividade empresarial realizada na planta industrial, os trabalhadores têm nessa companhia a principal fonte de geração de emprego, sendo que, em suma, a vida e a prosperidade da comunidade são diretamente

non-subtractable; that is, multiple users can access the same digital resources with no effect on their quantity or quality. A main principle of the knowledge commons is that the traditional copyright is abandoned: no permission is required and no license has to be acquired to study, use, change and redistribute an improved work again—under the only condition that all future works building on the license are again kept in the commons. The most popular applications of the 'copyleft' principle are the GNU Software Licenses (GPL, LGPL and GFDL by Free Software Foundation) and the share-alike licenses under creative commons" (Fonte: https://www.iasc-commons.org/commons-types/). Para aprofundamento sobre esta modalidade de common, recomenda-se o seguinte vídeo: <https://www.youtube.com/watch?v=H3N9Gb3bKzQ>. Acesso em: 10.03.2019.

[126] Considera-se estabelecimento o conjunto de bens e direitos organizado para exercício da atividade empresarial, conforme arts. 1142 e seguintes do CC. Para tratamento aprofundado, v. BARRETO FILHO, Oscar. Teoria do estabelecimento comercial: fundo de comércio ou fazenda mercantil. São Paulo: Saraiva, 1988.

COMMONS EMPRESARIAIS

afetadas pelas atividades desenvolvidas na planta industrial. A título exemplificativo, não raro a maior quantidade dos serviços prestados à comunidade é patrocinada pela companhia proprietária da planta industrial, tal como escola, hospitais e fornecimento de bens de consumo. Há assim forte demanda por acesso (econômico, social e jurídico) em relação a essa planta industrial, decorrente da incontestável dependência econômica existente para com os membros da comunidade em que ela está localizada.

O caso hipotético configura uma realidade em muitas cidades brasileiras, normalmente referidas como "cidades ou vilas operárias" ou *"company towns"*[127]. Além disso, também cabe fazer referência – com as adaptações

[127] O processo de urbanização na Europa a partir do século XIX, gerou grande explosão demográfica nas cidades com grande falta de moradias, ocasionando com isso uma demanda por uma habitação operária. Visando resolver esta questão, surgem, em 1822, propostas do filósofo Charles Fourier para habitação de diversas pessoas, integrando estas moradias aos equipamentos de produção, que são coletivizados. A partir destas ideias, diversas vilas operárias espalham-se pela Europa como uma experiência. Posteriormente, estes modelos Europeus vêm para o Brasil em uma tentativa de reforço às relações entre patrões e empregados, bem como uma tentativa de baratear-se o custo do trabalhador (Cf. VIANNA, Mônica Peixoto. Habitação e modos de vida em vilas operárias. Monografia final. Dezembro, 2004, especialmente pp. 5-6). A título de referência – e para contextualizar a proposta feita neste trabalho - dentre os inúmeros exemplos de cidades ou vilas operárias relacionadas ao Brasil, destacam-se os seguintes: (i) Vila Maria Zélia (São Paulo/SP): Construída pelo empresário Jorge Street, a vila operária Maria Zélia da Companhia Nacional de Tecidos Juta foi uma das primeiras cidades operárias com grandes dimensões construídas no Brasil. O projeto, feito por um arquiteto francês, contava com 200 casas para habitação de famílias, além dos equipamentos coletivos, tais quais creches, jardins de infância, grupos escolares, escolas profissionais, farmácias, dentistas, médicos, açougue, armazém, campo para jogos esportivos, e associações recreativas e beneficentes. Além disso, a vila contava com ruas pavimentadas, espaços-verdes e alvenaria de tijolo, chegando a ter edifícios maiores de ferro fundido e com assoalho em madeira. No entanto, o projeto não teve prosseguimento com a crise advinda da 1ª Guerra Mundial, dificultando sua situação, ainda mais quando a Vila Maria Zélia é perdida para Nicolau Scarpa em 1923, sendo revendida diversas vezes, posteriormente. Por mais que se trate de um projeto inacabado, a vila chegou a operar com os principais "empreendimentos" controlados pela própria indústria; (ii) Fordlândia (PA): Projetado por Henry Ford em 1927, tentando fugir do monopólio do látex do sudeste asiático, a Fordlândia foi um projeto agroindustrial com 14.568 km² às margens do Rio Tapajós. Apesar das grandes expectativas e dos benefícios que Henry Ford recebeu do governo brasileiro, o projeto fracassou. A terra infértil, a falta de especialistas em agricultura nas condições amazônicas, o desconhecimento da forma de se cultivar as seringueiras e a tentativa de adaptar os funcionários brasileiros ao modelo norte-americano foram alguns dos motivos para que o empreendimento falhasse, gerando conflitos e, inclusive, mortes, desativando o projeto em 1947; (iii) Serra do Navio

CAPÍTULO 2 - O CONCEITO DE BENS COMUNS E A POSSIBILIDADE DE CONSIDERAR...

necessárias, é claro – à situação descrita pela música que integra a epígrafe desta obra, *Sixteen Tons*, de autoria de Merle Travis e que retratava a vida de um mineiro de carvão, fazendo referência ao chamado "sistema de barracão" e à escravidão por dívida, no qual os trabalhadores não recebiam salário em dinheiro vivo, mas créditos não conversíveis senão na loja da própria companhia. Os trabalhadores inclusive viviam em dormitórios ou casas pertencentes à companhia que os empregava, sendo que o valor do aluguel era automaticamente abatido dos créditos que tinham a receber. Em suma, a companhia era o motor da cidade operária, sendo a planta industrial um bem caracterizado pela ampla necessidade de acesso (econômico, jurídico e social) por todos os afetados pela sua destinação, conforme será abordado com maior profundidade a seguir.

Analisando a situação envolvendo uma planta industrial em uma cidade operária com base na dicotomia tradicional entre bens públicos e bens privados, a planta industrial certamente seria considerada um bem privado,

(AP): Projetado pela mineradora ICOMI (Indústria Comércio e Mineração), com o interesse no manganês da região, a vila de Serra do Navio foi um grande projeto que englobava a construção de duas vilas industriais (Serra do Navio e Vila Amazonas), além de um porto e uma ferrovia. Com o sucesso na construção, a companhia atuou com um contrato de 50 anos a partir de 1953, corroborando para tornar o Amapá o principal exportador de manganês do planeta nas décadas de 70 e 80 e Serra do Navio em uma cidade com altos índices de desenvolvimento humano. Encerrando suas atividades nos anos 90, a empresa devolveu suas propriedades ao governo do Amapá, porém sucateadas e com diversos problemas; (iv) Porto Trombetas (Orixamá/PA): Projetado pela Mineradora MRN (Mineradora Rio do Norte), teve seu início em 1971 e tinha o objetivo de expandir a extração de bauxita e seu beneficiamento, bem como sua lavagem, secagem e embalagem para exportação. O projeto incluía a construção de 3 minas, além de uma ferrovia, um porto e a vila operária. Existente até hoje, a vila operária tem um alto padrão de vida, com tratamento de água e esgoto, acesso à energia elétrica, escolas, hospitais, clubes, cinemas, centro comercial, aeroporto e sistema de comunicação nacional e internacional; (v) Monte Dourado (PA): Projetado por Daniel Keith Ludwig para ser uma fábrica de celulose no meio da Amazônia, o projeto incluía portos, rodovias, ferrovias, aeroportos, termelétricas, além de um audacioso projeto da vila operária. No entanto, o projeto foi um fracasso devido a pragas nas árvores que eram matéria-prima para celulose, o excesso populacional e uma a investigação em uma CPI relacionada ao projeto. Apesar disso, a vila conta com uma alta qualidade de vida até hoje. Além dos exemplos citados, também há referência a atuação da CSN – Companhia Siderúrgica Nacional em Volta Redonda, no Rio de Janeiro, e da Vale, em Eldorado dos Carajás, no Pará. Para outras experiências, em São Paulo (SP), v. SCIFONI, Simone. Lugares de Memória Operária na Metrópole Paulistana. In: GEOUSP – espaço e tempo, nº 33, pp. 98-110. São Paulo, 2013.

COMMONS EMPRESARIAIS

cujo direito de propriedade seria de titularidade da sociedade empresária em questão. Como consequência, referir tal bem como se tratando de um bem privado guardaria relação com o regime jurídico formal que lhe é aplicado.

Ao introduzirmos, contudo, a possibilidade de considerar a planta industrial como tendo natureza de bem comum, mais precisamente um *common* empresarial, de acordo com as considerações feitas no decorrer deste Capítulo 2, essa situação se altera e merece nova reflexão, alinhada, diga-se de passagem, com a premissa metodológica discutida no Capítulo 1, isto é, o novo estruturalismo jurídico. Note-se que não se cogita até o presente momento uma alteração do regime jurídico formalmente reconhecido para essa planta industrial, qual seja, de um bem privado. O que se pretende é tão somente considerá-la, em razão de suas características, como possuindo natureza de bem comum.

Ora, considerando que os interesses envolvidos são intimamente dependentes da destinação dada a esse bem da companhia, resta evidente o alto grau de dificuldade de exclusão, ao passo que o uso do bem pela companhia, para atender exclusivamente às suas pretensões, de modo privatístico, pode excluir a possibilidade de os titulares dos demais interesses (trabalhadores e comunidade, como um todo, por exemplo) extraírem benefícios da planta industrial, ou até mesmo prejudicá-los, impedindo o seu acesso (econômico, jurídico ou social).

Note-se desde logo que o termo "acesso" é utilizado aqui para denotar a necessidade de participação ou, simplesmente, de ter os interesses relacionados considerados na gestão e destinação do referido bem. Ou seja, acesso (econômico, jurídico ou social) nesta acepção não guarda relação com a necessidade de ter "acesso físico" ao bem, podendo restar endereçado por meio do mero acesso a informações relacionados à gestão e à destinação do bem sob análise por parte dos titulares que sejam por ele afetados.

Diante dessas considerações, alguns pontos de extrema atenção devem ser destacados, sendo certo que alguns deles já foram brevemente mencionados anteriormente. Passa-se, então, a endereçá-los de forma organizada para os fins pretendidos por este trabalho.

Essa possibilidade de se aplicar o regime dos bens comuns a um bem integrante do estabelecimento empresarial pressupõe, em primeiro lugar, reconhecer que um bem integrante do estabelecimento empresarial de uma

104

CAPÍTULO 2 – O CONCEITO DE BENS COMUNS E A POSSIBILIDADE DE CONSIDERAR...

companhia pode possuir natureza de bem comum, independentemente de poder ser considerado privado para fins do regime jurídico formalmente considerado.

Diante desse cenário, cogita-se, em segundo momento, a possibilidade e a forma adequada para a sua gestão e a sua destinação. Como será enfrentado, entende-se prudente que o tratamento destinado ao bem da companhia com natureza de bem comum seja diferenciado com o intuito de alocá-lo de forma eficiente.

Sobre esse primeiro ponto de atenção levantado, Ostrom e Hess são precisas e se valem do critério da "necessidade de acesso" – com as ponderações feitas acima sobre a expressão – para justificar o posicionamento pela possibilidade de um bem de titularidade de uma sociedade empresária poder ser considerado um *common-pool resource*, ou seja, como possuindo natureza de bem comum e, consequentemente, tendo o respectivo regime diferenciado de gestão e destinação aplicado. Confira-se, nesse sentido, o seguinte excerto[128]:

> *"Common-pool resources may be owned by national, regional, or local governments, by communal groups, by private individuals or corporations, or used as open-access resources by whomever can gain access. Each of the broad types of property regimes has different sets of advantages and disadvantages, but at times may rely upon similar bundles of operational rules."*

O segundo ponto de atenção a ser destacado guarda relação justamente com uma possível confusão da terminologia adotada e que já foi endereçada de forma indireta. Quando se afirma nesta tese que se considera determinado bem como *"common-pool resource"*, *"CPR"* ou como "bem comum", significa qualificar o bem dessa forma levando em consideração a sua natureza. Diante do reconhecimento de que um dado bem possui natureza de bem comum,

---

[128] OSTROM, Elinor; HESS, Charlotte. Op. cit. p. 120. Adicionalmente, Ostrom e Hess ainda fazem referência à obra de Katar Singh que em pesquisa realizada pelo período de 15 anos analisou diversas experiências de common-pool resources na Índia, cujo regime fora aplicado a tais bens cujo direito de propriedade formalmente reconhecido pelo sistema jurídico era detido por diferentes centros de interesses e em diversas modalidades (governo, terras comuns, particulares etc.): SINGH, Katar. Managing common pool resources: principles and case studies. Delhi: Oxford University Press, 1994.

COMMONS EMPRESARIAIS

considera-se, aí sim, a possibilidade de aplicar um regramento jurídico diferenciado a tais bens. Remete-se, assim, mais uma vez, à clareza de Ostrom e Hess[129]:

"The source of confusion relates to the differences between (...) the nature of the good (common-pool resources) and a property regime (common property regimes) (...) no automatic association exists between common-pool resources and common-property regimes – or, any other particular type of property regime"

Ou seja, a natureza do bem não pode ser equiparada ao regime jurídico a ser reconhecido pelo ordenamento a ele, muito embora, não se pode negar, pretenda-se a aplicação de um regime jurídico diferenciado para esses *commons* empresariais.

Em terceiro lugar, tampouco pode se equiparar a natureza do bem à sua classificação em relação ao titular do domínio ou, em outras palavras, ao regime jurídico formalmente considerado para esse bem. Trata-se de um ponto de atenção que guarda relação com a terminologia adotada neste trabalho.

Em relação a este aspecto, o CC brasileiro estatui, nos artigos 98 e seguintes, quais seriam os bens considerados *públicos* (subdividindo-os de acordo com a sua destinação em *bens de uso comum, bens de uso especial* e *bens dominicais*), em contraposição aos *bens privados*, que não são de domínio de uma pessoa jurídica de direito público e que também não podem ser confundidos com as chamadas *res nullius* (em que não há titular do domínio) e *res derelicta* (coisas abandonas e sujeitas à apropriação).

De igual modo, em quarto lugar, vale destacar que a adoção do regime de bem comum, decorrente da natureza do bem, a determinado bem empresarial que possua os atributos mencionados no decorrer desta tese não implica considerá-lo objeto do regime *open-access* (*res nullius*), que caracteriza o regime jurídico no qual não há limites ou restrições de quem está autorizado a ter acesso a esse bem[130]. Para referência, o regime *open-access* é justamente o considerado no relato da "Tragédia dos Comuns" por G. Hardin em sua análise.

---

[129] OSTROM, Elinor; HESS, Charlotte. Op. cit. pp. 119-121.
[130] Cf. OSTROM, Elinor; HESS, Charlotte. Op. cit. pp. 121-122.

CAPÍTULO 2 – O CONCEITO DE BENS COMUNS E A POSSIBILIDADE DE CONSIDERAR...

Para ilustrar, basta considerar a possibilidade de a companhia, em razão de estratégia de investimento que lhe é particular, reduzir a produção da planta industrial, o que acarretaria a dispensa de vários trabalhadores, ou mesmo encerrar as atividades da empresa na região em que está localizada uma dada "cidade operária". Com o objetivo de trazer concretude para a situação abstrata mencionada, cenário análogo ao mencionado e que bem reflete o potencial de subtração ou subtrabilidade de uso são os casos de dispensa em massa de trabalhadores, não raro judicializados no Brasil. Destaca-se nesse sentido os casos da Volkswagen do Brasil Indústria de Veículos Automotores Ltda. e da DNP Equipamentos e Estamparia LTDA, em Ação Civil Pública proposta pelo Sindicato dos Trabalhadores nas Indústrias Metalúrgicas, Mecânicas, Material Elétrico e Eletro Eletrônico de Limeira e Região, ocorrido em 2015 (Processo nº ACC – 0011749-20.2015.5.15.0010), bem como as situações envolvendo a Sociedade de Educação Ritter dos Reis LTDA. e a Rede Internacional de Universidades Laureate LTDA., nos quais o Tribunal Superior do Trabalho garantiu a dispensa coletiva (Reclamação Correicional nº 1000393-87.2017.5.00.0000). Mais recentemente, cabe fazer referência à decisão da montadora Ford de encerrar as suas atividades na Cidade de São Bernardo do Campo, em São Paulo, gerando a dispensa de 3 mil empregados diretos[131].

Ainda a título exemplificativo, cabe mencionar, tal como será endereçado na Seção 3.5.1. deste trabalho, a possibilidade de considerar as barragens das mineradoras, a exemplo das de Mariana (MG), de titularidade da Samarco Mineração S.A., rompida em novembro de 2015, e de Brumadinho (MG), da Vale S.A., rompida em janeiro de 2019, como bens comuns, com a consentânea extensão do tratamento jurídico correspondente e que será enfrentado no decorrer do Capítulo 3.

Nas situações narradas, fica evidente o alto grau de dificuldade de exclusão e o alto grau de subtrabilidade de uso. Afinal, os parâmetros de dificuldade de exclusão e de subtração de uso são analisados tendo por base a dependência em relação ao bem, o que se traduz pela necessidade de acesso (econômico,

---

[131] Sobre o caso envolvendo a Ford, destacam-se as seguintes reportagens: <https://www.valor.com.br/empresas/6126083/ford-vai-fechar-fabrica-em-sao-bernardo-do-campo> e <https://economia.estadao.com.br/noticias/negocios, ford-vai-fechar-fabrica-de-caminhoes-em-sao-bernardo-do-campo,70002727878>.

COMMONS EMPRESARIAIS

jurídico e social) a ele, e não propriamente, repise-se, em razão de características físicas desse bem.

Nesse contexto, é possível considerar a planta industrial como tendo natureza de bem comum, o que não implica, definitivamente, a sua expropriação de titular originário ou impõe que seja desconsiderada como um bem privado, vez que o titular do seu domínio é, justamente, uma sociedade empresária, considerada, para todos os efeitos, pessoa jurídica de direito privado, conforme enunciado pelo artigo 44 do CC. Repise-se: considerar um bem como sendo um *common* empresarial não implica necessariamente uma alteração no regime jurídico que lhe é atribuído formalmente pelo sistema.

Sendo assim, como já mencionado e como conclusão das reflexões trazidas nesta Seção, presentes os atributos caracterizadores dos bens comuns – alto grau de dificuldade de exclusão dos potenciais beneficiários e alto grau de subtrabilidade de uso – em relação a determinado bem da companhia, cabe tratá-lo como um bem comum, em razão de sua natureza.

Evidentemente que isso não significa que esse tratamento deve ser extensível a todo e qualquer bem da companhia, já que nem todo bem de sua titularidade, mesmo que integrante do estabelecimento empresarial, apresenta os atributos caracterizadores e que justifiquem considerá-lo como um *common* empresarial, com muitos precisando ter acesso a tal bem, mas cujo uso por um indivíduo pode gerar escassez para os demais. Nesse sentido, poder-se-ia citar como exemplo os valores destinados para a reserva de capital da companhia, conforme o artigo 200 da LSA, ou mesmo, ainda tratando de reservas, os valores destinados à reserva de retenção de lucros, conforme prevista no artigo 196 do mesmo diploma legal, cujo uso depende exclusivamente da vontade dos acionistas, manifestada em assembleia e aprovada de acordo com orçamento elaborado e apresentado pelos administradores da sociedade. Seria ilusório, desvirtuando o próprio instituto, afirmar que tais valores, mesmo sendo de titularidade da companhia, poderiam, em qualquer hipótese, configurar um bem comum.

Identificada a possibilidade de considerar determinado bem da companhia como um *common* empresarial – e apenas alguns, em circunstâncias bastante específicas, ressalta-se –, mister se faz identificar a forma de tratamento diferenciado para tal bem e a consentânea disciplina jurídica que lhe deve ser aplicada. Trata-se da temática que será enfrentada no Capítulo 3.

CAPÍTULO 2 – O CONCEITO DE BENS COMUNS E A POSSIBILIDADE DE CONSIDERAR...

2.5. Conclusão parcial: enquadramento de determinados bens da companhia como bens comuns

Diante das considerações realizadas no decorrer deste Capítulo 2, exsurgem as seguintes conclusões parciais:

(i) é inegável a existência de determinados bens que possuem como traço característico a existência de muitas pessoas que precisam ter acesso a esse bem, ao passo que o uso por uma pessoa ou grupo de pessoas impede sua utilização pelos demais. Tais bens costumam estar relacionados à situação descrita por Garett Hardin, em artigo clássico, como "Tragédia dos Comuns";

(i.1.) para fins de referência, a "Tragédia dos Comuns" parte da premissa de que os indivíduos sempre tendem a maximizar os seus próprios benefícios materiais a curto prazo. Consequentemente, os bens que não sejam de uma pessoa em concreto ou de uso exclusivo do governo tendem a ser superexplorados pelos indivíduos que compartilhem o seu uso;

(ii) ao estudar tais bens, Elinor Ostrom identificou que a clássica dicotomia difundida sobretudo por Paul Samuelson, entre bens públicos e bens privados, era insuficiente para caracterizar essa modalidade de bem;

(iii) para tanto, Ostrom propõe a classificação dos bens levando em consideração dois critérios: o grau de facilidade de subtração de uso (ou de subtrabilidade de uso) e o grau de dificuldade de exclusão de terceiros, em relação a determinado bem;

(iii.1) diante desses critérios Ostrom identificou que há bens caracterizados pelo alto grau de subtração de uso e pelo alto grau de dificuldade de exclusão. Tais bens são referidos por Ostrom como *common-pool resources* ou *CPR*, ao passo que se utilizam os termos "bem comum", "comum" ou *"common"* para identificá-los, sendo esta a terminologia adotada nesta obra;

COMMONS EMPRESARIAIS

(iii.2) esta classificação, vale lembrar, decorre da natureza do bem e não do regime jurídico que lhe foi formalmente reconhecido pelo ordenamento jurídico em razão do titular de seu domínio;

(iv) a despeito de o conceito de bem comum ser normalmente associado a bens ambientais, tal como ocorre em alguns dos exemplos analisados neste Capítulo 2 (sistema de irrigação no Nepal, terras comunais em Törbel, na Suíça e o extrativismo de mangaba no Nordeste do Brasil), defende-se que o enquadramento de um bem como comum decorre de sua natureza, podendo ser utilizado para referir bens que não sejam relacionados a meio ambiente. Para os fins adotados neste trabalho, a aferição das características dos bens para classificá-los como bens comuns não está relacionada às suas características físicas, mas sim à necessidade de acesso (econômico, jurídico e social) em relação a tal bem;

(iv.1.) dessa forma, entende-se como possível verificar casuisticamente a existência de bens de titularidade de uma companhia que são possuidores dos atributos delineadores de bens comuns, para os quais se propõe a denominação de *common* empresarial. Tais bens devem ser considerados como dotados de natureza de bem comum, sem prejuízo de serem considerados bens privados ou particulares, de acordo com a classificação decorrente do titular de seu domínio. No caso, seriam bens privados de titularidade de uma sociedade empresária, com especial destaque para a sua organização enquanto sociedade anônima;

(iv.2) a título meramente exemplificativo, podem ser citadas as plantas industriais das chamadas *company towns* ou mesmo, para mencionar as situações que serão tratadas no Capítulo 3, as barragens da Samarco Mineração S.A., conhecida como "Barragem do Fundão", localizada em Mariana (MG), e a barragem da Vale S.A., localizada em Brumadinho (MG), ambas alvo de rompimento e palco de tragédias ambientais sem precedentes nos últimos anos;

(v) a caracterização de determinado bem da companhia como bem comum não pode ser tida como regra, devendo ser considerada uma exceção, já que nem todo bem da companhia possui as características delimitadoras de um bem comum, marcado pelo alto grau de subtração de uso e pelo alto grau de dificuldade de exclusão de terceiros que necessitam ter acesso a esse bem.

Capítulo 3
Implicações Jurídicas da Aplicação da Teoria dos Bens Comuns a Certos Bens da Companhia

3.1. Plano deste Capítulo

Partindo das premissas desenvolvidas e das reflexões realizadas no Capítulo 2, de que alguns bem de titularidade da companhia possuem natureza de bem comum, sendo caracterizados pelo alto grau de subtrabilidade de uso e pelo alto grau de dificuldade de exclusão de terceiros, deve-se aplicar, a esses bens, as implicações práticas e jurídicas que seriam associadas a outros bens comuns. Essa é justamente a temática que será desenvolvida neste Capítulo 3.

Para tanto, tomando por base que as relações envolvendo os bens comuns são marcadas por relações de longo prazo e por grande imprevisibilidade em relação ao futuro, para que se possa ter uma gestão eficiente desse bem, deve-se promover um relacionamento pautado na cooperação, com o objetivo de estabelecer soluções pautadas na "lógica da ação coletiva", conforme detalhamento proposto no Capítulo 2.

Diante dessa premissa, defende-se que a melhor forma para garantir essa gestão eficiente dá-se por meio de uma intervenção estrutural, pautada na revisitação das estruturas principais relacionadas aos *commons* empresariais, quais sejam, a propriedade e a empresa. Nesse cenário, analisam-se, criticamente, essas estruturas com base em preceitos da análise econômica do direito e do novo estruturalismo jurídico, cujas premissas teóricas básicas foram

COMMONS EMPRESARIAIS

apresentadas no decorrer do Capítulo 1. Defende-se, assim, que as estruturas propriedade e empresa devem ser entendidas como formas de internalização de externalidades, com o intuito de promover a maximização de eficiência – em seu sentido distributivo, como será analisado oportunamente.

A partir dessa análise, defende-se que as alterações estruturais da propriedade e da empresa devem ser realizadas no âmbito do chamado controle empresarial – que não se confunde com o controle societário. Como se procurará demonstrar no decorrer das próximas passagens desta tese, entende-se que a propriedade do bem empresarial configura uma das formas de exercício do controle empresarial.

Justamente por essa razão, defende-se que as alterações estruturais devem ser analisadas levando em consideração a forma como a própria companhia destina os bens e direitos de sua titularidade, não pleiteando, aqui, soluções pautadas na internalização de interesses dentro da estrutura administrativa orgânica da sociedade anônima, conforme será enfrentado no decorrer deste Capítulo.

Sendo assim, após breves considerações relacionadas à diferenciação entre o controle societário e o controle empresarial, delimita-se que a alocação dos feixes de propriedade relacionados aos *commons* empresariais deve ser realizada tomando por base o critério do "melhor interesse da companhia". Esta premissa demanda, por sua vez, analisar qual seria o critério mais adequado para a determinação do interesse a ser perseguido pela companhia. Afinal, discutir a destinação adequada de um bem de titularidade da companhia é, em última instância, discutir qual o interesse a ser por ela perseguido.

Apresentam-se, assim, considerações acerca das teorias contratualistas e institucionalistas de interesse social, sendo que se adota neste trabalho uma posição que se aproxima da concepção do institucionalismo integracionista (ou organizativo). Esta vertente de interesse social propõe a adoção de soluções procedimentais com o objetivo de levar em consideração, quando da definição do interesse social, os interesses multifários afetados pelo exercício da atividade empresarial.

Defende-se, ainda, que o institucionalismo integracionista (ou organizativo) não pode ser visto sob o prisma de procedimentalismo puro, existindo um substrato material mínimo a ser perseguido. Nesta tese, sustenta-se que esse substrato material mínimo deve ser o atingimento de eficiência distributiva, o que demanda, por sua vez, o enfrentamento da dicotomia entre eficiência

CAPÍTULO 3 - IMPLICAÇÕES JURÍDICAS DA APLICAÇÃO DA TEORIA DOS BENS COMUNS...

alocativa e eficiência distributiva. Esta também é uma temática desenvolvida neste Capítulo 3.

Com base nessas considerações, defende-se que o "melhor interesse da companhia" deve ser entendido em função da maximização da eficiência distributiva decorrente da destinação dos bens de titularidade da companhia e do exercício da atividade empresarial, sem se olvidar do intuito lucrativo que deve permear a atividade empresária. Essa relação, por sua vez, é referida como a função social do bem empresarial e pressupõe a premissa de que o bem da companhia está sujeito a uma dupla funcionalização, que decorre da conjugação da função social da empresa e da função social da propriedade, temas que se relacionam ao debate enfrentado sobre a determinação do interesse social.

Por fim, discute-se quais seriam os feixes de direitos de propriedade dos bens da companhia tratado como bens comuns, para, então, tecerem-se considerações relacionadas à forma mais adequada para a alocação de tais feixes de direitos de propriedade entre os agentes afetados pela destinação de tal bem. Esse enfrentamento demandará discutir a diferença entre os chamados *de jure property rights* e os *de facto property rights*, de acordo com as referências que serão apresentadas no decorrer das próximas Seções.

Diante dessas premissas, defende-se que a alocação dos feixes do direito de propriedade deve ser realizada por meio de estruturas autorregulatórias, sejam elas voluntárias ou compulsórias, e valendo-se de instrumentos associativos. A predileção pelo uso de instrumentos associativos se dá pelo fato de essa solução promover um melhor alinhamento de interesses e, por conseguinte, a maximização da tão mencionada eficiência distributiva. O ponto de partida para essa afirmação é a concepção de que as soluções autorregulatórias são propícias para promover a "lógica da ação coletiva", sendo o contrato associativo plurilateral o instrumento mais adequado para instrumentalizar esse tipo de solução. Essas discussões serão retomadas no decorrer das próximas etapas desta tese.

3.2. Bens comuns e direito

A disciplina jurídica a ser adotada para um bem comum, caracterizado pelo alto grau de dificuldade de exclusão e pelo alto grau de subtrabilidade de uso,

COMMONS EMPRESARIAIS

necessita e até mesmo exige a existência de alguma espécie de cooperação entre os titulares dos interesses afetados por esse bem. Para se configurar uma estrutura cooperativa é necessário existir uma relação de confiança entre os envolvidos, por ser considerado algo benéfico para promover a "lógica da ação coletiva". A respeito da cooperação e da confiança entre os titulares de interesses afetados por um bem comum, o magistério do Professor Calixto Salomão Filho[132]:

> *"É bem difícil, efetivamente, imaginar alguma disciplina possível para um bem a que muitos precisam ter acesso mas cujo uso por um pode gerar escassez para os demais sem algum tipo de cooperação entre os indivíduos e coletividades que precisam utilizar o referido bem (...) a cooperação, para ser realizável, exige a presença de certos requisitos. A teoria dos chamados "jogos cooperativos" tem sido objeto de muita discussão nos últimos decênios. A elaboração inicial mais completa dessa teoria para as Ciências Sociais foi feita por Axelrod em 1984. Ali identificaram-se alguns requisitos básicos para a cooperação em sociedade: (a) a existência de pequeno número de participantes, (b) informação completa entre eles, (c) a dependência recíproca e (d) a duração do jogo. Todos esses requisitos ajudavam a criar um elemento tido como fundamental para o funcionamento de qualquer estrutura cooperativa: a confiança."*

Diante da necessidade de uma estrutura cooperativa, há a demanda por outras duas importantes questões que também devem ser abordadas quando se tem uma estrutura cooperativa sob análise, as quais podem ser facilmente observadas nos casos discutidos na Seção 2.3., no Capítulo 2. Nesse contexto, cabe mencionar que uma das hastes teóricas das reflexões de Ostrom era a teoria dos jogos, mais precisamente em relação aos jogos cooperativos.

Dessa forma, em primeiro lugar, a primeira questão a ser enfrentada é relacionada ao "barulho" ou "ruído" (*noise*), consistente na dificuldade de reconhecimento da estratégia dos demais participantes, e consequência clara

---

[132] SALOMÃO FILHO, Calixto. Direito Concorrencial... p. 370. No mesmo sentido, v. SALOMÃO FILHO, Calixto. Interesse Social: A nova concepção. In: O Novo Direito Societário. 4ª ed. rev. ampl. São Paulo: Malheiros Editores, 2011. p. 46. Para as considerações de Robert Axelrod referenciado pelo Professor Calixto Salomão Filho, v. AXELROD, Robert, The Evolution of Cooperation. New York: Basic Books, Inc, 1984.

CAPÍTULO 3 - IMPLICAÇÕES JURÍDICAS DA APLICAÇÃO DA TEORIA DOS BENS COMUNS...

da assimetria de informação presente em situações de longo prazo pautadas na confiança entre os participantes[133]. Em segundo lugar, deve-se destacar a importância do futuro (*shadow of the future*), que, em outras palavras, considera os efeitos que a duração da interação entre as partes envolvidas pode ter no seu comportamento, já que a possibilidade de se prever que em algum momento não haverá uma interação entre os envolvidos contribui para que sejam adotadas condutas individualistas, deteriorando a cooperação entre as partes e, acima de tudo, a própria estrutura cooperativa[134-135]. Trata-se, em suma, da questão regulatória enfrentada por Hardin e retratada neste trabalho no Capítulo 2.

É imperioso, assim, reconhecer a necessidade de uma intervenção estrutural, pautada nas premissas do estruturalismo jurídico, que reduza a assimetria informacional e promova uma relação de longo prazo entre os envolvidos, de forma a instituir e preservar uma estrutura cooperativa e que seja pautada na confiança. Essa solução estrutural deve levar em consideração que os titulares dos interesses afetados pela destinação desse bem demandam acesso (econômico, jurídico ou social) em relação a tal bem comum.

---

[133] Sobre a assimetria de informações e os efeitos do "noise" para o mercado (em especial o mercado de capitais), que pode resultar na formação de monopólios parciais, nos quais um indivíduo pode deter o monopólio de determinado conjunto de informações, v. STIGLITZ, Joseph E. Information and capital markets. NBER Working Paper No. 678. National Bureau of Economic Research. May, 1981. Ainda questão da assimetria de informações, valendo-se do mercado de carros usados (lemons) norte-americano, v. AKERLOF, George A. The Market for Lemons: Quality Uncertainty and the Market Mechanism. In: The Quarterly Journal of Economics 84, Vol. 3. Aug, 1970. pp. 488-500.

[134] Sobre o tratamento do "barulho" ou "ruído" (noise) e da importância do futuro (*shadow of the future*) para estruturas cooperativas, v. SALOMÃO FILHO, Calixto. Direito Concorrencial... pp. 370-372.

[135] Interessante destacar a íntima relação entre a assertiva e o comportamento estratégico adotado pelos titulares dos interesses envolvidos, o que remete ao estudo da teoria dos jogos. Sobre o tema, destaca-se a obra de Douglas Baird, Robert H. Gertner e Randal C. Picker, em especial as considerações acerca dos "problems of collective action", dentre os quais se inserem as discussões relacionadas aos bens comuns: "*Unlike the game involving the motorist and the pedestrian, in which just two people were involved, many of the problems of strategic behavior facing a legal analyst are problems of collective action in which many individuals are involved. Nevertheless, these interactions often can also usefully be reduced to two-persons games*" (BAIRD, Douglas G; GERTNER, Robert H.; PICKER, Randal C. Game Theory and the Law. Harvard University Press, 1998. pp. 31-32).

COMMONS EMPRESARIAIS

Afinal, um ambiente com maior e melhor informação implica a aplicação mais eficiente das normas individuais, levando à confiança entre os indivíduos e, consequentemente, à própria cooperação, o que, como comprovado pelo estudo de caso desenvolvido na Seção 2.3. e nos demais textos referenciados neste trabalho que analisam os bens comuns, resulta em maiores benefícios e eficiência, envolvendo a criação e adoção de mecanismos de feedback confiáveis.

Nesse contexto, os indivíduos tendem a tratar como benéfica a cooperação com os demais quando o jogo é repetitivo, quando têm acesso a informações completas sobre a performance dos outros *players* no passado, e quando há também um número reduzido de *players* no jogo. De forma diversa, quando o jogo não é repetitivo, quando o acesso às informações dos outros indivíduos é limitado e quando há grande quantidade de indivíduos, a cooperação se torna difícil, gerando um acréscimo aos custos de transação e dificultando, assim, o desempenho econômico[136].

---

[136] Essa premissa guarda relação com o conceito econômico de instituição de Douglass North, Cf. NORTH, Douglass C. Institutions, Institutional Change and Economic Performance. New York: Cambridge University Press, 1990, pp. 98-105). Partindo de North, Marcia Carla Ribeiro e Lara da Rocha são precisas ao afirmar: *"As hipóteses em que a cooperação não prevalece abrem espaço para a ação das instituições"* (RIBEIRO, Marcia Carla Pereira; ROCHA, Lara Bonemer Azevedo da. Eficiência e Justiça. In: RIBEIRO, Marcia Carla Pereira; DOMINGUES, Victor Hugo; KLEIN, Vinicius. Análise Econômica do Direito: justiça e desenvolvimento. Curitiba: Editora CRV, 2016. p. 166). Em síntese e para complementar o posicionamento de North: *"Para North, os indivíduos interagem entre si desde o surgimento da sociedade, de modo que é possível observar um padrão comportamental. Ainda que pareça um raciocínio largamente abstrato, este padrão se repete infinitamente, provocando um constrangimento social responsável por modelar a interação humana, diminuindo possíveis incertezas decorrentes da própria interação social. Este padrão comportamental foi chamado por North de instituição. A título exemplificativo, as instituições seriam, conforme analogia feita por North, as regras do jogo em uma determinada prática esportiva, o que remete à separação conceitual feita pelo autor entre instituições formais e instituições informais. As instituições formais são regras que, em âmbito geral, passaram por um procedimento político, sendo, portanto, formalizadas e impostas por um determinado agente com poder de coerção, como ocorre com as leis em sentido amplo. Em contrapartida, as instituições informais são regras que se assemelham a códigos de conduta e surgem no seio da própria sociedade. São os agentes os próprios responsáveis pela manutenção deste tipo de instituição. Feita tal distinção entre as instituições, North aproxima sua teoria à realidade e conceitua as instituições de uma sociedade em um determinado momento histórico, o que o autor intitula de matriz institucional. A matriz institucional é responsável por concentrar e provocar determinada interação entre os agentes, em especial aqueles responsáveis por desenvolver a atividade econômica"* (KLEIN, Vinicius; KRASINSKI, Rafaella. Instituições e Mudança Institucional. In: RIBEIRO, Marcia Carla

CAPÍTULO 3 - IMPLICAÇÕES JURÍDICAS DA APLICAÇÃO DA TEORIA DOS BENS COMUNS...

À redução da assimetria informacional e à adoção de estruturas cooperativas, somam-se os benefícios decorrentes da adoção de condutas pautadas na "lógica da ação coletiva", o que também foi tratado no decorrer do Capítulo 2. Como resultado, promove-se justamente um ambiente com maior e melhor informação, instituindo verdadeiro círculo vicioso positivo.

O exposto pode ser representado graficamente da seguinte forma:

Figura 1 – Confiança e cooperação nas relações coletivas e consequências

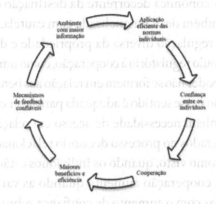

Paralelamente, esse cenário pautado em um relação baseada na confiança e cooperação envolve a superação do modelo regulatório baseado no positivismo e no racionalismo jurídico, de cunho meramente compensatório, que mostra claros sinais de insuficiência[137], de acordo com as reflexões realizadas

---

Pereira; DOMINGUES, Victor Hugo; KLEIN, Vinicius. Análise Econômica do Direito: justiça e desenvolvimento. Curitiba: Editora CRV, 2016. p. 160).

[137] A relação entre o positivismo e o racionalismo jurídicos, que prevalecem no ensino do direito atualmente, é muito bem evidenciada na seguinte passagem: "A consequência mais direta e talvez óbvia do raciocínio positivista é a aversão a discussão de interesses. Se o direito é racional e intimista, obviamente qualquer discussão de interesses envolvidos pelas normas e esforço no sentido de seu sopesamento parece estranho ao raciocínio jurídico. Ainda que tal reflexão sobre interesses não seja formalmente proibida (e nem poderia sê-lo) torna-se com o passar dos séculos algo totalmente estranho para o jurista. (...) Um dos mais nocivos (mas não tão óbvios) corolários do direito de inspiração racional-positivista é a ideia de compensação. O direito compensatório é na verdade o tipo mais comum de solução legal para tratar de problemas econômicos e sociais." (Cf. SALOMÃO FILHO, Calixto. Novo estruturalismo jurídico... pp. 537-538). Ademais, sobre a crítica racionalismo ao clássico, baseado nos ensinamentos de John Rawls, interessante é a visão de Amartya Sen em *The Idea of Justice*, em especial no capítulo 8, "Rationality and Other People" (SEN, Amartya. The Idea

COMMONS EMPRESARIAIS

no decorrer do Capítulo 1. Faz-se necessário, justamente, a adoção de uma nova perspectiva estrutural, conforme será tratado nas próximas Seções.

3.2.1. A regulação dos bens comuns: a necessidade de uma intervenção estrutural

A estrutura sob questão é, de um lado, o direito de propriedade sobre os bens, em especial o direito de propriedade sobre certos bens de titularidade da companhia considerados bens comuns. De outro lado, a estrutura empresa, enquanto atividade econômica decorrente da destinação de tais bens considerados comuns, também deve ser analisada com cautela.

Como visto, essa regulação diversa da propriedade e da empresa implica prover tanto um estímulo regulatório à cooperação, como uma forma de garantir que as estruturas de poder não se formem em relação aos bens comuns[138]. Entende-se que uma solução nesse sentido é adequada para fazer com que os titulares de interesses que tenham necessidade de acesso em relação a tal bem sejam devidamente considerados no processo decisório relacionado à sua alocação.

Isso se dá, pois, como visto, quando os indivíduos estão em uma situação micro contextual, a cooperação aumenta quando as variáveis desta situação estão relacionadas com o aumento da confiança sobre o comportamento recíproco dos demais. Isso implica que a cooperação é fortemente abalada pela (i) dificuldade de reconhecimento da estratégia do outro indivíduo; e (ii) importância do futuro para a situação. Trata-se justamente dos já mencionados *"noise"* e *"shadow of the future"*, cujas consequências podem ser facilmente verificadas no esquema apresentado na Figura 1, acima.

Nesse sentido, em um contexto de bens comuns, a presença de poder econômico tende a ser ineficiente à cooperação entre indivíduos. Nesse sentido, é elucidativa a seguinte passagem de Calixto Salomão Filho[139]:

> *"O resultado mais ou menos intuitivo é que ele* [o poder econômico] *afeta negativamente quase todos os requisitos elencados* [para a promoção de cooperação em sociedade]. *Vejamos: é mais que sabido que um dos principais*

of Justice. Cambridge: The Belknap Press of Harvard University Press, 2009. pp. 174-193). Sobre a temática, recomenda-se a análise das reflexões realizadas no decorrer do Capítulo 1.

[138] Cf. SALOMÃO FILHO, Calixto. Direito Concorrencial... p. 373.

[139] SALOMÃO FILHO, Calixto. Novo estruturalismo jurídico... p. 111.

CAPÍTULO 3 – IMPLICAÇÕES JURÍDICAS DA APLICAÇÃO DA TEORIA DOS BENS COMUNS...

efeitos do monopólio é a concentração de informações. Aliás, (...) está é a característica principal dos monopólios modernos. Assim, não há como imaginar qualquer fluxo de informação entre os participantes da relação social. Também é típico das estruturas de poder econômico criar dependência e não se envolver nela. Assim, existente o monopólio, não há que se pensar em dependência recíproca, mas dependência unilateral em relação ao detentor de poder. Observe-se que, tratando-se de bens comuns e de um direito de propriedade sobre um bem, é de se excluir a possibilidade de oligopólio, ou, mesmo existente, ele é indiferente, porque os efeitos cooperativos do oligopólio se fazem sentir apenas entre seus membros. Quanto aos demais, os efeitos são de ausência de informação e exclusão. Assim, tratando-se de bem comum, cujo interesse de utilização é de muitos (o que já afasta a possibilidade de assemelhar a situação de todos os potenciais usuários a um oligopólio), o efeito do oligopólio sobre o bem comum é equivalente ao efeito do monopólio. Dessas dificuldades derivam as demais. O barulho (noise) é uma consequência da dificuldade de informação. Os monopólios, mais que qualquer outra estrutura, exatamente por concentrarem informação, são capazes de transmitir falsas informações sobre suas estratégias – e, portanto, criar barulho, o que dificulta a cooperação. Também a despreocupação das estruturas de poder concentrado em relação ao futuro é bastante conhecida. A distinção entre as situações de poder permite crer na possibilidade de ser sempre o último a jogar, ou seja, 'ter sempre a última reação'. (...) A reconhecida característica – mesmo nas análises mais tradicionais de direito antitruste – dos monopólios, de tornarem a vida útil do produto mais curta, por serem maiores os ganhos na venda de um novo produto (venda em monopólio) do que a manutenção, demonstra essa despreocupação com o futuro, típica dos monopólios."

E, ainda, em sentido semelhante, é de se destacar a reflexão de Ana Frazão de Azevedo Lopes, que trata da necessidade de intervenção estatal como forma de evitar abusos decorrentes da concentração de poder econômico[140]:

"A concentração de capital [referindo-se à concentração empresarial] verificada a partir do século XIX e a criação da legislação antitruste apontaram, portanto,

---

[140] LOPES, Ana Frazão de Azevedo. Empresa e Propriedade – função social e abuso de poder econômico. São Paulo: Quartier Latin, 2006. p. 85.

COMMONS EMPRESARIAIS

para duas verdades que eram constantemente ignoradas pelo Estado Liberal: (i) a de que o exercício absoluto e descontrolado de direitos subjetivos poderia levar a consequências nefastas para a sociedade e para o Estado e (ii) a de que os mercados não poderiam funcionar adequadamente por si mesmos, dependendo de alguma institucionalização por parte do Estado, ainda que esta fosse mínima e voltada exclusivamente para a própria manutenção do livre mercado"

Sendo assim, partindo das considerações acima, a intervenção estrutural a ser proposta deve ter como um dos pontos de atenção a eliminação, ou ao menos a mitigação, dos efeitos deletérios do poder econômico, por se considerar um caminho para o atingimento de desenvolvimento econômico e social, com a consentânea redução de desigualdades. Feitas essas considerações preliminares, passa-se a analisar as estruturas envolvidas, quais sejam, a propriedade e a empresa, a partir de uma análise pautada no (novo) estruturalismo jurídico.

3.2.1.1. As estruturas sob foco: a propriedade e a empresa. O estruturalismo jurídico e suas implicações.

Sob a ótica neoestruturalista, conforme ponderações feitas no decorrer do Capítulo 1 desta tese, a estrutura da propriedade deve ser analisada de forma crítica (e transformadora), abandonando-se, quando diante de bens considerados comuns, uma visão unitária sobre a propriedade, que importa afirmar que o direito de propriedade é de titularidade de um único indivíduo. Propõe-se, assim, o afastamento da definição puramente jurídica do direito de propriedade enquanto uma posição jurídica complexa, composta pelas posições jurídicas descritas no artigo 1.228 do CC[141].

Em seu lugar, passa-se a falar em feixes de direitos (*bundle of rights*), que, em conjunto, compõem o direito de propriedade, utilizado aqui em sentido diverso e mais amplo do que o circunscrito pelo diploma civilista. A temática relacionada a esses feixes de direitos, vale destacar, será enfrentada de forma dedicada na Seção 3.4. deste trabalho.

---

[141] De acordo com o *caput* do art. 1.228 do CC: "*Art. 1.228. O proprietário tem a faculdade de usar, gozar e dispor da coisa, e o direito de reavê-la do poder de quem quer que injustamente a possua ou detenha*".

CAPÍTULO 3 – IMPLICAÇÕES JURÍDICAS DA APLICAÇÃO DA TEORIA DOS BENS COMUNS...

Adicionalmente, a visão proposta enaltece a propriedade enquanto um fenômeno econômico que pode ser traduzido como uma forma de internalização de externalidades. Essa assertiva faz alusão à concepção, pautada em olhar inspirado pelo direito e economia, da propriedade enquanto palco de um conjunto sequencial e múltiplo de transações e não apenas de interações bilaterais isoladas, que tem, por consequência, a internalização de externalidades e a consequente redução dos custos de transação relacionados ao bem objeto da propriedade e de sua destinação. A concepção adotada acerca da propriedade faz alusão aos ensinamentos de Harold Demsetz, dos quais se destacam os seguintes excertos que enunciam as premissas mencionadas anteriormente[142]:

> *"When a transaction is concluded in the marketplace, two bundles of property rights are exchanged. A bundle of rights often attaches to a physical commodity or service, but it is the value of the rights that determines the value of what is exchanged"*

E, ainda, em relação à concepção de propriedade como uma forma de internalização de externalidades[143]:

> *"A primary function of property rights is that of guiding incentives to achieve a greater internalization of externalities. Every cost and benefit associated with social interdependencies is a potential externality. One condition is necessary to make costs and benefits externalities. The cost of a transaction in the rights between the parties (internalization) must exceed the gains from internalization"*

Para fins de referência e para melhor contextualizar a menção ao trabalho de Demsetz, é interessante notar que o artigo seminal do autor e no qual se baseiam as considerações aqui propostas apresenta um modelo em que foram analisadas a organizações dos índios em duas regiões no Canadá, indicando o problema típico da "Tragédia dos Comuns". Nesse sentido, com o objetivo

---

[142] DEMSETZ, Harold. Toward a Theory of Property Rights. In: The American Economic Review, Vol. 57. No. 2. Papers and Proceedings of the 79th Annual Meeting of the American Economic Association. May, 1967. p. 347

[143] Idem aos anterior. p. 348.

COMMONS EMPRESARIAIS

de ilustrar a pertinência da aplicação do conceito de propriedade como uma forma internalização de externalidades quando se trata de bens comuns, segue pequeno excerto comentando as ponderações de Demsetz[144]:

"Em um caso, a caça é realizada em região que induz a um problema da exaustão dos recursos, com o desaparecimento das espécies com valor comercial, enquanto na segunda isso não ocorre. O autor relaciona os dois fatos com a natureza física das duas regiões, uma de floresta fechada e outra de planície. Emergem duas diferentes estruturas que disciplinam o Direito de Propriedade sobre a terra nas áreas. Onde, por razões naturais, não existe problema de desaparecimento das espécies (exaustão), predomina a propriedade em comum, e onde o problema ocorre, emerge o Direito de Propriedade privado como forma de controlar o uso dos recursos. Ou seja, existe incentivo econômico para as diferentes sociedades investirem recursos para definir e preservar os direitos de propriedade."

Os excertos e comentários apresentados corroboram justamente o entendimento do direito de propriedade como uma forma de internalização de externalidades, os quais também caminham ao encontro dos ensinamentos de Benito Arruñada que defende uma visão coaseana de propriedade como uma relação econômica sequencial, conforme se denota na seguinte passagem[145]:

"The contractual interpretation of the Coasean framework helps us little with regard to such exchange externalities. When applied to a property (i.e., sequential exchange) context, it may even distract us, as it leads us to emphasize contractual (single exchange) solutions. However, a purely contractual solution to exchange externalities is hardly viable. Obviously, it would require an enormous number of transactions, given that the damaged parties are all the individuals holding rights in a given market"

---

[144] SZTAJN, Rachel; ZYLBERSZTAJN; MUELLER, Bernardo. Economia dos Direitos de Propriedade. In: ZYLBERSZTAJN, Decio; SZTAJN, Rachel (Orgs.). Direito & Economia: Análise Econômica do Direito e das Organizações. Rio de Janeiro: Elsevier, 2005. pp. 88-89.
[145] ARRUÑADA, Benito. Property as sequential exchange: The forgotten limits of private contract. Disponível em: https://ssrn.com/abstract=2879827. Acesso em: 11.05.2018. p. 4.

CAPÍTULO 3 – IMPLICAÇÕES JURÍDICAS DA APLICAÇÃO DA TEORIA DOS BENS COMUNS...

Importante destacar que a concepção da propriedade como uma forma de redução de externalidades pode ser dotada de evidente cunho utilitarista, encontrando-se o fundamento para a propriedade no critério de melhor eficiência econômica na alocação dos bens[146]. Esta concepção não é a defendida nesta tese, conforme será enfrentado oportunamente.

De todo modo, o entendimento da propriedade como uma forma de internalização de externalidades abre margem para a possibilidade de se adotar e considerar critérios múltiplos em relação a quais externalidades ou custos serão internalizados nesse processo[147]. Os arranjos possíveis são praticamente ilimitados, sendo essa uma das temáticas a serem enfrentadas a partir desse modelo econômico de propriedade[148].

[146] Confira-se nesse sentido o excerto a seguir: *"A doutrina norte-americana, em perspectiva utilitarista, apresenta justificativas econômicas para o surgimento e evolução do direito de propriedade, entre as principais, a teoria dos custos de exclusão e a tragédia dos baldios ou dos comuns (Tragedy of the Commons). Para ambas as teorias, a propriedade é forma de alocação de recursos, encontrando seu fundamento e razão de ser no critério de melhor eficiência econômica na alocação de bens. O pressuposto central da teoria dos custos de exclusão é que, em um enfoque econômico, a posse ou a propriedade de bens acarreta custos, referentes à exaustão dos bens ou relativos à efetivação da exclusividade de seu proveito (custos de exclusão). (...) Para essa teoria, a ineficiência econômica seria minorada com a proteção do direito de propriedade, que motivaria os indivíduos a um melhor desempenho econômico com a garantia institucional de exclusão do direito de terceiros sobre seus bens. A proteção do direito de propriedade produz sensível diminuição dos custos de exclusão, já que tornam menor a possibilidade de que bens coletados ou produzidos sejam apropriados por terceiros indevidamente"* (MATIAS, João Luis Nogueira. Op. cit. pp. 49-50).

[147] A assertiva faz referência a críticas – construtivas – ao trabalho de Demsetz, sendo de se destacar o posicionamento de Eggertsson que se refere ao modelo como sendo "ingênuo, vez que ignora o processo político, a despeito de sua utilidade para o estudo histórico das instituições (Cf. EGGERTSSON, T. Economic Behavior and Institutions. Cambridge Surveys of Economic Literature. Cambridge: Cambridge University Press, 1990) e o modelo apresentado por Alston, Libecap e Mueller que considera os custos de exclusão e os custos de governança interna do sistema de oferta de direitos de propriedade, conforme estudo realizado e que tinha por base a formação de direitos de propriedade na região da Amazônia (Cf. ALSTON, Lee. J.; LIBECAP, Gary D.; MUELLER, Bernardo. Titles, Conflict, and Land Use: The Development of Property Rights and Land Reform on the Brazilian Amazon Frontier. Ann Arbor: University of Michigan Press, 1999, em especial Chapter 7 e Chapter 9).

[148] Importante destacar que não se olvida da existência de outros modelos pautados em direito e economia e que pretendem justificar a propriedade. Nesse sentido: *"Modelos alternativos estudam situações nas quais os direitos de propriedade não emergem, seja devido aos custos políticos ou por razões de intervenção pública com base em critérios de eqüidade, ou ainda devido a custos de exclusão proibitivos. Aponta-se o caso do sistema comunista que não reconhece direitos. Esta pertence à coletividade (Estado), sendo suscetíveis de apropriação pelos particulares, embora na prática a captura privada dos*

COMMONS EMPRESARIAIS

Paralelamente, além da estrutura propriedade, a análise proposta também coloca em posição de protagonismo a estrutura empresa[149], organismo

direitos coletivos tenha sido prática comum nos regimes comunistas. O terceiro modelo importante baseia-se na ação dos grupos de interesse da sociedade que procurar interferir no processo normativo. Variáveis importantes são os 'custos de transação', a possibilidade de efeito carona (free-riding) e a existência de informação assimétrica. O modelo considera que, dada a estrutura institucional, os agentes formarão grupos de interesse que otimizarão os seus interesses particulares e comuns. Esse modelo se aproxima do modelo de rent seeking apresentado por Krueger e Buchanan". (SZTAJN, Rachel; ZYLBERSZTAJN; MUELLER, Bernardo. Op. cit. p. 89).

[149] A despeito de se referir ao termo empresa como atividade econômica, como será visto adiante, cumpre desde logo destacar que o descompasso estrutural relacionado à atividade econômica já fora noticiado anteriormente pela doutrina, sendo que se destaca, aqui, a abordagem em relação ao direito societário, que se preocupa com o estudo das sociedades empresárias, uma das mais relevantes formas de organização da atividade empresarial, com especial destaque em relação aos grupos de sociedades. Nesse contexto, no direito português, é de se destacar a reflexão trazida por Engrácia Antunes: *"Apesar desta significativa evolução das estruturas económicas de organização da empresa moderna (com que se teria operado a passagem da 'era atomística do à era molecular do direito das sociedades', na sugestiva expressão de RODIÈRE), é necessário sublinhar que a reacção das estruturas jurídicas ainda não viu a luz do dia"* (ANTUNES, José A. Engrácia. Os Grupos de Sociedades – Estrutura e Organização Jurídica da Empresa Plurissocietária. Coimbra: Almedina, 1993). No direito norte-americano, por sua vez: *"The problems of a complex corporate system in the modern industrial age have outstripped traditional corporate law, shaped long ago under very different conditions"* (BLUMBERG, Phillip I. The Corporate Entity in the Era of Multinational Corporations. In: Delaware Journal of Corporate Law, Vol. 15, No. 2, 1990. p. 284). No direito espanhol: *"En nuestros días parece suficientemente clara la importancia tanto económica – acentuada por la progresiva tendencia hacia la concentración empresarial – como jurídica – puesta de relieve por la inadecuada o inexistente regulación del vigente Derecho de sociedades – que caracteriza a los grupos y que determina, sin duda alguna, la preferente atención de que son objeto"* (IRUJO, José Miguel Embid. Algunas Reflexiones sobre los Grupos de Sociedades y su Regulación Jurídica. In: Revista de Direito Mercantil, Industrial, Econômico e Financeiro. Vol. 23, No. 53, jan.-mar./1984. p. 20). No direito pátrio, para reflexões relacionadas a grupos de sociedades, v. MUNHOZ, Eduardo Secchi. Empresa contemporânea e direito societário – poder de controle e grupos societários. São Paulo: Juarez de Oliveira, 2002, com destaque o seguinte trecho: *"As formas atuais de organização da atividade empresarial põem em xeque os pilares do modelo clássico de sociedade. A personalidade jurídica se assenta na autonomia da sociedade, pressupondo a existência de estruturas organizacional e patrimonial próprias, voltadas à consecução de um independente (o interesse social). Com o fenômeno dos grupos e as múltiplas manifestações do poder de controle, a regra vigente é a da confusão organizacional e patrimonial entre as diversas sociedades, cujos interesses aparecem subordinados aos de uma sociedade controladora ou do grupo globalmente considerado. Diante do profundo desajuste entre o direito societário vigente e a realidade empresarial, a teoria da desconsideração da personalidade jurídica tem sido utilizada para a solução de problemas relacionados com os sócios não controladores e com os credores. A teoria clássica da desconsideração da personalidade jurídica, porém, tem-se mostrado ineficaz para a solução dessas questões (...)"* (MUNHOZ, Eduardo Secchi. Op. cit. pp. 4-5).

CAPÍTULO 3 – IMPLICAÇÕES JURÍDICAS DA APLICAÇÃO DA TEORIA DOS BENS COMUNS...

central do próprio funcionamento do direito empresarial. Afinal, trata-se de um estudo que tem por foco, justamente, os bens da companhia.

Nesse sentido, a estrutura empresa também deve ser entendida no seu sentido econômico, e não jurídico[150], não apenas no seu perfil dinâmico, como uma atividade econômica organizada para a produção ou circulação de bens ou serviços para o mercado, de forma profissional[151], mas sim, em uma acepção coaseana, como um nexo de contratos (ou *para* contratos), que tenha por objetivo a redução de custos de transação e maximização de eficiência nas relações de mercado[152].

Nesse contexto, mister salientar que no âmbito do direito societário, a análise pautada no Direito e Economia, inspirada pelo trabalho de Coase, foi muito desenvolvida especialmente por autores norte-americanos. Dentre eles, destaca-se a abordagem adotada por Frank Easterbrook e Daniel Fischel, para quem as normas societárias têm a função de compreender os termos que as pessoas teriam negociado, caso os custos de transação dessa negociação fossem consideravelmente baixos, já que essa solução levaria a um incremento da riqueza global, concluindo que o direito societário (nos Estados Unidos) tende a atender esse objetivo, já que as partes possuem ampla autonomia para prever as regras de seu relacionamento societário, uma vez que a maior parte de suas normas possui natureza supletiva, ao passo que as normas cogentes estariam amparadas em sólidos princípios de natureza econômica, partindo da premissa de que, na hipótese de não estarem já previstas no ordenamento, teriam sido expressamente negociadas pelas partes[153].

---

[150] Remete-se, aqui, ao clássico trabalho de Alberto Asquini, que defende ser a empresa um fenômeno econômico poliédrico, não se devendo buscar fixar um conceito jurídico, mas sim os aspectos jurídicos da empresa (econômica), nos quatro perfis em que se apresenta, separadamente: subjetivo, funcional ou dinâmico, patrimonial ou objetivo e corporativo (ASQUINI, Alberto. Perfis da Empresa. Trad. de Fábio Konder Comparato. In: Revista de Direito Mercantil, v. 104, out-dez, 1996. pp. 109-126).

[151] Conforme preceitua o caput do art. 966 do CC: "*Art. 966. Considera-se empresário quem exerce profissionalmente atividade econômica organizada para a produção ou a circulação de bens ou de serviços. Parágrafo único. Não se considera empresário quem exerce profissão intelectual, de natureza científica, literária ou artística, ainda com o concurso de auxiliares ou colaboradores, salvo se o exercício da profissão constituir elemento de empresa*".

[152] Cf. COASE, Ronald H. The nature of the firm...

[153] Refletem as considerações feitas os seguintes excertos: "*We seek to understand the logic of corporate law. (...) These patterns are almost impossible to understand if 'fairness' or paternalism are*

COMMONS EMPRESARIAIS

Como pode ser percebido, essa premissa da adoção da estrutura empresa em seu sentido econômico, juntamente com a concepção econômica do direito societário, caminha lado a lado com o conceito de propriedade – no sentido econômico – sustentado nesta Seção.

Feitas essas considerações relacionando as estruturas propriedade e empresa a partir de um olhar inspirado nos preceitos de Direito e Economia, é essencial deixar claro que os argumentos desenvolvidos com base na análise econômica do direito não devem ser entendidos como uma defesa cega (e até mesmo inconsequente) da aplicação de premissas baseadas em *Law & Economics*, na qual a primazia pela eficiência pode levar à desconsiderações de outros interesses que devem ser endereçados pelo ordenamento jurídico. Defende-se que o racional desenvolvido pelo Direito e Economia configura uma importante "lente" para o estudo e para a interpretação de uma norma jurídica, sendo certo que não se sustenta, aqui, o entendimento de que essa forma de se analisar o Direito deva ser considerada como justificadora única e isolada para a elaboração de normas jurídicas[154].

Essa reflexão, vale destacar, caminha no mesmo sentido das considerações que serão realizadas oportunamente acerca do conceito de eficiência – em seu sentido distributivo – a ser perseguido quando da destinação dos bens de titularidade da sociedade empresária.

Feita essa essencial ressalva, retomando o exemplo da planta industrial apresentado no Capítulo anterior, não há como negar a existência de uma

---

the objectives of corporate law, yet simple to understand from an economic perspective. We conclude that Corporation law has an economic structure, that it increases the wealth of all by supplying the rules that investors would select if it were easy to contract more fully" (EASTBROOK, Frank H.; FISCHEL, Daniel R. The Economic Structure of Corporate Law. Cambridge: Harvard University Press, 1991. Preface, p. v); *"Corporate law – and in particular fiduciary principle enforced by courts – fills in the blanks and oversights with the terms that people would have bargained for had they anticipated the problems and been able to transact costlessly in advance. On this view corporate law supplements but never displaces actual bargains, save in situations of third-party effects or latecomer terms"* (Idem ao anterior. p. 34). Por fim, sobre a salutar combinação entre normas cogentes e supletivas no direito societário, v. EISENBERG, Melvin Aron. The Structure of Corporation Law. In: Columbia Law Review, Vol.89, 1989. pp. 1461-1525.

[154] A ressalva realizada vai ao encontro das pertinentes reflexões trazidas em FORGIONI, Paula A. Análise Econômica do Direito (AED): Paranóia ou Mistificação. In: Revista de Direito Mercantil, Industrial, Econômico e Financeiro. Vol. 139. Ano XLVI (Nova Série). julho-setembro/2005. pp. 242-256.

CAPÍTULO 3 - IMPLICAÇÕES JURÍDICAS DA APLICAÇÃO DA TEORIA DOS BENS COMUNS...

pluralidade de interesses afetados pela apropriação e pelo uso desse bem. Deve-se, em uma análise pautada no novo estruturalismo jurídico, revisitar a regulação das estruturas propriedade e empresa, objetivando a redução de custos de transação e a maximização de eficiência decorrente da destinação desse bem, o que se pretende por meio da internalização de externalidades responsáveis pelo aumento dos referidos custos de transação, o que está associado à efetiva consideração dos interesses afetados pela destinação do bem da empresa considerado comum. Entende-se, ainda, que a forma adequada para promover essa solução regulatória se dá por meio da adoção de estruturas que promovam a cooperação e mitigação da assimetria informacional entre os agentes considerados e que terão os seus interesses internalizados para os fins desse modelo.

Cumpre, então, analisar qual o procedimento a ser adotado para garantir que tais interesses – que não o da própria companhia – sejam considerados e consequentemente internalizados. Isso se dá, pois, esses mesmos interesses seriam considerados, outrora, externalidades. Além disso, também se deve analisar sob qual das estruturas associadas à empresa a mudança estrutural deve operar.

Antes disso, contudo, preliminarmente, cabe realizar algumas breves considerações sobre a relação entre o argumento desta Seção e o alinhamento (ou não) a alguma das principais teorias relacionadas ao interesse da sociedade. Isso ocorre, pois, em última análise, a discussão sobre a destinação dos bens da companhia é uma discussão acerca do interesse social, sendo essencial o enfrentamento dessa temática e, se possível, o alinhamento a uma das concepções de interesse social, com o objeto de melhor orientar e situar as reflexões feitas no decorrer deste Capítulo 3.

3.2.1.2. Além da dicotomia contratualismo-institucionalismo: uma questão de eficiência. O maior alinhamento à vertente do institucionalismo integracionista (ou organizativo)

A visão alternativa das estruturas propriedade e empresa mencionada na Seção anterior deve ter como foco a maximização de eficiência[155], com o consequente

---

[155] Para fins de esclarecimento, destaca-se desde logo que a afirmação não reproduz de forma cega os fundamentos da chamada "Teoria da Eficiência", com berço entre os seguidores da chamada Escola de Chicago, com destaque para R. Posner (POSNER, R. Economic analysis of law. 2 ed. Boston/Toronto, 1977), como será demonstrado nesta Seção.

incremento de bem-estar social. Afinal, adotando uma visão pautada em direito e economia, defendeu-se ser a propriedade e a empresa, em síntese, formas de internalização de externalidades, com o objetivo de reduzir custos de transação e maximizar a eficiência decorrente da sua (propriedade e empresa) exploração.

Nesse contexto, o termo eficiência deve ser entendido como a somatória dos benefícios e dos custos em uma dada situação, que será posteriormente dividida entre os interessados de acordo com as regras estabelecidas. O conceito adotado vai ao encontro da definição trazida por Polinski, para quem *"the term efficiency will refer to the relationship between the aggregate benefits of a situation and the aggregate costs of the situation"*, o que não pode ser confundido com a forma pela qual esse resultado será distribuído pelos interessados, já que, complementa o autor, *"the term equity will refer to the distribution of income among individuals"*[156].

Como poderá ser percebido no decorrer deste trabalho, embora guarde alguma relação para a definição a respeito da divisão do produto da atividade econômica – ao que Polinski se referiu como *"equity"* –, a acepção de eficiência utilizada independe de a maximização da riqueza global ter gerado ou não prejuízo a um agente econômico específico.

Esse debate comumente associado aos parâmetros de eficiência das normas jurídicas, coloca, lado a lado, as concepções de eficiência de Pareto, para quem uma distribuição de recursos é tida como eficiente quando não é possível fazer uma alteração que proporcione vantagens a pelo menos uma pessoa e não deixe ninguém em situação pior, e as relacionadas ao teorema de Kaldor-Hicks, segundo o qual uma solução é tida como eficiente se as vantagens obtidas pelos ganhadores forem superiores aos prejuízos suportados pelos perdedores[157].

[156] Cf. POLINKSY, A. Mitchell. An Introduction to Law and Economics. Second Edition. Aspen Law & Business Panel Publishers, 1989. p.7.

[157] Sobre a distinção entre esses dois critérios de eficiência (Pareto e o teorema de Kaldor-Hicks), comumente associados ao princípio da maximização da riqueza adotado pelos teóricos da análise econômica do direito, v. COOTER, Robert; ULEN, Thomas. Law & Economics. 6th Edition. Berkeley Law Books, 2016. pp. 42 e seguintes. Também cabe referência ao enfrentamento feito por Calabresi, um dos mais importantes teóricos relacionados à análise econômica do direito: *"Some may argue, however, that I have been using the wrong definition of efficiency. The appropriate definition, they would say, is that given by the Kaldor-Hicks test. This test roughly states that a move is efficient whenever the winners win more than the losers lose, in the sense that if the winners compensated the losers to their satisfaction, the winners would still be better off than they were before the change. This test is sometimes called potential Pareto superiority, because it has the*

CAPÍTULO 3 – IMPLICAÇÕES JURÍDICAS DA APLICAÇÃO DA TEORIA DOS BENS COMUNS...

Tal como será enfrentado oportunamente, independentemente das considerações relacionadas aos critérios de eficiência que podem ser adotados, fato é que o conceito de *eficiência alocativa*, tal como será apresentado adiante, guarda forte relação com o ótimo de Pareto, motivo pelo qual o critério de eficiência do professor de Lausanne não é partilhado neste trabalho, sendo que as reflexões que serão realizadas a partir deste momento possuem maior guarida no teste de Kaldor-Hicks.

De todo modo, não se pode deixar de lado que a discussão acerca da eficiência e do próprio parâmetro a ser adotado carrega consigo uma questão de cunho metodológico e com escolhas (até mesmo pessoais) que refletem preferências econômicas e sociais. Nesse sentido, é ilustrativa a passagem de Rachel Sztajn[158]:

potential of leading to a Pareto improvement. Achieving that potential, however, depends on successful compensation of losers, to their satisfaction. But actual compensation is not required by the Kaldor-Hicks test and may not even be feasible. Coase's statement that absent transaction costs any starting point will lead to an efficient end point is undoubtedly true if we apply a Kaldor-Hicks test for efficiency. Many have made use of Coase's insight with this result in mind, and have gone no further" (CALABRESI, Guido. The Pointless of Pareto: Carrying Coase Further. In: Yale Law Journal Vol. 100, mar./1991. pp. 1221-1222). Ainda sobre o tema: *"A expressão 'maximização de riqueza', na teoria, não pretende descrever a mesma coisa que a 'eficiência de Pareto'. (...) A maximização da riqueza, tal como definida, é alcançada quando bens e outros recursos estão em mãos dos que a valorizam mais, e alguém valoriza mais um bem se puder e estiver disposto a pagar mais dinheiro (ou no equivalente do dinheiro) para possuí-lo. Um indivíduo aumenta sua riqueza quando aumenta o valor dos recursos que possui (...) O conhecido conceito econômico de eficiência de Pareto (ou ótimo de Pareto) é uma questão muito diferente. Uma distribuição de recursos é eficiente segundo Pareto se não puder fazer nenhuma mudança nessa distribuição que não deixe ninguém em pior situação e, pelo menos, uma pessoa em melhor situação. (...) Assim, a teoria da maximização de riqueza não só é diferente da teoria da eficiência de Pareto como também mais prática. A análise econômica do Direito, que torna central o conceito de maximização de riqueza, deve, portanto, ser distinguida da análise do Direito dos economistas, isto é, da aplicação a contextos jurídicos da noção de eficiência dos economistas, que é a eficiência de Pareto. Quando o economista pergunta se uma norma de Direito é eficiente, geralmente quer saber se a situação produzida pela norma é eficiente segundo Pareto, não se ela promove a maximização da riqueza"* (DWORKIN, Ronald. Uma Questão de Princípio. Trad. Luís Carlos Borges. São Paulo: Martins Fontes, 2001. pp. 353-356). Por fim, para uma análise da evolução do conceito de eficiência, v. STEPHEN, Frank H. Teoria econômica do direito. (trad. Neusa Vitale). São Paulo: Makron Books, 1993, pp. 40-58), bem como WITTMAN, Donald. Op. cit. pp.13-30).
[158] SZTAJN, Rachel. Law and Economics. In: ZYLBERSZTAJN, Decio; SZTAJN, Rachel (Orgs.). Direito & Economia: Análise Econômica do Direito e das Organizações. Rio de Janeiro: Elsevier, 2005. p. 76.

"Inegável que há uma questão metodológica relevante que tem a ver com a maneira pela qual preferências e escolhas individuais podem ser transformadas em preferências e escolhas sociais ou majoritárias. No que diz respeito à eficiente circulação de riqueza, o critério usual é o proposto por Pareto, segundo o qual os bens são transferidos de quem os valoriza menos a quem lhes dá mais valor. O economista considera que a mudança é eficiente, numa sociedade, quando alguém fica melhor do que anteriormente com a mudança de alguma atribuição de bens anterior, sem que ninguém fique pior. Critica-se esse critério, chamado de Pareto, porque depende da alocação inicial da riqueza e porque não induz as pessoas a revelarem suas preferências qualitativas. Outro critério proposto para a avaliação da eficiência é o desenvolvido por Kaldor e Hicks, partindo de modelos de utilidade, tais como preconizados por Bentham, sugerem que as normas devem ser desenhadas para o maior número de pessoas. O problema está na necessidade de maximizar duas variáveis e na dificuldade de estabelecer alguma forma de compensação entre elas. Todavia, refinando o modelo, Kaldor-Hicks chegam à proposta de compensações teóricas entre os que se beneficiam e os que são prejudicados. Comparando agregados entre as várias opções, escolhe-se aquele que resulte na possibilidade de compensação. Ainda uma vez que se refina o esquema reconhecendo haver redes de inter-relações nas sociedades e que a utilidade marginal de cada pessoa é decrescente. Este, parece, ser o melhor critério para as escolhas no que diz respeito à distribuição dos benefícios: o de dar mais a quem tem maior utilidade marginal"

Destarte, partindo das considerações propostas acerca do conceito de eficiência e do maior alinhamento neste trabalho às premissas do modelo de Kaldor-Hicks, a proposta regulatória objeto desta tese sustenta que se deve buscar construir um sistema de normas (por meio da regulação ou da autorregulação, tal como será verificado no decorrer deste Capítulo 3) no qual os direitos de propriedade (que serão referidos como *feixes de direitos de propriedade*) e as regras de responsabilidade sejam formuladas de modo a maximizar o valor ou bem-estar social, quando comparado com outros sistemas de normas, levando em consideração os custos de transação presentes em dada situação[159]. Essa reflexão pressupõe, ainda, a visão alternativa das estruturas

[159] Destaca-se o seguinte excerto de Stephen E. Margolis: *"(...) efficient allocation of rights must take account of the specific transaction costs that do exist and that legal systems cannot (or do not) address.*

CAPÍTULO 3 - IMPLICAÇÕES JURÍDICAS DA APLICAÇÃO DA TEORIA DOS BENS COMUNS...

propriedade e empresa, as quais, como visto, devem ser entendidas como formas de internalização de externalidades.

Para tanto, assume-se que a forma mais eficiente de alocação desses *feixes de direitos* seria aquela realizada no *melhor interesse da companhia*, o que não, necessariamente, implica a maximização da receita dessa companhia ou de seu resultado financeiro de forma isolada, uma vez que outros interesses – que não o meramente lucrativo – podem impactar na definição do que seria esse *melhor interesse*, e consequentemente levar à maximização do bem-estar social.

Apesar de a temática do *melhor interesse da companhia* ser analisada de forma dedicada posteriormente (na Seção 3.3.2.), cumpre, por ora, destacar que a premissa aqui estipulada, no sentido de buscar a maximização da eficiência dos feixes de direitos relacionados à destinação dos bens da companhia com características de bens comuns, não implica necessariamente um alinhamento a uma das teorias de interesse social. Isso se dá, pois, a teoria de interesse social adotada irá tão somente contribuir para o preenchimento do conceito de *melhor interesse da companhia*, mas não afastar a premissa adotada[160], a despeito de se admitir que as reflexões aqui realizadas possuem, sim, maior alinhamento com uma das concepção de interesse social que serão enfrentadas nas próximas Seções, qual seja o institucionalismo integracionista (ou organizativo).

Nesse sentido, a respeito das teorias de interesse social, deve-se partir do pressuposto que toda teoria jurídica possui cunho valorativo. De igual modo, mister que o direito empresarial não se afaste do contexto social, uma vez que toda a discussão acerca dos embates entre os interesses afetados pela

(...) *An efficient legal system is one in which property rights are assigned and liability rules are formulated so that the value of the things present in society, as measured by willingness to pay, is maximized over all alternative legal environments, given the costs of transacting"* (MARGOLIS, Stephen E. Two Definitions of Efficiency in Law and Economics. In: Journal of Legal Studies – University of Chicago, vol. XVI, June 1987, pp. 473-474). Importante notar, ainda, que o conceito de sistema normativo entendido como eficiente é ligeiramente diverso do defendido por Coase, que considera situações em que os custos de transação são desconsiderados, o que faria com que toda a alocação inicial de direitos fosse considerada ótima, sendo incompatível com o verificado na prática. Sobre o tema v. COASE, Ronald H. The problem of social cost. In: The Journal of Law & Economics, vol. III, October 1960). Ainda sobre a temática, v. POLINSKY, A. Mitchell. Op. cit. pp. 119-127.

[160] De todo modo, não se afasta a possibilidade de a vinculação a uma teoria de interesse social afetar a forma como será distribuído o produto da eficiência, o que é referido nos trabalhos de Law & Economics como *equity* (Cf. POLINSKY, A. Mitchell. Op. cit. p. 7).

COMMONS EMPRESARIAIS

sociedade empresária está inserta nessa realidade, motivo pelo qual é preciso afirmar que "*o direito empresarial não pode ser passivo observador dos dados da vida empresarial*"[161]. Deve-se partir da realidade e ter, na realidade, o objetivo de estudo e de reflexão.

A temática é dotada de ainda maior relevância quando se leva em consideração que a existência de interesses nem sempre harmônicos afetados pela atividade empresarial é algo inerente à concepção de uma sociedade empresária, uma vez que nela estão envolvidos – e são direta ou indiretamente afetados – interesses dos próprios sócios, dos trabalhadores que nela trabalham, dos seus credores, da comunidade em geral, do meio ambiente, dentre outros tantos centros de imputação de interesses, tal como se extrai tão somente da leitura do parágrafo único do artigo 116 da LSA.

Nesse cenário, a identificação dos inúmeros interesses que compõem a empresa e preenchem o referido conceito de *interesse social*, bem como, diante do reconhecimento da pluralidade de interesses afetados pela atividade empresária, qual deles deve sustentar maior peso na orientação do interesse da sociedade empresária, são temas que adotam papel nuclear[162]. Não à toa, endereçar os temas mais caros de direito societário pressupõe o enfrentamento da discussão sobre o interesse social, podendo ser considerado até mesmo uma necessidade[163].

---

[161] SALOMÃO FILHO. Calixto. O novo direito societário... p. 20.

[162] A título meramente exemplificativo da importância do tema, destaca-se o seguinte excerto de Bonfim Viana: "*o interesse constitui o ponto nevrálgico do direito acionário. Tem a função de regular os conflitos de pretensões e de estabelecer seus limites no âmbito da sociedade. Ainda é uma noção nebulosa e fugidia entre o direito e a economia*". (VIANA, Bonfim. Situação jurídica do acionista – direito alemão. Brasília: Brasília Jurídica, 2002. p. 212).

[163] Sobre a importância da discussão sobre interesses no âmbito societário, interessante a ponderação feita por Evandro Pontes, que afirma que o conceito de interesse embute, antes de qualquer coisa, uma necessidade: "*(...) seja qual for a classificação de interesse no âmbito societário específico (seja no nível legal, seja no nível constitucional, seja no nível estatutário, seja no nível assemblear, temos que ter em mente que esse interesse, antes da classificação que lhe é atribuída, embute uma necessidade. A necessidade básica trazida pelo interesse pode estar relacionada uma coletividade específica (uma universalidade de direito), a uma individualidade específica ou a uma universalidade de fato*" (PONTES, Evandro Fernandes de. Os interesses jurídicos nas sociedades de economia mista. In: NORONHA, João Otávio de; FRAZÃO, Ana; MESQUITA, Daniel Augusto (Coords.). Estatuto jurídico das estatais: análise da Lei nº 13.303/2016. Belo Horizonte: Fórum, 2017. p. 425). A colocação segue a linha de Santoro-Passarelli: "[o interesse] *não é um bem, mas o valor*

CAPÍTULO 3 - IMPLICAÇÕES JURÍDICAS DA APLICAÇÃO DA TEORIA DOS BENS COMUNS...

Essa temática é palco de acalorado embate na doutrina, tendo confrontado, atualmente, as teorias *contratualistas* e *institucionalistas* de interesse social, cujas premissas e características fundamentais serão apresentadas a seguir. Cumpre esclarecer que não se pretende neste trabalho esgotar as discussões relacionadas ao tema, nem mesmo esmiuçar todas as reflexões relacionadas às vertentes de interesse social que serão aqui apresentadas, cujo enfrentamento poderia representar, sem dúvida, em razão da relevância e complexidade, um estudo a ele dedicado.

Para os teóricos das correntes *contratualistas,* o interesse social configura um resultado decorrente do interesse dos sócios[164], podendo ser fortemente identificado com aquele pertencente aos sócios como um todo[165]. A despeito da existência de diversas vertentes que procuram definir o interesse social em função dos de seus sócios[166], é ponto comum entre elas que a teoria

relativo que um determinado bem tem para certo sujeito" (Cf. SANTORO-PASSARELLI, Francesco. Dottrine generali del diritto civile. 9 ed. Napoli: Jovene, 2002. p. 69).

[164] No que tange ao *contratualismo,* de acordo com Erasmo Valladão Azevedo e Novaes França, *"(...) seus partidários recusam-se a ver na sociedade anônima uma instituição, configurando-a, ao revés, como uma relação contratual, que não envolve outro interesse senão o das partes contratantes"* (FRANÇA, Erasmo Valladão Azevedo e Novaes. Conflito de interesses nas assembleias de S.A. São Paulo: Malheiros, 1993. pp. 35-36). E, ainda, em outra obra, o autor afirma: *"Quando se diz, por exemplo (na mesma direção das considerações de Galgano), que o interesse social é o interesse comum dos sócios, porque só o ser humano tem interesses, essa afirmação, além de desmistificadora, tem por finalidade afastar as graves consequências de se pretender atribuir a uma entidade, que se acharia acima dos sócios (a pessoa jurídica ou a "empresa em si"), um interesse diverso do dos sócios e superior ao deles"* (FRANÇA, Erasmo Valladão Azevedo e Novaes. Invalidade das Deliberações de Assembleia das S.A. São Paulo: Malheiros, 1999. p. 44).

[165] Nesse sentido e em atenção à multiplicidade de vertentes que as teorias contratualista podem adotar, como será visto oportunamente, destaca-se o excerto de Alberto Asquini: *"Logicamente, se la personalità giuridica della società si riduce a una semplice normativa di rapporti dei singoli soci a servizio dei loro interessi individuali, sia pure uti soci, l'interesse sociale sarà l'interesse comune dei soci più ristretto (gruppo chiuso). Se invece si considera il gruppo sociale personificato come ente giuridico analogo a quelli che si hanno nel campo del diritto pubblico, pur senza fare della agiologia, l'interesse sociale sarà non la somma degli interessi dei singoli soci, come tali, ma l'interesse del gruppo, costante anche nella variazione dei soci"* (ASQUINI, Alberto. I batelli del Reno. In: Revista dele Società. Ano IV. Milano: Giuffrè, 1959. p. 619).

[166] Sobre as vertentes das teorias contratualistas, é precisa a reflexão de Sheila Cerezetti: *"O ponto comum entre as subdivisões dessa teoria diz respeito ao pressuposto básico da identificação do interesse social com o interesse comum dos sócios. Atente-se aqui a comunidade de interesses abrange o interesse dos sócios apenas enquanto sócios – vale dizer, uti socii –, o que significa que outros valores em comum que os sócios eventualmente possam ter, mas que não digam respeito especificamente à sociedade,*

COMMONS EMPRESARIAIS

contratualista tem como fundamento a compreensão de que a sociedade decorre de uma relação contratual, cujo objetivo seria justamente o atingimento do interesse das partes contratantes[167], possuindo nítida tendência liberal[168].

Apenas a título de referência, um primeiro entendimento acerca da teoria contratualista considera que o interesse social equivale apenas ao interesse do grupo de sócios atuais da sociedade, ou seja, a sociedade atingiria seu objetivo ao passo que alcançar o interesse daqueles que, em dado momento, compusessem o seu quadro societário. Em outras palavras, para essa vertente, comumente referida como *contratualismo clássico*, o interesse social levaria em conta tão somente os participantes presentes da sociedade[169], não sendo considerado qualquer interesse externo à sociedade e aos sócios[170-171]. Consequentemente, o atingimento do interesse social seria pleno na medida em que atendesse às demandas dos detentores de participação societária no momento

serão considerados extrassociais e não poderão concorrer à formação do interesse social. Assim, depois de demonstrado que pacífica é a aproximação do interesse social ao interesse do sócio enquanto tal – ou seja, ao interesse comum dos sócios –, há que se perceber que as divergências entre tais ramificações surgem a partir do que deveria significar o denominado interesse comum dos sócios" (CEREZETTI, Sheila Christina Neder. A Recuperação Judicial de Sociedade por Ações – O Princípio da Preservação da Empresa na lei de Recuperação e Falência. São Paulo: Malheiros, 2012. pp. 159-160).

[167] A abordagem contratualista de interesse social encontra-se reproduzida, em certa medida, na definição legal de sociedade, presente no *caput* art. 981 do CC: *"Art. 981. Celebram contrato de sociedade as pessoas que reciprocamente se obrigam a contribuir, com bens ou serviços, para o exercício da atividade econômica e a partilha, entre si, dos resultados".*

[168] A relação entre a doutrina contratualista e a tendência liberal pode ser verificada no seguinte excerto de Jaeger: *"portatori di interessi, affermano i critici della teoria qui esaminata, sono soltanto gli individui singoli, e poichè l'impresa non è altro che uno strumento di cui i capitalisti si servono per ottenere dei profitti, se qualcosa realizza gli interessi di questi si potrà ben dire, usando uma formula ellittica, che essa è nell'interesse dell'impresa, ma no si potrà mai attribuire a quest'ultima uno scopo proprio (Selbstzweck), che non possa ridursi allo scoppo perseguito da un particolare gruppo di uomini. Lo slogan degli autori della teoria dell'Unternehmen na sich, secondo cui l'impresa deve essere difesa contro i suoi proprietari (Eigentümer), cioè contro gli azionisti, costituirebbe pertanto, prima ancora che un principio non accolto dal diritto positivo, um assurdo logico"* (JAEGER, Pier Giusto. L'interesse sociale. Milano: Giuffrè, 1972, pp. 25-26).

[169] Cf. CEREZETTI, Sheila Christina Neder. Op. cit. p. 160.

[170] Cf. GALGANO, Francesco. Diritto Commerciale – Le Società. 3ª Ed. Bologna: Zanichelli, 1987. pp. 360 e seguintes.

[171] Precisa, nesse sentido, a assertiva de Eduardo Munhoz: *"(...) a visão contratualista da sociedade reconhece apenas os chamados interesses intrassocietários, não atribuindo valor, pelo menos no que respeita a disciplina das sociedades, aos interesses dos empregados, da comunidade local ou da nação"* (MUNHOZ, Eduardo Secchi. Op. cit. p. 38).

CAPÍTULO 3 - IMPLICAÇÕES JURÍDICAS DA APLICAÇÃO DA TEORIA DOS BENS COMUNS...

de análise, o que pode ser entendido como a maximização da distribuição dos lucros e pagamento de dividendos para os sócios.

Para uma segunda vertente contratualista, referida como *contratualismo moderno*, por sua vez, o interesse social deve também observar o interesse dos sócios futuros, não estando restrito ao dos sócios que no momento compõem o quadro societário[172]. Dessa forma, o interesse social receberia relevância autônoma em relação ao mero interesse comum dos sócios em sentido estático, sendo importante a identificação de um valor que tenha o condão de associar e unir não apenas o interesse dos sócios já determinados, mas de igual forma o daqueles que a longo prazo poderiam deter participação acionária na sociedade[173-174].

Como consequência, uma vez que se procura definir o interesse social sem que haja uma vinculação ao acionista individualmente considerado, chegou-se à conclusão que o conteúdo do interesse social estaria refletido no conceito de maximização do valor das ações. Isso se dá, pois, a valorização das ações emitidas pela sociedade anônima seria considerada a forma precípua para atender não apenas aos atuais participantes da sociedade, como também àqueles

---

[172] Nesse sentido, afirma Alberto Asquini: *"Nel campo dele società la dottrina dell'impresa in sè pone soprattuto in evidenza un determinato modo di valutazione dell'interesse comune dei soci in funzione dell'oggetto dell'impresa sociale e cioè come interesse sociali. A me pare che l'interesse sociale, così inteso, abbia una rilevanza autonoma rispetto al mero interesse comune in senso statico, quale si ha tipicamente nella comunione, poichè, pure prescindendo da ogni componente pubblicistica, l'interesse sociale deve tener conto della variabilità dei soci nel tempo, típica della società per azioni, e comunque dell'interesse anche non attuale, perchè a lungo termine, dei soci attuali"* (ASQUINI, Alberto. I batelli del Reno. pp. 618-619).

[173] Cf. CEREZETTI, Sheila Christina Neder. Op. cit. p. 160.

[174] Sobre essa segunda vertente contratualista, Sheila Cerezetti destaca: *"Também não se pode deixar de sublinhar que esta concepção do contratualismo não concorda com a ampla liberdade que inicialmente era concedida à assembleia-gral de acionistas como centro decisório do que deveria ser entendido como interesse social. Devido à valorização da noção de conservação da empresa e, consequentemente, da figura do acionista futuro, os novos contratualistas se afastam dos antigos e restringem o horizonte do que pode ser entendido como interesse social. Isso porque, conforme afirmado, não mais se trata de meramente identificar os interesses daqueles que estão presentes e que podem, em último caso, declarar qual seu próprio interesse. Faz-se necessário, consoante esta outra corrente, ponderar qual seria o interesse de pessoas determináveis que ainda estão por vir."* (CEREZETTI, Sheila Christina Neder. Op. cit. p. 160). E, acrescenta: *"Ainda sob a mesma percepção, critica-se a aproximação do conceito de interesse social ao interesse dos sócios vistos conjuntamente, pois pondera-se que a realidade composta por um mercado de capitais impõe a necessária avaliação da existência de um acionista vindouro que, exatamente por não compor o atual quadro societário da empresa, ainda não faz parte do centro definidor do interesse social concebido pela visão contratualista clássica"* (Idem ao anterior, p. 161).

COMMONS EMPRESARIAIS

acionistas que terão, oportunamente, participação no capital social[175]. Como consequência, essa concepção de interesse social englobaria o interesse pela maximização dos lucros a serem distribuídos aos acionistas[176-177].

[175] CEREZETTI, Sheila Christina Neder. Op. cit. p. 161.

[176] CEREZETTI, Sheila Christina Neder. Op. cit. p. 162.

[177] Sobre a defesa desse modelo, nos Estados Unidos e no Reino Unido, os defensores de que o interesse social deve ser orientado em função do interesse dos seus sócios, o que é comumente referido como *shareholder-oriented model* (ou mesmo *property conception of the corporation*), sustentam tal posicionamento pelo fato de o acionista ser o proprietário da empresa e que a sua proteção é o melhor caminho para, a longo prazo, proteger os demais titulares de interesses afetados pela atividade empresarial. Nesse sentido: *"The shareholder-oriented model does more than assert the primacy of shareholder interests, however. It asserts the interests of all shareholders, including minority shareholders. More particularly, it is a central tenet in the standard model that minority or noncontrolling shareholders should receive strong protection from exploitation at the hands of controlling shareholders (...) The shareholder-oriented model has emerged as the normative consensus, not just because of the failure of the alternatives, but because important economic forces have made the virtues of that model increasingly salient. There are, broadly speaking, three ways in which a model of corporate governance can come to be recognized as superior: by force of logic, by force of example, and by force of competition. The emerging consensus in favor of the standard model has, in recent years, been driven with increasing intensity by each of these forces.* (HANSMANN, Henry; KRAAKMAN, Reinier. The end of history for corporate law. January, 2000. In: Yale Law School Working Paper No. 235; NYU Working Paper No. 013; Harvard Law School Discussion Paper No. 280; Yale SOM Working Paper No. ICF – 00-09. Disponível em: <https://papers.ssrn.com/sol3/papers.cfm?abstract_id=204528>. Acesso em 03.03.2019. pp. 10-11). Alega-se, ainda, que uma perspectiva de interesses mais amplos seria capaz de acarretar a impossibilidade de se controlar as atitudes dos administradores, que poderiam, sob o argumento de proteção de outros interessados, adotar medidas em interesse próprio (Cf. CEREZETTI, Sheila Christina Neder. Op. cit. 165; e, no mesmo sentido, v. ROE, Mark J. The Shareholder Wealth Maximization Norm and Industrial Organization. In: University of Pennsylvania Law Review, Vol. 149, 2001; Harvard Law and Economics Discussion Paper No. 339. Harvard Public Law Working Paper No. 19. Disponível em: <https://ssrn.com/abstract=282703>. Acesso em: 03.03.2019) e BERLE JR., Adolf A. Corporate Powers as Powers in Trust. In: Harvard Law Review, Vol. 44, No. 7, may/1931. pp. 1040-1074. Inclusive destaca-se a possibilidade de sob a alegação de observância de outros interesses mais amplos de a responsabilidade dos administradores perante os acionistas se tornar extremamente dificultosa ou mesmo inexistente, caracterizando situação de irresponsabilidade (Cf. BAUMS, Theodor; SCOTT, Kenneth E. Taking Shareholder Protection Seriously? Corporate Governance in the United States and Germany. In: American Journal of Comparative Law, Vol. 53, Winter 2005; European Corporate Governance Institute (ECGI) – Law Working Paper No. 17/2003; Stanford Law and Economics Olin Working Paper. Disponível em:<https://ssrn.com/abstract=473185> Acesso em 03.03.2019). Por fim, cumpre destacar a preferência por esse modelo em razão da dificuldade de implementação da proteção de outros interesses (Cf. LICHT, Amir N., The Maximands of Corporate Governance: A Theory of Values and Cognitive Style. In: Delaware

CAPÍTULO 3 – IMPLICAÇÕES JURÍDICAS DA APLICAÇÃO DA TEORIA DOS BENS COMUNS...

Já para os teóricos *institucionalistas*, cujo desenvolvimento inicial da teoria ocorreu principalmente na Alemanha[178], o interesse social não pode ser resumido ao interesse dos sócios (presentes ou futuros) que compõem o seu quadro societário. Parte-se, assim, da premissa de que a sociedade deve ser considerada uma instituição[179-180-181], no sentido jurídico do termo[193].

Journal of Corporate Law, Vol. 29, No. 3, 2004. pp. 649-746. Disponível em: <https://ssrn.com/abstract=764025>. Acesso em 03.03.2019.

[178] Cf. CEREZETTI, Sheila Christina Neder. Op. cit. p. 160, com destaque para a ressalva feita pela autora no sentido de que nem todos os comercialistas alemães adotaram a perspectiva institucionalista de interesse social, existindo juristas de renome que aproximam o interesse social ao referido "interesse da sociedade", qual seja, a obtenção de lucros.

[179] Sobre a teoria da instituição aplicada ao direito societário é de rigor a menção ao clássico texto do administrativista Maurice Hauriou com excelente abordagem em relação ao direito societário, *L'Institution et le Droit Statutaire*, traduzido por Evandro Fernandes de Pontes em versão bicolunada: HAURIOU, Maurice. A instituição e o direito estatutário. Trad. Evandro Fernandes de Pontes. In: Revista de Direito das Sociedades e dos Valores Mobiliários. No. 4. São Paulo: Almedina, nov./2016. pp. 148-214. Versão bicolunada francês-português. Ao se debruçar sobre diversos casos do direito administrativo que se enquadram dentro da doutrina do ato jurídico complexo (o *gesamtakt* do direito alemão), Maurice Hauriou aproximou o direito societário do direito público, reconhecendo no ramo do direito empresarial o seu caráter evidentemente institucional e combatendo seriamente as inconsistências das chamadas teorias contratuais. Além disso, destaca-se também o excelente artigo de Gilles Cistac, Professor Catedrático da Faculdade de Direito da Universidade Eduardo Mondlane, em Moçambique: CISTAC, Gilles. A Instituição Administrativa e as Teorias do Pluralismo Jurídico. In: Prim@ Facie. Vol. 12. No. 23. João Pessoa, 2013.

[180] Conforme salienta Asquini: "*la nozione di istituzione è stata elaborata dalla scienza del diritto pubblico, in Italia specialmente da Romano, e precedentemente in Germania da Gierke, in Francia da Hauriou. Instituzione è ogni organizzazione di persone – volontaria e coatta – fondata su um rapporto di gerarchia e di cooperazione tra i suoi membri in funzioni di uno scopo comune (...) Il conferimento della personalità giuridica a um'organizzazione di persone há essenzialmente lo scopo di riferire a um soggetto diverso dai singoli i rapporti giuridice esterni dell'organizzazione. Il riconoscimento di um determinato modo di essere dei rapporti interni tra i componenti dell'organizzazione in relazione a um fine comune*" (ASQUINI, Alberto. Profili dell'impresa. In: Rivista di Diritto Commerciale. Vol. XLI, I, 1943. pp. 17-18, sendo na versão traduzida por Fábio Konder Comparato, v. ASQUINI, Alberto. Perfis da Empresa... p. 123).

[181] Em uma abordagem mais contemporânea sobre o conceito de instituição, destaca-se a passagem de Rachel Sztajn, em artigo escrito em coautoria com Basília Aguirre: "*Palavra polissêmica, instituições, do étimo latino intitutio, de instituire, significa tanto o ato ou efeito de instituir, criar, fundar, estabelecer alguma coisa duradoura, quanto organizar, ordenar. Também é empregada para indicar costumes ou estruturas sociais que modelam práticas aceitas e respeitadas em determinada comunidade ou núcleo local. Tal multiplicidade de significados tem um eixo ou cerne comum: conjunto de princípios e regras (jurídicas ou não), que configuram relações sociais ou grupo de relações sociais. Por isso, a palavra aparece presa a organizações como associações e sociedades, cujas estruturas se destinam a*

COMMONS EMPRESARIAIS

Para o principal autor responsável pelo desenvolvimento inicial do institucionalismo no âmbito do direito, Walther Rathenau[183], a sociedade por ações

perdurar, de forma ativa por longos períodos. Nem por outra razão costuma-se dizer que as companhias (sociedades anônimas) são instituições, especialmente instituições da economia capitalista, uma vez que, ao limitarem a responsabilidade pessoal dos membros, permitem a aglutinação de valores expressivos de recursos destinados ao exercício de atividade econômica de risco. De todo modo, é nítida a ligação do termo com o étimo e a idéia de organização social. No plano do Direito, a palavra instituição, de que deriva instituto, é, ainda, empregada no sentido de ordenamento jurídico e aqui indica a unificação de elementos diversos que requer um tipo, modelo ou gênero que represente essa unidade" (SZTAJN, Rachel; AGUIRRE, Basília. Mudanças institucionais. In: ZYLBERSZTAJN, Decio; SZTAJN, Rachel (Orgs.). Direito & Economia: Análise Econômica do Direito e das Organizações. Rio de Janeiro: Elsevier, 2005. pp. 228-229).

[182] Apesar de o conceito econômico de instituição não se afastar do adotado para o termo, a ressalva é importante para evitar uma confusão com o conceito difundido sobretudo por Douglass North, no âmbito da chamada "Nova Economia Institucional", para o termo. Nesse contexto, North define as instituições como sendo restrições humanas que estruturam a interação política, econômica e social, podendo ser formais e informais. As restrições informais são compreendidas pelas sanções, tabus, costumes, tradições e códigos de conduta e as formais, por sua vez, são as constituições, as leis e os direitos de propriedade (Cf. NORTH, Douglass C. Institutions, Institutional Change and... p. 97). Diante dessas considerações, o papel principal das instituições é o de reduzir incertezas, gerando segurança para a convivência em sociedade, condicionando as condutas dos indivíduos de um modo pré-estabelecido pelas instituições (Cf. Idem ao anterior. p. 4). Para uma visão da evolução econômica das instituições e sua relação com o acréscimo de eficiência e justiça, v. RIBEIRO, Marcia Carla Pereira; ROCHA, Lara Bonemer Azevedo de. Op. cit.).

[183] Sobre o autor, é muito interessante a seguinte referência feita por Sheila Cerezetti: *"cumpre cuidar da teoria institucionalista, cujos primórdios são identificados na publicação de Walther Rathenau, homem de negócios que na época em que escreveu seu famoso texto era administrador da Allgemeine Electricitäts-Gesellschaft/AEG, uma das maiores empresas alemãs, e depois se tornou Ministro das Relações Exteriores da Alemanha. Ele foi o pioneiro a enfatizar a relevância social da empresa e o interesse público por ela representado, fatores que justificariam a limitação da influência de proprietários que estariam apenas interessados em satisfazer interesses próprios"* (CEREZETTI, Sheila Christina Neder. Op. cit. p. 168). Em igual sentido, a título de complementação, segue breve excerto de texto introdutório da tradução brasileira da obra de Rathenau: *"Como político, industrial, filósofo e escritor, entre outras coisas Walther Rathenau era um homem conhecido tanto pela pujança e elegância de raciocínio, como pela contradição de idéias e de comportamento. Nasceu em Berlim em 1867 como filho de um conhecido industrial judeu. Emil Rathenau, e de Mithilde (nascida Nachmann). O pai, Emil Rathenau, constitui em 1883 a Deutsche Edison-Gesellschaft, a qual, em 1887, teria sua denominação alterada para Allgemeine Elektricitäts-Gesellschaft (AEG) e iria marcar a carreira profissional e intelectual de seu filho para a posteridade. Entre 1886 e 1889 Walther Rathenau estuda física, química e filosofia em Berlim e Estraburgo".* (LAUTENSCHLEGER JR., Nilson. Relato breve sobre Walther Rathenau e sua obra: 'A Teoria da Empresa em Si'. In: Revista de Direito Mercantil, Industrial, Econômico e Financeiro. Ano XLI, No. 128, out-dez/2002. p. 199).

CAPÍTULO 3 – IMPLICAÇÕES JURÍDICAS DA APLICAÇÃO DA TEORIA DOS BENS COMUNS...

teria grande relevância para o Estado e para a sociedade em geral, já que ela exerce funções importantíssimas e que acabam por afetar todos que com ela se relacionam. Por essa razão, justifica-se o interesse do Estado, da sociedade e da economia em geral nas sociedades por ações como um todo, sendo que esse interesse poderia ser traduzido na sobrevivência e desenvolvimento de empresas eficientes[184-185]. A construção da teoria institucionalista de Rathenau

[184] Sobre a concepção de interesse social adotada por Rathenau: *"De acordo com a concepção ora em comento, a companhia tem extrema relevância para o Estado e a sociedade, pois ela exerce funções de altíssima importância. Por esse motivo justifica-se o interesse do Estado, da sociedade e da economia nas sociedades por ações como um todo – interesse, esse, que seria traduzido na sobrevivência e desenvolvimento de empresas eficiente"* (CEREZETTI, Sheila Christina Neder. Op. cit. p. 169).

[185] Nessa linha, confira-se o excerto da reflexão de Rathenau, realizada no tradicional texto *"Do Sistema Acionário – Uma Análise Negocial"*, originalmente publicado em 1917 (intitulado *Vom Aktienwesen – Ein geschäftliche Betrachtung*), cuja tradução foi proporcionada por Nilson Lautenschleger Jr.: *"O conceito do grande acionista perdeu sua importância perante a grande empresa, cujo capital é medido em dezenas, sim, centenas de milhões. Os grandes acionistas não pertencem aos conselhos de supervisão destas sociedades, não mais na mesma proporção que antigamente. Também, o mau hábito dos primórdios do grande capitalismo, de eleger favorecidos, amigos, prebendeiros, aposentados e pessoas renomadas, praticamente foi extinto"* (RATHENAU, Walther. Do Sistema Acionário – Uma Análise Negocial. (Trad. Nilson Lautenschleger Jr.). In: Revista de Direito Mercantil, Industrial, Econômico e Financeiro. Ano XLI, No. 128, out-dez/2002. p. 205). E, acrescenta: *"(...) ainda que pareça estranho, nem o legislativo, nem a jurisprudência ou uma grande parte dos professores de direito, analistas econômicos ou publicistas conhecem um pouco destes processos e situações: da substituição de conteúdo que ocorreu com relação aos proprietários de empresas, dos tipos de participantes e seus interesses diametralmente opostos, a situação da administração no contexto destes conflitos. Todas estas instâncias públicas olham para as empresas ainda hoje como se estivessem na antiga forma: propriedade comum de empresários com a mesma convicção. Não conhecem nenhuma outra diferença entre acionistas que aquela entre a minoria que deve ser protegida e a maioria que tem o poder. (...) Outros interesses e opiniões que não o direito de dispor próprio da economia privada não são, até onde conheço a literatura, de forma alguma tratados."* (Idem ao anterior, pp. 210-211). E, ainda: *"Se tais considerações não forem suficientes para conscientizar as instâncias públicas que as corporações de nossa grande economia não são simples estruturas que podemos avaliar de acordo com os princípios dos antigos negócios societários comerciais, então seria muito desejável no sentido da nossa existência econômica se o legislativo se ocupasse novamente dos fundamentos jurídicos e decidisse quais das condições de existência, novas ou antigas, deseja manter. Então, haveria uma resposta radical a tudo o que foi dito, qual seja, uma resposta em forma de pergunta se a grande empresa deveria ser mantida por ser tão difícil de encaixá-la na estrutura das concepções antigas, e se deveria ser dado fim a mesma, pois seria, de fato, preferível um grande número de pequenas estruturas às desajeitadas organizações de massa. Obriga a importância de tal questão para uma consideração final sobre a função das grandes empresas na vida que nos leva para a constatação primordial do fato que culmina com a mudança de natureza, a substituição de conteúdo: a grande empresa não é mais hoje uma estrutura exclusiva dos interesses de direito privado, mas muito mais, tanto individualmente como em seu conjunto, um fator da economia nacional, pertencente à totalidade,*

COMMONS EMPRESARIAIS

é voltada, assim, para a função econômica de promoção do interesse público[186], o que se alcançaria por meio da valorização dos órgãos da administração das companhias, com a consequente redução do poder das assembleias gerais e em detrimento do interesse primário dos acionistas à maximização dos dividendos decorrentes da exploração da atividade econômica, devendo-se

que ainda carrega consigo em razão de sua origem, por direito ou não, traços de direito privado de uma pura empresa lucrativa, enquanto se tornou há muito e em crescente medida útil a interesses públicos e, assim, criou uma nova situação jurídica. Seu desenvolvimento no sentido da economia comunitária é possível, sua reestruturação em relações puramente de direito privado ou sua divisão em pequenas partículas privadas é inconcebível" (Idem ao anterior. p. 214). Sendo que, por fim, Rathenau ressalta a importância da autopreservação da empresa, o que se daria por meio do atendimento ao interesse público estatal: *"(...) que uma empresa, ainda que grande, florescente e poderosa, sempre corre perigo e luta por sua sobrevivência. Mais ameaçada que um homem, não menos ameaçada que um Estado, do qual :até três anos atrás na Europa não se sabia ou quisesse saber, que sua vida e destino, a todo o momento, depende do resultado entre suas forças e fraquezas, entre suas convicções e equívocos"* (Idem ao anterior, p. 216), podendo ser complementado por: *"Os anseios, que desenvolvemos a partir da natureza da empresa, de auto-renovação, de crescimento, da dimensão absoluta e estabilidade puderam ser, até agora, encontrados na economia alemã. Um sistema racional e automaticamente efetivo de qualidade, como sentimos falta na administração pública, traria muita força para as posições de maior responsabilidade. Uma classe de funcionários exemplar reuniria instrução e disciplina em uma medida que no estrangeiro é desconhecida. O patrimônio público e as finanças se colocariam à disposição da economia sem reservas. Todavia, não conseguiria nosso país, pobre em recursos naturais e com uma economia jovem, corresponder aos anseios aqui descritos e paradoxalmente antagônicos, conquistar o segundo lugar na economia mundial e resistir a prova técnica da guerra, se um princípio da economia, que nos atinge de forma real nesta análise da forma de empresa, não tivesse sido preservado quase que sem exceção e inobstante todos os combates públicos"* (Idem ao anterior. pp. 220-221). E consolidado da seguinte forma: *"Com base no direito comercial e analisando tal sistema. empresarial, como é correto segundo a lei vigente, pelo lado de uma sociedade de comerciantes para obter lucro com negócios comerciais, os professores de direito, publicistas, pequenos acionistas e terceiros explicam, quase que em uníssono, a grande empresa, da qual depende a defesa do Estado, que alimenta uma parte considerável da inteligência do país, que é responsável pela metade da pesquisa técnica e pelo desenvolvimento técnico de nosso país, da seguinte forma: os negócios devem ser realizados e os balanços e relatórios contábeis elaborados de tal forma que a qualquer momento, a completa situação patrimonial da empresa sob apresentação das reservas e das notas explicativas é clara a qualquer participante. Por lei, o lucro anual não reduzido está destinado, portanto, após dedução das necessárias amortizações, à distribuição de dividendos. Somente excepcionalmente e por razões extraordinárias pode a assembléia geral autorizar a constituição de certas reservas. Sobre sua utilização devem ser prestadas contas de forma pública"* (Idem ao anterior. p. 221).

[186] Para fins da análise aqui realizada, assume-se como sendo o interesse público o interesse comum, representado pelo Estado. A despeito da riqueza e relevância da discussão, não se enfrenta neste trabalho as diversas concepções relacionadas ao interesse público, a exemplo do interesse público absoluto (ou primário), do interesse público relativo, do interesse secundário, dentre tantas outras concepções. Para análise profunda sobre esses diversos conceitos, v. PONTES, Evandro Fernandes de. Op. cit.

CAPÍTULO 3 – IMPLICAÇÕES JURÍDICAS DA APLICAÇÃO DA TEORIA DOS BENS COMUNS...

focar justamente na autopreservação da unidade produtiva, o que poderia ser traduzido como sendo o interesse social a ser perseguido pela sociedade empresária[187]. Dessa forma, os órgãos da administração teriam que ter a preocupação de levar em consideração os interesses extrassocietários quando da orientação das atividades da companhia[188].

Não à toa, o posicionamento de Rathenau pode ser consolidado na seguinte frase: *"a existência da empresa não será determinada pelo fortalecimento do pensamento*

---

[187] Nos Estados Unidos, um dos principais autores que sustenta essa visão ampliadora do interesse social, quando comparado com os preceitos do *shareholder-oriented model* é Merrick Dodd que, em resposta ao posicionamento de Adolf Berle (v. nota de rodapé nº 177), afirma: *"public opinion, which ultimately makes law, has made and is today making substantial strides in the direction of a view of the business Corporation as an economic institution which has a social service as well a profit-making function, that this view has already had some effect upon legal theory and that it is likely to have greatly increased effect upon the latter in the near future"* (DODD JR., Merrick. For Whom Are Corporate Managers Trustees? In: Harvard Law Review. Vol. XLV, No. 7, may/1932. p. 1148). Posteriormente, em réplica ao texto de Merick Dodd, Aldolf Berle Jr. reconhece a pertinência dos argumentos de Dodd, muito embora deixe claro a importância da sociedade empresária como uma unidade produtora de lucros, em nítido alinhamento com a *shareholder primacy*, cuja premissa só poderia ser alterada na hipótese de existir um sistema eficaz que possibilitasse a efetiva participação desses interesses externos à estrutura orgânica da sociedade, com a consentânea previsão das atribuições e responsabilidades dos administradores: *"Now I submit that you can not abandon emphasis on 'the view that business corporations exist for the sole purpose of making profits for their stockholders' until such time as you are prepared to offer a clear and reasonably enforceable scheme of responsabilities to someone else"* (Cf. BERLE JR. Adolf. For Whom Corporate Managers Are Trustees: a Note. In: Harvard Law Review. Vol. 45, 1932. p. 1367). Além disso, para fins de referência, o reconhecimento do *interest of the corporation* partindo da premissa de que a *corporation* não pode ser entendida como sinônima dos acionistas como um todo, mas, sim, como uma entidade jurídica autônoma que engloba interesses mais amplos e distintos do que aqueles representados pelos componentes do quadro acionário da companhia, culminando com o entendimento de que o interesse dessa organização é equivalente à sua contínua existência, também está presente em SOMMER JR., Alphonse Adam. Whom should the corporation serve? The Berle-Dodd debate revised sixty years later. In: The Delaware Journal of Corporate Law. Vol. 16. No. 1. 1991. pp. 33-56, em especial pp. 47-53.

[188] Vinculada a essa concepção tem-se o sistema de codeterminação das companhias alemãs, nas quais metade dos membros do *supervisory board* são eleitos pelos trabalhadores das companhias, ao passo que a outra metade e eleita pelos acionistas. Sobre o funcionamento do sistema de codeterminação (*codetermination system*), inclusive com reflexões críticas acerca do modelo, v. LEYENS, Patrick C. German Company Law: Recent Developments and Future Challenges. In: German Law Journal. Vol 06, No. 10, 2015. pp. 1407-14017; MCGAUGHEY, Ewan. The Codetermination Bargains: The History of German Corporate and Labour Law. Law Society Economy (LSE) Working Papers 10/2015, London School of Economics and Political Science. Disponível em: < http://ssrn.com/abstract=2579932>. Acesso em 05.03.2019.

COMMONS EMPRESARIAIS

da economia privada, mas sim pela inserção consciente na economia coletiva, da integração no espírito da responsabilidade coletiva e do bem público"[189], o que deve ser entendido, para Rathenau, justamente como interesse do bem comum, traduzido pelo interesse estatal no desenvolvimento nacional. Em razão da abordagem "publicística" adotada, a vertente institucionalista patrocinada por Rathenau é comumente referida como *institucionalismo publicista*, sendo que também se refere à teoria patrocinada pelo homem de negócios como a da "empresa em si"[190-191].

[189] RATHENAU, Walther. Do Sistema Acionário – Uma Análise Negocial. (Trad. Nilson Lautenschleger Jr.). In: Revista de Direito Mercantil, Industrial, Econômico e Financeiro. Ano XLI, No. 128, out-dez/2002. p. 223).

[190] De acordo com os ensinamentos de Fábio Konder Comparato: "é muito conhecida a concepção dita da 'empresa em si', que Walter *Rathenau divulgou na Alemanha, ao final da Primeira Guerra Mundial sustentando que os empresários detêm o controle não para servir os capitalistas – sócios ou acionistas – e sim no interesse público representado pela empresa, como organização que transcende a sociedade comercial. A lei acionária germânica, de 1937, aceitou (pelo menos verbalmente) essa concepção no seu § 70, ao assinalar aos membros do Vorstand, sob sua responsabilidade, o dever de dirigir os negócios sociais segundo o 'bem do estabelecimento' (Wohl des Betriebs) e dos seus empregados, assim como no interesse comum da nação e do Reich. O dispositivo foi, sem dúvida, a fonte do art. 116, § 7º, do nosso Decreto-lei n. 2.627. A doutrina alemã, no entanto, tal como a brasileira procurou minimizar o alcance da norma. A lei acionária de 1965 não repetiu a fórmula, de certo modo maculada de espírito nazista, limitando-se a declarar laconicamente que 'os administradores (der Vorstand) devem dirigir a sociedade sob sua responsabilidade (§ 76). Mas consagrou, em contrapartida, o princípio da co-gestão dos trabalhadores no seio do Aufsichtsrat, já instituída nos anos imediatamente posteriores à guerra (§96)"* (COMPARATO, Fábio Konder; SALOMÃO FILHO, Calixto. O Poder de Controle na Sociedade Anônima. 6ª edição revista e atualizada. Rio de Janeiro: Ed. Forense, 2014. pp. 317-318).

[191] Sheila Cerezetti é precisa ao identificar que a expressão "empresa em si" (*Unternehmen an sich*) não foi cunhada propriamente por Rathenau, mas por Fritz Hausmann, crítico das ideias de Rathenau (Cf. CEREZETTI, Sheila Christina Neder. Op. cit. p. 169, especialmente nota de rodapé nº 31), sendo que a teoria pode ser assim enunciada: "*Essas ideias, juntamente com a busca pela solução de conflitos entre acionistas majoritários e minoritários e entre companhia e administração, formaram a teoria da Unternehmen an sich (ou "empresa em si"), que postulava a autonomia da empresa com relação aos acionistas e administradores. A teoria ganhou força ao longo dos anos e culminou com a previsão, no §70 da lei acionária alemã de 1937 (conhecido como Gemeinwohlklausel), da separação entre propriedade e controle, bem como da responsabilidade da administração empresarial em face de empregados, Estado e sociedade. O dispositivo conferia supremacia à administração, que deveria, na condução da companhia, priorizar o interesse público, e não os interesses particulares. Em tese, a observância desse dever poderia ser exigida mediante mecanismos como o afastamento de membros da diretoria e ações de perdas e danos; mas na prática ele se tornou uma regra sem sanção para casos de descumprimento*" (Idem ao anterior. p. 169). Para referência, as ideias de Hausmann podem ser encontradas no seguinte trabalho referenciado por Cerezetti: HAUSMANN, Fritz. Vom Aktienwesen und vom Aktienrecht. Mannheim: J. Bensheimer, 1928.

CAPÍTULO 3 – IMPLICAÇÕES JURÍDICAS DA APLICAÇÃO DA TEORIA DOS BENS COMUNS...

Como pode ser percebido pela breve apresentação de algumas teorias que pretendem materialmente delimitar o conteúdo da expressão "interesse social", a tarefa é árdua e não possui resposta uníssona, entre outras razões pela insegurança decorrente da ausência de critério legal para a sua delimitação[192]. Por essa razão, houve a proposta por alguns juristas de tratarem o "interesse social" como uma categoria procedimental.

Dessa forma, *"almeja-se encontrar um procedimento para a definição do conceito"*, uma vez que *"o interesse social não seria materialmente concebível, mas deveria ser implementado e protegido mediante a colaboração dos órgãos da empresa"*, pois, desse modo, *"um procedimento definido representaria o conteúdo da máxima de comportamento que é o interesse social"*[193]. Ou seja, deve-se buscar uma solução procedimentalista para o interesse social, mesmo que essa solução seja dotada de algum substrato material mínimo[194], questão que voltará a ser enfrentada mais adiante.

[192] A pluralidade de posicionamentos, olhando especialmente para o direito alemão, é bem retratada em: CEREZETTI, Sheila Christina Neder. Op. cit. pp. 170-171.

[193] Cf. CEREZETTI, Sheila Christina Neder. Op. cit. 171.

[194] É de se destacar, ainda, que muito embora a teoria procedimentalista pura não seja majoritariamente aceita, a combinação de aspectos materiais e procedimentais encontra boa guarida entre os juristas que enfrentam as questões relacionadas ao interesse social. Sobre o tema, destaca-se o seguinte excerto, com a apresentação das vertentes dessas teorias: "A *teoria procedimentalista* não é majoritariamente aceita, mas o mesmo não se pode dizer quanto à compreensão do interesse social como combinação de aspectos materiais e procedimentais. Sob essa perspectiva afirma-se que o interesse social deve ser observado pelos órgãos da administração por meio da ponderação dos diferentes interesses quando da tomada de decisões. Ao lado dessa conformação de procedimento, discute-se um conteúdo material mínimo sobre o conceito, o que é feito por dois grupos da doutrina: o primeiro identifica na rentabilidade da empresa o substrato material do interesse social; o segundo, por seu turno, fundamenta-se na preservação da empresa" (CEREZETTI, Sheila Christina Neder. Op. cit. 171-172). E procede explicando cada uma das vertentes: *"Em defesa da teoria da rentabilidade, afirma-se que apenas ela é capaz de garantir a existência da empresa e, assim, atender aos mais variados interesses por esta abrangidos. Importante destacar que essa concepção não se identifica com o ideal de maximização dos lucros, (...) citado como adequado à teoria contratualista. A rentabilidade, aqui, é vista como uma necessidade mínima que, uma vez alcançada, não impede que outras questões sejam levadas em consideração"* (Idem ao anterior. p. 172); e *"A identificação entre interesse social e preservação da empresa merece detalhamento. Isso porque não há consenso acerca do que significa a expressão "preservação da empresa". Para alguns ela representa a manutenção do capital como mínimo de rentabilidade, sendo que ainda se debate se a manutenção do capital deveria ser entendida como nominal ou como material. Para outros, tratar-se-ia de uma preservação da autonomia jurídica da sociedade. A expressão pode, ainda, ser entendida como a preservação do substrato econômico da empresa, visto como a manutenção*

COMMONS EMPRESARIAIS

Essa vertente de interesse social se vale da expressão *institucionalismo integracionista* (ou *organizativo*)[195] – inspirada no termo utilizado pela doutrina alemã, *Integrationsmodell* –, defendendo justamente a necessidade de serem criados mecanismos – por meio de soluções procedimentais – para internalizar os interesses afetados pela realização da empresa, diante da dificuldade de eleger, prévia e estaticamente, qual desses interesses deve prevalecer. O *institucionalismo organizativo* ou *integracionista* impõe a formulação teórica e a tutela de um interesse social não redutível ao interesse do grupo de sócios, tal como preceitua o contratualismo, devendo-se procurar integrar na sociedade feixes de interesses que são por ela influenciados[196-197].

da capacidade produtiva da empresa no tempo – sendo que essa perspectiva encontra mais ampla aceitação. Não obstante as divergências quanto ao significado da expressão, entende-se que a preservação da empresa é um interesse básico ou mínimo a todos aqueles que de alguma forma participam da empresa, pois da manutenção da empresa dependeria a satisfação dos interesses de cada um desses participantes" (Idem a anterior. pp. 172-173).

[195] Para fins de referência, uma das primeiras manifestações na doutrina brasileira acerca do *institucionalismo integracionista* foi feita por Calixto Salomão Filho, na obra *A Sociedade Unipessoal*: SALOMÃO FILHO, Calixto. A Sociedade Unipessoal. São Paulo: Malheiros, 1995. pp. 44-56.

[196] Sobre a diferenciação entre o institucionalismo publicista difundido por Walther Rathenau e a visão do institucionalismo integracionista ou organizativo, é esclarecedora a passagem de Calixto Salomão Filho: *"A diferença entre o novo institucionalismo 'integracionista' e o institucionalismo 'publicístico' de Rathenau revela-se também em suas consequências. O novo institucionalismo, sendo mais organizativo que institucional, não se preocupa, como o anterior, em preservar o conceito de personalidade jurídica."* (SALOMÃO FILHO, Calixto. O Novo Direito Societário. 4ª ed. São Paulo: Malheiros, 2011. p. 36). E, ainda, mais adiante, *"A razão para essa mudança de enfoque parece clara nesse momento: o modelo alemão de participação operária, ao permitir a formulação teórica e a tutela de um interesse social não redutível ao interesse do grupo de sócios e identificável ao interesse à manutenção da empresa, fixa os parâmetros para a discussão sobre o tipo de organização mais apta a garantir tal interesse. Daí poder ser denominado de 'institucionalismo organizativo'"* (Idem ao anterior, pp. 36-37). E, por fim, *"A consequência de tudo o que foi dito é bastante simples e pode ser assim resumida. O interesse da empresa não poder ser mais identificada, como no contratualismo, ao interesse dos sócios nem tampouco, como na fase institucionalista mais extremada, à autopreservação. Deve isso sim ser relacionado à criação de uma organização capaz de estruturar da forma mais eficiente – e aqui a eficiência é distributiva e não a alocativa – as relações jurídicas que envolve a sociedade"* (Idem ao anterior. p. 44).

[197] Para uma visão panorâmica sobre as principais teorias relacionadas ao interesse social apresentadas no decorrer desta Seção e a evolução para o desenvolvimento do institucionalismo integracionista, v. SALOMÃO FILHO, Calixto. O Novo Direito Societário. 4ª ed. São Paulo: Malheiros, 2011. pp. 27-52) e PROENÇA, José Marcelo Martins. Função social da sociedade – convivência entre interesse público e interesse privado. In: FILKENSTEIN,

CAPÍTULO 3 – IMPLICAÇÕES JURÍDICAS DA APLICAÇÃO DA TEORIA DOS BENS COMUNS...

Para essa concepção de interesse social, a companhia é vista como uma organização, que consiste na forma jurídica da atividade do fenômeno associativo[198], por meio do qual se relacionam interesses multifários e seus titulares. Nesse sentido, é elucidativo analisar a própria definição em sentido jurídico do termo organização, de acordo com Calixto Salomão Filho[199]:

> *"Organização na acepção jurídica significa a coordenação da influência recíproca entre atos. Portanto, adotada a teoria do contrato organização, é no valor organização e não mais na coincidência de interesses de uma pluralidade de partes ou em um interesse específico à autopreservação que se passa a identificar o elemento diferencial do contrato social. Note-se, no entanto, que essa teoria, apesar de dar guarida a uma crítica de ordem econômica (...), não é um teoria econômica, mas sim jurídica. Não há a redução do interesse social a uma organização direcionada simplesmente a obter a eficiência econômica. O objetivo da compreensão da sociedade como organização é exatamente o melhor ordenamento dos interesses nela envolvidos e a solução dos conflitos entre eles existentes. O interesse social passa, então, a ser identificado como a estruturação e organização mais apta a solução os conflitos entre esse feixe de contratos e relações jurídicas."*

Nesse contexto e pelas razões expostas, não pode a companhia ser vista como uma entidade que almeje tão somente a maximização de lucros e pagamento de dividendos, tampouco apenas a maximização do valor das ações, devendo ser a companhia encarada como entidade dissociada da pessoa do proprietário das ações, sendo de rigor que se procure alcançar o bem comum[200], por meio da efetiva consideração de todos os interesses afetados pela atividade empresarial desenvolvida pela companhia. Ou seja, deve ser

Maria Eugênia. PROENÇA, José Marcelo Martins (coords.). Direito Societário: gestão de controle. São Paulo: Saraiva. 2008. Série GVlaw. pp. 3-19, bem como as profundas reflexões trazidas por CEREZETTI, Sheila Christina Neder. Op. cit.

[198] Cf. FERRO-LUZZI, Paolo. I Contratti Associativi. Milano: Giuffrè, 1976. p. 243, sendo de se destacar que a temática do contrato associativo será abordada adiante neste trabalho.

[199] SALOMÃO FILHO, Calixto. O Novo Direito Societário... p. 45.

[200] Vale lembrar que Fran Martins já se manifestava no sentido de ter a sociedade anônima interesses que não se restringiriam à pessoa de seus acionistas: *"Com isso mostra a lei que uma empresa que reveste a forma de sociedade anônima não é mais uma simples união de pessoas que se*

COMMONS EMPRESARIAIS

entendido o interesse social justamente como a estruturação e organização mais apta a solucionar os conflitos decorrentes da coexistência e harmonização de tais interesses, tal como enunciado anteriormente[201].

Independentemente da teoria de interesse social a ser adotada[202], como já afirmado, a premissa proposta neste trabalho de buscar uma visão alternativa das estruturas propriedade e empresa, pautando-se no novo estruturalismo jurídico, mantém-se – a despeito de a discussão sobre a destinação dos bens da companhia pressupor o debate sobre o interesse social.

congregam para satisfazer interesses privados" (MARTINS, Fran. Comentários à Lei das Sociedades Anônimas. 4ª Ed. Rio de Janeiro: Forense, 2010. p. 576).

[201] Diante dessas considerações, importante fazer uma breve ressalva terminológica: *"Identificando-se o interesse social ao interesse à melhor organização possível de feixes de relações envolvidas pela sociedade, esse jamais poderá ser identificado com o interesse à maximização dos lucros ou com o interesse à preservação da empresa. Distingue-se, portanto, do contratualismo e institucionalismo clássico, mas aproxima-se do institucionalismo integracionista, que tem nítido caráter organizativo. Por esse caráter organizativo de ambas as teorias – teoria institucionalista e do contrato organização – muitas vezes, como se verá, muitos dos efeitos aplicativos de ambas as teorias serão semelhantes"* (SALOMÃO FILHO, Calixto. O Novo Direito Societário... p. 45). Por essa razão o institucionalismo integracionista não raro é referido como institucionalismo organizativo.

[202] A despeito de terem sido apresentadas algumas das teorias que procuram orientar o preenchimento do conceito de interesse social, fato é que há outras de extremo relevo a serem consideradas e que merecem, ao menos, breve menção. Dentre elas destacam-se – em complemento às considerações feitas nas notas de rodapé nº 175 e 185 com foco na experiência de anglo saxões – três teorias que também procuram trazer alternativas à *shareholder primacy*, sendo, a primeira referida como *"team production model"*, desenvolvida sobretudo por Margaret Blair e Lynn Stout, para quem o *board of directors* deve servir como uma entidade mediadora dos interesses afetados pela atividade da companhia, devendo levar em consideração as *other constituencies* (Cf. BLAIR, Margaret M.; STOUT, Lynn A. A Team Production Theory of Corporate Law. In: Virginia Law Review. Vol. 85, No. 2, mar./1999. pp. 248-328); a segunda a concepção desenvolvida por Einer Elhauge para quem os administradores devem ter resguardada a possibilidade, reserva (*discretion*), para *"sacrifice profits in the public interest"* (Cf. ELHAUGE, Einer. Sacrificing Corporate Profits in the Public Interest. In: The New York University Law Review. Vol. 80, No. 3, jun./2005. pp. 733-869); e a terceira denominada *"diretor primacy"* que pretende a defesa de deverem as atividades sociais serem orientadas de acordo com os desígnios dos administradores, algo comumente referido na literatura como *"manager-oriented model"* (Cf. BAINBRIDGE, Stephen M. Director Primacy: The Means and Ends of Corporate Governance. University of California, Los Angeles – School of Law – Research Paper Series – Research Paper No. 02/06. Disponível em: <http://ssrn.com/abstract=300860>. Acesso em 07.03.2019). Para uma visão reflexiva sobre esses posicionamentos, v. LEE, Ian B. Efficiency and Ethics in the Debate About Shareholder Primacy. University of Toronto Legal Studies Series, Research Paper No. 15-05, oct./2005. Disponível em: <http://ssrn.com/abstract=778765>. Acesso em 07.03.2019.

CAPÍTULO 3 - IMPLICAÇÕES JURÍDICAS DA APLICAÇÃO DA TEORIA DOS BENS COMUNS...

Trata-se, afinal, de uma questão de eficiência, por se entender que a alocação dos *feixes de direito de propriedade* relacionados aos bens da companhia com natureza de bem comum deve ser orientada no *melhor interesse da companhia*, com o objetivo de promover a maximização da eficiência na destinação desse bem, por meio da internalização de externalidades de forma ótima. Consequentemente, presume-se que serão atingidos níveis mais elevados de bem-estar social.

Não se pode negar, contudo, que o alinhamento a uma dessas teorias influencia, sim, a interpretação e preenchimento do conteúdo do principiológico conceito de *melhor interesse da companhia*, já que, afinal, assim como na adoção do critério de eficiência utilizado nesta tese, a aproximação a uma das teorias de interesse social também possui cunho metodológico.

Nesse sentido, reconhece-se que a concepção do *institucionalismo integracionista* (ou *organizativo*) de interesse social, que procura promover soluções procedimentais diante da existência de inúmeros interesses afetados pela companhia, tende a apresentar maior grau de proximidade e alinhamento com a premissa metodológica adotada nesta tese e com as consequentes reflexões propostas, razão pela qual se adota neste trabalho as premissas dessa vertente de interesse social[203]. Repise-se que essa predileção não é determinante para

---

[203] A predileção por essa vertente de concepção do interesse social não implica ignorar as críticas à própria possibilidade de institucionalização da sociedade anônima, de acordo com o arcabouço regulatório atual, a exemplo da elaborada por José Alexandre Tavares Guerreiro como conclusão para o texto "Sociologia do Poder na Sociedade Anônima" e que evidencia a necessidade por uma análise estrutural do direito societário brasileiro, em especial quanto à conformação da sociedade anônima: *"Como conclusão, passo a resumir meu pensamento: 1. A estrutura legal da sociedade anônima no Brasil ainda não permite a institucionalização da empresa, que reflete, fundamentalmente, a predominância decisória do acionista controlador. Internamente a estrutura de poder da s.a. estabelece uma subordinação de fato (ainda que não de direito) do interesse da sociedade ao interesse prevalecente do acionista controlador. 2. No Brasil, ao contrário do que acontece nos EUA, a independência dos administradores é antes teórica do que concreta, pois existe, no modelo legal e na experiência vivida, um vínculo bastante forte de subordinação entre os administradores e o acionista controlador. 3. Em conseqüência, do ponto de vista jurídico, a função social da empresa depende da consciência social do acionista controlador e não de mecanismos independentes de sua vontade e de seu poder. 4. Apesar de a Lei 6.404 ter adiantado de forma progressista a responsabilidade do acionista controlador por atos praticados com abuso de poder, o esquema sancionatório desses atos abusivos é ainda insuficiente, na medida em que (a) não os fulmina de nulidade, mas apenas lhes comina a insatisfatória conseqüência de responsabilidade por perdas e danos e (b) o acionista controlador, principalmente quando não participe diretamente dos órgãos da administração social, dificilmente é alcançado pela pressão de*

COMMONS EMPRESARIAIS

as reflexões aqui realizadas, sendo elas integralmente aplicáveis, fosse adotada outra concepção de interesse social.

De todo modo, não à toa, o *institucionalismo integracionista* ou *organizativo*, que se alinha aos preceitos do estruturalismo jurídico defendidos neste trabalho[204], apresenta clara compatibilidade com o conceito econômico de propriedade aqui sustentado, para o qual a propriedade é uma forma de internalização de externalidades[205], que tem por pano de fundo justamente a melhor destinação do bem, com redução dos custos de transação. Paralelamente, essa teoria de interesse social sustenta a internalização na companhia dos interesses afetados pela realização da empresa – em seu sentido funcional

---

ilícitos, especialmente no âmbito criminal. 5. Finalmente a sociedade anônima no Brasil representa uma organização racional do capital e do poder que lhe é inerente, muito embora a pesquisa sociológica revele a urgência do poder do trabalho como força crescente na realidade econômica da empresa" (GUERREIRO, José Alexandre Tavares. Op. cit. p. 56).

[204] De acordo com Calixto Salomão Filho, a mudança de paradigma do institucionalismo organizativo decorreria da própria insuficiência das teorias clássicas, em linha com o estruturalismo: *"A insuficiência das teorias clássicas (contratualista e institucionalista) sobre o interesse social evidencia a necessidade de mudança de paradigma. Ambas, fortemente filiadas à visão positivo--racionalista do direito, não conseguem se desprender da dicotomia direito objetivo-subjetivo e tentam, por maneiras diversas, uma definição material do interesse social. Ao fazê-lo deixam de compreender que a sociedade é muito melhor captada como uma organização e portanto o direito a ela aplicável deve ser de natureza organizativa. Sendo assim é no próprio funcionamento da estrutura societária que deve procurar-se a resposta para a questão da definição do interesse social. É interessante observar que existem vertentes diversas das teorias clássicas que perceberam essa incoerência de fundo e forneceram instrumental útil para a análise estrutural."* (SALOMÃO FILHO, Calixto. Teoria Crítico-Estruturalista... p. 170). E, ainda, mais adiante: *"A crítica estruturalista à definição de interesse social – seja em sede contratualista ou institucionalista –, põe em dúvida a possibilidade de sua definição em termos materiais (tese aparentemente comprovada pela história societária). Segundo ela, bem analisadas as coisas, a teoria organizativa e o institucionalismo integracionista em boa medida parecem ter uma resposta muito mais coerente para o mesmo problema. Afirmam que o objeto societário principal, o próprio interesse social, está na integração de interesses e solução interna de conflitos entre os vários interesses envolvidos pela atividade social. Não se negam a internalizar interesses não redutíveis aos interesses dos sócios. Assim é que a participação dos trabalhadores nas decisões sociais é incentivada e até mesmo o controle por esses grupos é favorecido quando isso possa ser um meio para a eliminação de conflitos de interesses. Não se nega, por outro lado, a externalizar interesses internos à sociedade quando for mais conveniente para todos os interessados que isso ocorra."* (Idem ao anterior. p. 176)

[205] Essa visão de propriedade, sob o prisma econômico, como uma forma de internalização de externalidades, com o objetivo de redução de custos de transação, é refletida em dos corolários do Teorema de Coase: *"When transaction costs are high enough to prevent barganing, the eficiente use of resources will depend on how property rights are assigned".* (Cf. (COOTER, Robert; ULEN, Thomas. Op. cit. p. 85).

CAPÍTULO 3 - IMPLICAÇÕES JURÍDICAS DA APLICAÇÃO DA TEORIA DOS BENS COMUNS...

-, com o objetivo de promover a destinação ótima da atividade empresarial, no *melhor interesse da companhia*. Afinal, não se pode negar que os interesses afetados pela companhia, caso não sejam considerados e, em certa medida, nela internalizados, poderão ser considerados uma externalidade.

Consequentemente, o que se afirma e se defende expressamente é a compatibilidade da visão econômica do direito, pautada no conceito de *eficiência* apresentado nesta Seção – de matriz coaseana, mas que considera, sim, os custos de transação incorridos para a alocação inicial das posições jurídicas em dada situação, como visto – e a definição de interesse social em uma abordagem organicista, que tem por objetivo justamente a maximização de bem-estar social.

Sublinhe-se, ainda, que o conceito de *eficiência* não pode ser resumido à maximização dos lucros a serem distribuídos aos acionistas e aos dividendos que serão pagos, o que levaria à equivocada implicação de que a visão sob a lente da análise econômica do direito estaria vinculada, necessariamente, a um interesse social de natureza *hipercontratualista*[206]. Justamente por isso,

---

[206] A afirmação guarda relação com a contundente crítica de Calixto Salomão Filho – na Nota de Texto nº 68 à obra de Fábio Konder Comparato – que em razão da relevância é transcrita na íntegra: "É preciso reconhecer, no entanto, não sem pesar, que em especial nos EUA hoje é absolutamente prevalente a chamada análise econômica do direito societário. É interessante observar que seus defensores, de assumida inspiração *Coasiana, se afastam de seu inspirador quando se trata de definir interesse social. Isso porque a ideia central de Coase tem no fundo uma mensagem organicista e até institucionalista. Ver na empresa um feixe de contratos e um feixe de interesses nada mais significa que identificar um ente voltado a captar e organizar todos esses interesses, sem distinção entre eles. Mesmo na ideia Coasiana de custo de transação e na proposta de sua eliminação* [sobre o tema, v. COASE, Ronald H. The Nature of the Firm...] *está presente a ideia de internalização dos interesses mais relevantes e influentes para a sociedade, exatamente por que isso elimina custos de transação elevados. Tanto isso é verdade que análises iniciais de alguns pós-Coasianos no campo societário eram em essência profundamente ligadas ao institucionalismo organizativo. Ocorre que acabou se formar um consenso em torno de certas ideias gerais de teóricos da análise econômica do direito, bem mais ideológicos e políticos (como Posner e Bork) e bem menos profundos que a de seus pais e inspiradores como Coase. A principal e mais política delas, a ideia de eficiência, aplicada tanto ao direito antitruste como ao direito societário, acabou por reduzir o interesse societário apenas ao interesse dos acionistas à maximização do valor das ações e levar os próprios pós-Coasianos inicialmente mais coerentes (como Hansmann) a rever suas posições, adotando em pleno as premissas ideológicas da análise econômica do direito.*" (COMPARATO, Fábio Konder; SALOMÃO FILHO, Calixto. O Poder de Controle... pp. 319-321 – nota de texto nº 68). Em sentido semelhante: "*Essa construção contém dois sérios equívocos: um conceitual, outro lógico. O equívoco conceitual está em pensar que, demonstrada a interdisciplinaridade entre direito e economia naquelas áreas em que o operador do direito deve necessariamente levar em consideração as relações*

COMMONS EMPRESARIAIS

a *eficiência* a que se refere nesta Seção deve ser entendida como a *eficiência distributiva*. Nesse sentido, a *eficiência distributiva é aquela que* visa à alocação dos recursos para aqueles titulares que terão o maior acréscimo marginal de bem-estar, quando comparado com os demais participantes em dada situação. Confira-se, nessa linha, o excerto de Abba Lerner[207]:

> *"Distributional efficiency, the principle governing the efficient division of income among the different individuals, is exactly parallel to productive efficiency, the principle governing the efficient allocation of resources among their different possible uses. That is obtained by shifting every resource from any point where the value of its marginal product is less to where it is greater. Only when these are equalized everywhere, and such further shifts are therefore no longer possible, is the efficient allocation of resources achieved."*

A afirmação realizada demanda duas breves reflexões.

Em primeiro lugar, deve-se levar em consideração que o conceito de *eficiência distributiva* não pode ser confundido com o conceito de *eficiência alocativa*, que coincide com o ideal propagado pelos idealizadores da chamada "Teoria da Eficiência". Sobre essa distinção, é relevante a ponderação trazida pelo próprio Abba Lerner acerca da *eficiência alocativa*[208]:

causais sugeridas pela teoria econômica, a aceitação das premissas teóricas utilizadas para desenvolver a teoria deva ser automática. Ou seja, o mesmo modelo teórico utilizado para explicar as relações causais deve ser utilizado para determiná-las, pois, uma vez aceita a veracidade das relações causais a aceitação dos pressupostos implica necessariamente concordância com os resultados. Tal pretensão claramente desconsidera o momento valorativo tanto da criação quanto da aplicação de qualquer norma jurídica, seja em matéria empresarial ou não. É, portanto, necessário restringir a análise econômica do direito a um instrumento exclusivamente analítico, sem atribuir-lhe qualquer caráter valorativo. Então, sim, a teoria tem verdadeira utilidade, inclusive no campo societário (...)" (SALOMÃO FILHO, Calixto. O Novo Direito Societário... p. 42). Não obstante a contundência dos argumentos do ilustre Professor Calixto Salomão Filho, ressalta-se, como exposto, a defesa pelo alinhamento entre a institucionalismo integracionista e a análise pautada na lente do Direito e Economia, sem o enviesamento "ideológico" ou mesmo "político" que pode ser identificado pelos idealizadores da chamada "Teoria da Eficiência", a exemplo de Richard Posner (POSNER, R. Economic analysis of law. 2ª ed. Boston/Toronto, 1977. p. 25).

[207] . Nesse sentido, destaca-se o seguinte excerto: LERNER, Abba P. Utilitarian Marginalism (Nozick, Rawls, Justice, and Welfare.:

[208] Idem ao anterior, p. 56.

CAPÍTULO 3 – IMPLICAÇÕES JURÍDICAS DA APLICAÇÃO DA TEORIA DOS BENS COMUNS...

"Allocative efficiency is reached automatically in a free competitive market. If any factor of production has marginal products of different value in different uses, it would pay somebody to shift some of the factor from where the value of the marginal product is less to where it is greater. The difference would be a net gain or profit. But the market does not in the same way equalize the marginal utility of income. In a free competitive market it is the owner of every factor who is paid the value of each factor's marginal product."

Em segundo lugar, é importante destacar que a adoção do critério de *eficiência distributiva* possui evidente abordagem publicista[209-221] e com ainda maior interdisciplinaridade[222].

[209] A defesa pela preponderância do interesse público ao privado no âmbito societário não é uma inovação, já tendo sido endereçada com bastante pertinência ao tratar de outras questões relacionadas às sociedades anônimas, inclusive em defesa da eficiência distributiva: *"(...) não há como deixar de criticar a manutenção, em nossa legislação, de ações sem direito de voto ou voto restrito, uma vez que, assegurando o direito político a todos, maior possibilidade existiria para a criação de uma organização capaz de estruturar de forma mais eficiente (em termos distributivos e não alocativos) as relações jurídicas que envolvem a sociedade. Essa idéia, de valorização e preponderância do interesse público sobre interesses individuais, ou, ao menos, a sua coordenação, há muito foi manifestada por Montesquieu (...) É justamente essa idéia que deve iluminar o nosso legislador para que, um dia, possamos comentar artigos da Lei das S/A demonstrando a possibilidade de ampla composição, no seu desenvolvimento, de interesses público e privado"* (PROENÇA, José Marcelo Martins. Direitos e Deveres dos Acionistas. In: FINKELSTEIN, Maria Eugenia Reis; PROENÇA, José Marcelo Martins. Direito Societário: sociedades anônimas. Série GVlaw. São Paulo: Saraiva, 2007. p. 82). Esta visão também está presente nas reflexões feitas por Eduardo Munhoz acerca do tema: *"Em síntese conclusiva, o modelo societário tem função de estabelecer regras que permitam a organização mais eficiente dos interesses que gravitam em torno da empresa. Uma eficiência não apenas produtiva, mas distributiva, que assegure duradoura prosperidade, rentabilidade e repartição eqüitativa de resultados entre todos os participantes da atividade empresarial"* (MUNHOZ, Eduardo Secchi. Op. cit. p. 49). Visão essa que é reiterada de forma bem precisa posteriormente ao se referir à possibilidade de extensão do princípio redistributivista do direito da concorrência – ainda sob a égide da Lei nº 8.884/1994 – para o direito societário: *"*É interessante notar que a lei antitruste brasileira (Lei n. 8.884/1994), ao tratar do controle das concentrações, no *art 54, §1º, inc. II, logo em seguida ao requisito da eficiência, exige que 'os benefícios decorrentes sejam distribuídos eqüitativamente entre os seus diversos participantes, de um lado, e os consumidores ou usuários finais, de outro'. Transpondo o princípio redistributivo ao direito societário parece possível afirmar que o modelo societário deve buscar uma organização da atividade empresarial que seja eficiente do ponto de vista produtivo, mas que também atenda ao princípio redistributivo, de tal sorte que os participantes dessa atividade recebam, de forma eqüitativa, parcela dos resultados compatível com a sua contribuição. Nessa medida, a sociedade atenderá à sua função econômica e social, determinada pela Constituição de 1988"* (Idem ao anterior. p. 50).

COMMONS EMPRESARIAIS

Para justificar as reflexões, fosse adotado o critério de *eficiência alocativa* – o que não é o caso –, a teoria econômica não se valeria como instrumento de transformação social, nem mesmo serviria como ponto de apoio adequado para a sustentação de uma ordem jurídica orientada à concretização dos inúmeros valores inerentes aos aspectos relacionados à vida humana[212]. Justamente, caso fosse adotado o critério alocativo de eficiência e aproximando a discussão ao tema desta tese, qual seja, o direito societário, a função econômica desse ramo do direito empresarial seria tão somente a de reproduzir aquilo que as partes negociariam, na hipótese de os custos de transação serem irrelevantes[213],

[210] Sobre a temática, é interessante a crítica de Ronald Dworkin à visão propugnada pela teoria econômica do direito. Para o autor, a maximização da riqueza não pode ser considerada um fim social, sendo que ela nem mesmo pode ser tomada como um instrumento para a realização de valores sociais considerados válidos, ao passo que o padrão econômico não poderia ser considerado um objetivo da ordem jurídica. O posicionamento crítico de Dworkin decorre justamente da concepção de que a eficiência do ponto de vista econômico deve ser vista em um sentido alocativo – diferentemente do propugnado neste trabalho –, sendo que por consequência dessa premissa Dworkin acaba por rejeitar a análise econômica do direito tanto como teoria normativa, quanto como teoria descritiva: *"Não afirmei que maximizar a riqueza social é apenas um entre vários objetivos possíveis, ou que é um objetivo social mesquinho, pouco atraente e impopular. Afirmei que ela não faz nenhum sentido como objetivo social, e implausível que a riqueza social seja fortemente instrumental para um objetivo social porque promove a utilidade ou algum outro componente do valor social melhor do que faria uma teoria instrumental fraca. Portanto, é bizarro atribuir aos juízes o motivo de maximizar a riqueza social por si mesma ou de perseguir a riqueza social como um alvo falso para algum outro valor"* (DWORKIN, Ronald. Op. cit. pp. 393-394).

[211] A concepção vai ao encontro das premissas do denominado "direito empresarial público": *"Não pode mais o direito empresarial ser meramente passivo observador e receptor dos dados da vida empresarial. Ao transformar esses dados em valores, influencia o próprio conhecimento da vida econômica. Essa transformação só se pode fazer, por outro lado, com uma profunda compreensão tanto da dimensão individual quanto da dimensão coletiva do conhecimento humano. (...) No plano teórico, essa tendência corresponde a reconhecer a pluralidade de interesses na determinação dos interesses sociais. Mais do que isso, corresponde à necessidade de transformação da organização interna da sociedade para dar guarida eficiente a esses objetivos. (...) Finalmente, a preocupação com a correta definição da inter-relação entre direito societário e outras disciplinas, como o próprio direito antitruste, decorre dessa linha de pensamento (...) Um direito metodologicamente compartimentado entre público e privado não está apto a regular e imprimir à sociedade rumos e valores sociais capazes de substituir ou ao menos complementar parcialmente a ineficiência do Estado"* (SALOMÃO FILHO, Calixto. O Novo Direito Societário... pp. 20-26).

[212] Faz-se aqui referência à defesa de Dworkin por uma teoria normativa fundada em princípios jurídicos, Cf. DWORKIN, Ronald. Taking Rights Seriously. 17ª Ed. Cambridge: Harvard University Press, 1999.

[213] Essa visão reflete bem a forma como é classicamente concebida a teoria econômica do direito societário, justificando a crítica ao hipercontratualismo apresentada anteriormente.

CAPÍTULO 3 – IMPLICAÇÕES JURÍDICAS DA APLICAÇÃO DA TEORIA DOS BENS COMUNS...

concepção que não parece adequada e soa limitadora do potencial de mudança da realidade social que pode ser proporcionado pelos preceitos associados às áreas do direito e da economia.

Entende-se, assim, como sustentado no decorrer desta Seção, que a análise pautada no prisma do direito e economia, tendo por base conceitual a *eficiência distributiva*, possibilita a elaboração e aplicação de uma teoria econômica de cunho distributivista[214], possuindo alinhamento pleno com as premissas o institucionalismo organizativo[215], bem como com as premissas do estruturalismo jurídico.

Além disso, sustenta-se que a interpretação direcionada pelo critério distributivista de eficiência também possui respaldo com as razões motivadoras da elaboração da LSA, como instrumento para viabilizar a grande empresa nacional, bem como permitir a distribuição de renda e democratização da propriedade do capital[216], podendo ser inclusive entendida a LSA como um

A título exemplificativo, esse é o posicionamento sustentado em EASTBROOK, Frank H.; FISCHEL, Daniel R. Op. cit.

[214] Para ilustrar a visão propugnada neste trabalho, bem como a cautela necessária ao se adotar soluções de cunho distributivista, é esclarecedora a passagem de Frank Stephen: *"A despeito do que a maioria dos economistas escreve, a sociedade pode ter metas distributivas que valoriza pelo menos tanto quanto a eficiência. A função do bem-estar social pode ser concebida como a incorporação de pesos distributivos que refletem as avaliações sociais do merecimento relativo. Ambas, eficiência e distribuição, devem ser consideradas como uma só, desde que uma determinada metade de distribuição envolva um sacrifício de eficiência. De modo contrário, alcançar a eficiência pode implicar uma distribuição de renda inaceitável (...) Incorporar as considerações distributivistas na análise exige considerável cuidado. Muitos economistas argumentariam que isso não é adequado para a análise econômica, a qual envolve julgamentos de valor. A contrapartida neste caso é que todos os agentes podem considerar como tendo o mesmo peso na função de bem-estar social"* (STEPHEN, Frank H. Op. cit. pp. 59-60).

[215] Justamente por essas razões, a despeito da pertinência dos argumentos apresentados, discorda-se da conclusão de Eduardo Munhoz acerca da relação entre a teoria econômica e objetivos distributivistas: *"Em sociedades desiguais como a brasileira, a preocupação distributivista, por exemplo, jamais poderia ser posta de lado, como o faz a teoria econômica"* (MUNHOZ, Eduardo Secchi. Op. cit. p. 23).

[216] A afirmação faz menção à passagem de Alfredo Lamy Filho e José Luiz Bulhões Pedreira, a despeito de adotarem em sua obra visão ligeiramente diversa sobre o interesse social a ser perseguido pela companhia: *"Tal sistema foi construído – sem prejuízo de outros objetivos já anunciados – com a preocupação de obter da nova lei toda contribuição que possa fazer à expansão o nosso mercado de valores mobiliários, mecanismo indispensável para viabilizar a grande empresa nacional, além de instrumento eficiente de distribuição de renda e democratização da propriedade de capital. (...) Esse conjunto de medidas (...) permitirá que o empresário privado nacional desempenhe com eficiência a sua função, multiplicando iniciativas inovadoras de riqueza nacional"* (LAMY FILHO, Alfredo;

COMMONS EMPRESARIAIS

"instrumento de política econômica"[217]. Essas motivações para a elaboração do microssistema societário consubstanciado na LSA, por sua vez, são corroboradas ao se levar em consideração que o modelo societário brasileiro deve, necessariamente, orientar-se de acordo com os valores consagrados pela Constituição Federal, a qual, ao disciplinar a ordem econômica, evidencia que a preocupação regulatória não guarda relação com questões de cunho exclusivamente privados, conforme se extrai da exegese do artigo 170 do texto constitucional[218-219-220].

PEDREIRA, José Luiz Bulhões. A Lei das S.A.: Pressupostos, Elaboração, Aplicação. Rio de Janeiro: Renovar, 1992. pp. 143-144).

[217] Cf. MUNHOZ, Eduardo Secchi. Op. cit. p. 32.

[218] Segundo o art. 170 da CF, a ordem econômica brasileira tem por finalidade promover e assegurar a todos *"existência digna, conforme os ditames da justiça social"*, tendo por fundamentos a *"valorização do trabalho humano"* e a *"livre concorrência"*, devendo, ainda, observar os princípios: (i) soberania nacional; (ii) propriedade privada; (iii) função social da propriedade; (iv) livre concorrência; (v) defesa do consumidor; (vi) defesa do meio ambiente; (vii) redução das desigualdades regionais e sociais; (viii) busca do pleno emprego e (ix) tratamento favorecido para as empresas de pequeno porte constituídas sob as leis brasileiras e que tenham sua sede e administração no país. Essa norma constitucional, de cunho principiológico e programático, somada aos ditames do art. 174 da CF deve ser observada pelo modelo societário (Cf. GRAU, Eros Roberto. A Ordem Econômica na Constituição de 1988. 6ª ed. São Paulo: Malheiros, 2001).

[219] Essa concepção encontra-se inclusive refletida no trabalho de outros juristas que não os já previamente referenciados no decorrer deste trabalho, a exemplo de Sylvio Marcondes: *"Cuida-se, portanto, não apenas de reunir diplomas, mas de unir os institutos, num sistema capaz de conjugar os que merecer ficar, com os modernos conceitos e novos instrumentos de progresso econômico e social, forjados pelo direito desta nação"* (MARCONDES MACHADO, Sylvio. Da Atividade Negocial: Empresários e Sociedade. In: Problemas de Direito Mercantil. São Paulo: Max Limonad, 1970, p. 133). Em sentido semelhante, Mauro Rodrigues Penteado: *"Esse é o aspecto nuclear do tema examinado, que no entanto remanesce nas sombras, dada a dimensão exclusivamente privatística em que vêm sendo situadas a dissolução e a liquidação. (...) E isso porque, da ótica ora posta em relevo, é inequívoco o interesse público em que as dissoluções e liquidações se processem de forma ágil e desburocratizada, para que as reinserções de valores estagnados no sistema econômico operem-se com maior. É também do interesse público a eliminação formal de sociedades infecundas ou inertes no cenário empresarial visto que o direito positivo há sempre de perseguir a certeza e a segurança das relações negociais e institucionais"* (PENTEADO, Mauro Rodrigues. Dissolução e Liquidação de Sociedades. 2ª Ed. São Paulo: Saraiva, 2000. pp. 5-6).

[220] Justamente nessa orientação, é interessante destacar como, ainda embasado no art. 160 da Constituição Federal de 1967 que determinava que *"A ordem econômica e social tem por fim realizar o desenvolvimento nacional e a justiça social"*, Modesto Carvalhosa argumentou pela inconstitucionalidade do anteprojeto da LSA, por se tratar de um diploma que traria facilidade à concentração econômica, em prejuízo da pequena e médias empresas, o que violaria os

CAPÍTULO 3 – IMPLICAÇÕES JURÍDICAS DA APLICAÇÃO DA TEORIA DOS BENS COMUNS...

Dessa forma, ao se cotejar a breve evolução apresentada sobre as teorias de interesse social e a dicotomia existente entre *eficiência alocativa* e *eficiência distributiva*, é possível delimitar a visão de interesse social adotada neste trabalho.

Ora, reconhece-se – como já afirmado – a pertinência da vertente do *institucionalismo integracionista* (ou *organizativo*), que propõe uma solução procedimental para a composição da conduta que refletirá o interesse social. Não se defende, porém, que essa solução deve ser pautada em um procedimentalismo puro, sustentando-se a existência de um substrato material mínimo[221].

Esse substrato material mínimo pode ser delimitado como o atingimento de uma composição que promova incremento de *eficiência distributiva*. Dessa forma, sustenta-se que o *melhor interesse da companhia* seria, justamente, a orientação das atividades sociais de modo a levar à maximização da eficiência distributiva decorrente da exploração da atividade empresarial, conforme aprofundamento a ser realizado no decorrer das próximas Seções deste trabalho.

Sendo assim, diante dessas considerações preliminares, cabe analisar a forma mais eficiente de alocar os feixes de direitos relacionados à propriedade, visando à maximização de bem-estar social de acordo com o parâmetro de *eficiência distributiva*, o que se pressupõe atingido, como afirmado, quando a alocação é realizada no *melhor interesse da companhia*[222]. Para tanto, voltam-se as

---

ditames constitucionais da ordem econômica (Cf. CARVALHOSA, Modesto. A Nova Lei das Sociedades Anônimas – Seu Modelo Econômico. 2ª Ed. Rio de Janeiro: Paz e Terra, 1977. pp. 153-154). Munhoz ao analisar essa questão destaca, por sua vez, que o posicionamento de Carvalhosa coloca em evidência a função pública do modelo societário e a força vinculante da norma constitucional de natureza programática, que consagra o valor social a ser perseguido por esse ramo do direito (Cf. MUNHOZ, Eduardo Secchi. Op. cit. p. 32).

[221] Remete-se, aqui, às relevantes considerações feitas na nota de rodapé nº 194, na qual são expostos, valendo-se da lição de Sheila Cerezetti, as vertentes comumente adotadas pela doutrina para o referido substrato material mínimo, quais sejam, a teoria da rentabilidade e a teoria da preservação da empresa. Como se denota da análise da nota de rodapé supracitada, o posicionamento da Professora da Faculdade de Direito da Universidade de São Paulo vai no sentido de enquadrar como substrato material mínimo a preservação da empresa.

[222] Em hipótese alguma se olvida da possível crítica ao argumento estipulado nesta Seção, de que a aplicação da teoria da eficiência distributiva, como norte para a alocação dos feixes de direitos a partir da assunção de que determinados bens da companhia possuem características de bens comuns, possuiria uma natureza utilitarista, marcado pela dificuldade de cotejo entre as utilidades dos diversos indivíduos diante da alocação de cada feixe de direitos, devido justamente à subjetividade na definição da quantificação do ganho de eficiência (ou maximização de felicidade) quando de cada alocação de feixe de direito. Essa potencial crítica

COMMONS EMPRESARIAIS

atenções para uma análise das estruturas relacionadas à destinação dos bens da companhia, com o objetivo de, posteriormente, delimitar de forma mais precisa o que seria o já mencionado – e ainda pouco delimitado – "melhor interesse da companhia".

3.3. Proposta: a regulação para os bens da companhia com natureza de bem comum

3.3.1. A estrutura a ser analisada: o controle empresarial

Para garantir que interesses variados sejam considerados quando da determinação da destinação a ser dada a um bem da companhia com natureza de bem comum, deve-se internalizar esses interesses no processo decisório relacionado ao exercício do *controle empresarial*. E, aqui, algumas considerações são necessárias para explicar e justificar essa assertiva, tal como preceituado na introdução deste trabalho[223].

– não obstante a pertinência – deve ser mitigada, pois a utilização do conceito de eficiência distributiva pressupõe uma análise coletiva dos ganhos de eficiência, o que afastaria, ao menos em tese, o caráter individualista associado normalmente ao utilitarismo, o que dotaria essa análise de algum grau de objetividade. De todo modo, é pertinente a menção à passagem de Hannah Arendt acerca da importância do uso da subjetividade como forma de solucionar a falta de significado claro do utilitarismo, o que abre margem para que o intérprete, regulador, ou qualquer pessoa analise a situação para complementar essa lacuna conceitual e melhor orientar as decisões a serem tomadas: *"A perplexidade do utilitarismo é que se perde na cadeia interminável de meios e fins sem jamais chegar a algum princípio que possa justificar a categoria de meios e fins, isto é, a categoria da própria utilidade. O "para que" torna-se o conteúdo do "em nome do que"; por outras palavras, a utilidade, quando promovida a significância, gera ausência de significado. (...) A única solução do dilema da ausência de significado em toda a filosofia estritamente utilitária é afastar-nos do mundo objetivo das coisas de uso e voltar a nossa atenção para a subjetividade da nossa própria utilidade. Só num mundo estritamente antropocêntrico, onde o utilizador, isto é, o próprio homem, é o fim último que põe termo à cadeia infindável de meios e fins, a utilidade, pode adquirir a dignidade de significação"* (ARENDT, Hannah. A Condição Humana. Trad. de Roberto Raposo. Lisboa: Relógio d'Água Editores, 2001. pp 191-194). Afinal, o argumento aqui defendido se pretende um método interpretativo, uma "lente de análise", mas não um modelo matemático que tem por preocupação um resultado aritmético. Sobre o utilitarismo de J. Bentham, v. BENTHAM, Jeremy. An Introduction to the Principles of Morals and Legislation. Kitchner: Batoche Books, 2000. pp. 14-27.

[223] A segmentação do controle em duas estruturas, controle societário e controle empresarial, foi abordada, com detalhamento, alhures, em RAMUNNO, Pedro A. L. Controle Societário e

CAPÍTULO 3 – IMPLICAÇÕES JURÍDICAS DA APLICAÇÃO DA TEORIA DOS BENS COMUNS...

Cumpre desde logo esclarecer que a dissociação entre a propriedade das riquezas produtivas e o comando da atividade empresarial exercida pela companhia não configura, definitivamente, uma novidade. Essa diferenciação foi principalmente destrincada e abordada na clássica obra *The Modern Corporation and Private Property*, de Adolf A. Berle e Gardiner C. Means[224-225].

Partindo do mercado acionário dos Estados Unidos no ano 1929, os autores trataram do fenômeno da dissociação entre a propriedade das riquezas produtivas e o poder de comando empresarial[226-227]. Para eles, quanto maior a dispersão acionária[228], menor a concentração de riquezas e de controle em

Controle Empresarial: uma análise da influenciação sobre o controle empresarial pelo Estado brasileiro. São Paulo: Almedina, 2017, em especial no Capítulo 1, sendo que, aqui, faz-se uma breve consolidação das reflexões realizadas nesse outro trabalho. A pertinência dessa distinção também já foi tratada por outros autores na doutrina brasileira, a exemplo de WARDE JR., Walfrido Jorge. Os Poderes Manifestos no Âmbito da Empresa Societária e o Caso das Incorporações: a Necessária Superação do Debate Pragmático-Abstracionista. *In*: CASTRO, Rodrigo R. Monteiro de; MOURA AZEVEDO, Luís André N. de (Coord.). Poder de Controle e Outros Temas de Direito Societário e Mercado de Capitais. São Paulo: Quartier Latin, 2010, pp. 55 – 82.

[224] BERLE JR., Adolf A.; MEANS, Gardiner C. The Modern Corporation and Private Property. New York: The Macmillan Company, 1933.

[225] Essa dissociação, conforme destacado por Fábio Konder Comparato, já havia sido percebida por Karl Marx no Livro III de *O Capital* (COMPARATO, Fábio Konder; SALOMÃO FILHO, Calixto. O Poder de Controle na Sociedade Anônima. 6ª edição revista e atualizada. Rio de Janeiro: Ed. Forense, 2014. pp. 43-44).

[226] *"(...) in the corporate system, the "owner" of industrial wealth is left with a mere symbol of ownership while the power, the responsibility and the substance which have been an integral part of ownership in the past are being transferred to a separate group in whose hands lies control."* (BERLE JR., Adolf A.; MEANS, Gardiner C. *Op. cit.* p. 68).

[227] Não à toa, esse fenômeno observado por Berle e Means tende a ser a contribuição mais lembrada pela doutrina. Exemplifica-se a afirmação por meio do seguinte excerto de autoria do Prof. Fábio Ulhoa Coelho: *"(...) O real mérito do trabalho está mesmo na identificação da sociedade anônima como o instrumento de dissociação entre a propriedade da riqueza produtiva (os bens de produção) e o seu controle, no interior da organização empresarial capitalista; dissociação que, lembra bem Comparato (1977:33/34), já havia sido anotada por Karl Marx, nos esquemas para o Livro III de O capital (1894:332). Para Berle e Means, a sociedade anônima teria tornado passiva a propriedade da riqueza produtiva, na medida em que permitiu a desproporção entre o capital aportado numa atividade e o poder de dirigir essa mesma atividade. Em outros termos, a sociedade anônima possibilita ao empreendedor organizar e controlar uma atividade econômica sem dispor dos recursos necessários à sua implementação, nem mesmo da maior parte destes"* (Cf. COELHO, Fábio Ulhoa. Curso de Direito Comercial: direito de empresa. v. 2. 17ª edição. São Paulo: Editora Saraiva, 2013. p. 306).

[228] O estudo desenvolvido por Berle e Means data da primeira metade do século XX. Baseando-se em dados estatísticos da economia norte-americana, entre as décadas de 1920 e

COMMONS EMPRESARIAIS

uma mesma pessoa[229], o que os faz concluir que o "controle" (referido como *control*) não pode ser confundido nem com a propriedade (referida como *ownership*), nem com a administração ou gestão (referida como *management*)[230].

Dessa forma, para Berle e Means, já que o *direcionamento das atividades da companhia* – o que coincide com o conceito de *controle* (*control*) adotado pelos autores – é exercido, no espaço amostral estudado, via de regra, pelo conselho de administração (*board of directors*), é possível afirmar que o *controle* é detido pelo indivíduo ou grupo de indivíduos que têm o poder de selecionar a totalidade, ou ao menos a maioria, dos membros do conselho de administração (*board of directors*), seja por meio da mobilização da companhia para que realize essa escolha – o que se dá por meio do exercício do direito de voto, emanado em assembleia geral –, seja por meio do exercício de influência ou pressão daqueles responsáveis por essa decisão[231].

Em certas hipóteses, vale destacar, o controle pode ser exercido não pela escolha dos membros do conselho de administração (*board of directors*) da companhia, mas pelo *direcionamento da administração* – o que ocorre, por exemplo, quando uma instituição financeira influencia as decisões empresariais de uma sociedade endividada[232].

No Brasil, o estudo realizado por Berle e Means foi internalizado, por sua vez, pela magnânima obra de Fábio Konder Comparato, *O poder de Controle na Sociedade Anônima*, referência pátria na matéria do controle e do poder de controle. Partindo da análise semântica, com a definição do termo "controle"

1930, observou-se que havia nos Estados Unidos, quantidade reduzida de companhias, que concentravam ativos em montante elevado, além de aferirem elevada margem de receitas (Cf. BERLE JR., Adolf A.; MEANS, Gardiner C. *Op. cit.* pp. 19 e ss). As pesquisas identificaram que dentre os acionistas dessas companhias, poucos eram aqueles que detinham um percentual significativo das ações representativas do capital social das empresas (BERLE JR., Adolf A.; MEANS, Gardiner C. *Op. cit.* p. 47).

[229] BERLE JR., Adolf A.; MEANS, Gardiner C. *Op. cit.* p. 69.

[230] Idem ao anterior.

[231] Idem ao anterior. Sobre o tema, partindo de um cenário mais contemporâneo do que o abordado por Berle e Means, também são relevantes as reflexões presentes em BLACK, Bernard S. Agents Watching Agents: The Promise of Institutional Investor Voice. In: UCLA Law Review, Vol. 39, 1992. pp. 811-893.

[232] BERLE JR., Adolf A.; MEANS, Gardiner C. *Op. cit.* pp. 69-70. Essa hipótese configura o *controle externo* conceituado na obra de Comparato, conforme será abordado adiante.

CAPÍTULO 3 – IMPLICAÇÕES JURÍDICAS DA APLICAÇÃO DA TEORIA DOS BENS COMUNS...

como *poder de dominação*[233], F. K. Comparato identifica o poder de controle como sendo o de *disposição sobre bens de terceiros*. Trata-se de conceito substancialmente diverso daquele embutido na obra de Berle e Means[234]. Confira-se, nesse sentido, os seguintes excertos:

> *"Atividade empresarial e estabelecimento constituem, portanto noções complementares. Da mesma forma, **o controle sobre a atividade empresarial implica, necessariamente, o controle dos bens empresariais e vice-versa.** Por isso, Champaud **afirmou, corretamente, que controlar uma empresa significa dispor dos bens que lhe são destinados,** de tal sorte que o controlador se torna o senhor de sua atividade econômica."* [235] (grifos nossos)

---

[233] *"Ora, a evolução semântica, em português, foi influenciada tanto pelo francês como pelo inglês, de tal sorte que a palavra "controle" passou a significar, correntemente, não só vigilância, verificação, fiscalização, como ato ou poder de dominar, regular, guiar ou restringir. (...) No entanto, a influência inglesa faz sentir-se, hoje, de modo preponderantemente nesse particular, e, aos poucos, as nossas leis passam a usar "controle" sobretudo no sentido forte de denominação, ou na acepção mais atenuada de disciplina ou regulação. (...) Pois bem, é no sentido forte de poder de dominação, e não apenas no significado fraco de poder regulamentar, ou na acepção francesa de fiscalização, que a palavra "controle" passará a ser usada doravante nesta dissertação. É esta, para nos servirmos da expressão consagrada pela semiótica anglo-saxônica, a nossa definição estipulativa preliminar de controle."* (COMPARATO, Fábio Konder; SALOMÃO FILHO, Calixto. *Op cit.* pp. 25-26).

[234] Note-se que a definição de *controle* trazida por Comparato – *poder de dominação* – não equivale à definição de *control* de Berle e Means – *direcionamento da atividade empresarial* –, sendo certo, como se pretende demonstrar no decorrer deste Capítulo, que além de não haver uma identificação entre elas, o segundo não pode ser necessariamente considerado englobado ou compreendido no primeiro. A ideia do controle como o poder de disposição sobre bens de terceiros (no caso, da própria companhia) é de origem principalmente francesa, destacando-se a obra de Claude Champaud, que enfrentou a até então indefinição doutrinária sobre o conceito de controle (v. nesse sentido CHAMPAUD, Claude. Le pouvoir de Concentration de la Société par Actions. Paris: Sirey, 1962 – em especial pp. 161 e seguintes). A despeito da influência da obra de Champaud, não se pode negar que inexiste identidade entre os posicionamentos de Comparato e de Champaud: não obstante os dois defendam que se está diante de poder de disposição sobre bens de terceiros, para Champaud o *controle* configura necessariamente uma situação de fato, tal como propugnado por Tullio Ascarelli, ao passo que, para Comparato, o *controle*, a depender da hipótese em concreto, pode configurar tanto uma situação de fato, como uma situação jurídica. Nesse sentido, v. COMPARATO, Fábio Konder; SALOMÃO FILHO, Calixto. O Poder de Controle... p. 40.

[235] COMPARATO, Fábio Konder; SALOMÃO FILHO, Calixto. O Poder de Controle... p. 106

COMMONS EMPRESARIAIS

E, ainda, mais adiante:

"Os bens sociais pertencem à sociedade, mas quem detém sobre eles o poder de disposição é o empresário, ou seja, o titular do controle. Não se pode deixar de reconhecer aí, como já tivemos ocasião de assinalar, o ressurgimento do fenômeno de multiplicação dos direitos reais concorrentes sobre os mesmos bens, característico do feudalismo. O titular do poder de controle exerce, efetivamente, como sustentou Champaud, a disposição dos bens alheios e, por isso mesmo, essa "propriedade, sob a forma de empresa" não somente tem uma função social, mas é uma função social (...)"[236] (grifos nossos)

Há, assim, para Comparato, uma implicação causal que leva à sobreposição de dois conceitos distintos: o *controle societário* e o *controle empresarial*. Nesse sentido, partindo de uma análise bastante pragmática, finalista, a detenção do *controle societário* pelo controlador implicaria, necessariamente, a detenção do poder de destinação (em sentido *lato*) dos bens e direitos de titularidade da companhia, normalmente integrantes de seu estabelecimento empresarial. Esse poder de destinação, por sua vez, que configura o *controle empresarial*.

Ou seja, o *controle empresarial*, partindo da interpretação proposta por F. K. Comparato, estaria contido pelo *controle societário*. Trata-se de consequência lógica da adoção do conceito de *controle* como sendo o *poder de disposição sobre bens de terceiros* – no caso, da própria companhia[237]. Essa visão, a despeito de majoritária[238], não é a defendida neste trabalho.

---

[236] COMPARATO, Fábio Konder; SALOMÃO FILHO, Calixto. O Poder de Controle... p. 110

[237] Como já destacado, o conceito de controle como *poder de disposição sobre bens de terceiros* não é unanimidade na doutrina tradicional, sendo sempre pertinente destacar o posicionamento de Giuseppe Ferri, para quem o *controle* representa um poder sobre a atividade empresarial, e não sobre bens de terceiros. Nesse sentido, confira-se a passagem de Comparato sobre o conceito de Ferri: *"Há, pois, quem conceba o controle não como um direito sobre bens, mas como um poder sobre a atividade empresarial. "Controle de uma sociedade por outra", escreveu Giuseppe Ferri, "significa, substancialmente, que a ação da sociedade controlada pode ser, concretamente, determinada pela sociedade ou ente controlador. O controle exprime uma particular situação, em razão da qual um sujeito é capaz de marcar com a própria vontade a atividade econômica de uma determinada sociedade"."* (COMPARATO, Fábio Konder; SALOMÃO FILHO, Calixto. O Poder de Controle... p. 105). Para maior detalhamento, v. FERRI, Giuseppe. Le Società. Turim: UTET, 1971.

[238] Com o objetivo de tão somente exemplificar a assertiva, seguem alguns posicionamentos: *"Trata-se [o controle] de uma definição eminentemente centrada na realidade material, portanto apenas*

CAPÍTULO 3 – IMPLICAÇÕES JURÍDICAS DA APLICAÇÃO DA TEORIA DOS BENS COMUNS...

considera controlador quem tem a maioria dos votos nas assembléias e, ao mesmo tempo, usa essa maioria para comandar a sociedade. Quem tem a maioria e não a utiliza é sócio majoritário, mas não é controlador. As maiorias eventuais também não caracterizam o controle, pois para tanto exige a lei um poder permanente." (BORBA, José Edwaldo Tavares. Direito Societário. 3ª ed. rev. aum. e atual. Rio de Janeiro: Freitas Bastos, 1997. pp. 253-254); "*Controle societário pode ser entendido como o poder de dirigir as atividades sociais. Essa noção tem um sentido material ou substancial e não apenas formal. Assim, o controle é o poder efetivo dos negócios sociais. Não se trata de um poder potencial, eventual, simbólico ou diferido. É controlador aquele que exerce, na realidade, o poder. Internamente, mediante o prevalecimento dos votos. Externamente, por outros fatores extra-societários. Controlar uma companhia, portanto, é o poder de impor a vontade nos atos sociais e, via de consequência, de dirigir o processo empresarial que é o seu objeto.*" (Cf. CARVALHOSA, Modesto. Comentários à Lei de Sociedades Anônimas. 3ª edição. v. 2. São Paulo: Saraiva, 2003. p. 486); "*O poder de controle interno é fático e consiste na dominação efetiva das ações de uma sociedade ou, em outras palavras, na capacidade de o agente de orientar amplamente as suas atividades e de decidir sobre a sua forma de atuação no mercado em que estiver inserida. Não há norma legal que assegure esse poder de mando, devendo o controle ser verificado no caso concreto, no exercício efetivo do direito de voto e na indicação dos administradores. Segundo a definição do art. 116 da LSA, controlador é aquele que, sendo titular de direitos de sócio que lhe assegurem, de modo permanente, a maioria dos votos nas deliberações da assembleia geral e o poder de eleger a maioria dos administradores, usa efetivamente esse poder para dirigir as atividades sociais e orientar o funcionamento da companhia.*" (CUNHA, Rodrigo Ferraz Pimenta da. O Poder de Controle na Nova Lei de Falência e Recuperações Judiciais. *In*: CASTRO, Rodrigo R. Monteiro de; MOURA AZEVEDO, Luís André N. de (Coord.). Poder de Controle e Outros Temas de Direito Societário e Mercado de Capitais. São Paulo: Quartier Latin, 2010. pp. 326-327); "*A figura do controlador, o mais das vezes, identifica-se com a do empresário, aquele que dirige os negócios sociais. Na moderna sociedade anônima, conforme vem sendo observado doutrinariamente, o acionista controlador afirma-se como novo "órgão", como titular de um novo "cargo" social, em sua acepção jurídica mais ampla, ou seja, como um centro de competência, envolvendo funções próprias e necessárias. Tais funções – e deveres – existem vinculados à figura do acionista controlador, resumindo-se, no direito societário, ao poder de orientar e dirigir, em última instância, as atividades sociais; ou, na dicção do artigo 116, alínea "b" da Lei das S.A., no poder de "dirigir as atividades sociais e orientar o funcionamento dos demais órgãos da companhia". O legislador de 1976, ao invés de manter tais prerrogativas funcionais diluídas no corpo acionário, como ocorria no passado, preferiu localizá-las na figura do controlador. (...) Assim, a Lei das S.A. reconheceu a existência do* **poder de controle acionário***, definindo-o em função da titularidade da maioria dos votos e do exercício efetivo da direção dos negócios sociais*" (grifos no original) (EIZIRIK, Nelson; GAAL, Ariádna B.; PARENTE, Flávia; HENRIQUES, Marcus de Freitas. Mercado de Capitais – regime jurídico. 3. ed. revista e ampliada. Rio de Janeiro: Renovar, 2011. pp. 387-388); "*A Lei n.º 6.406/1976 reconheceu a existência do poder de controle nas sociedades anônimas, definindo-o não em função da titularidade da maioria do capital votante, mas essencialmente em virtude do efetivo exercício da direção das atividades sociais. (...) Como se verifica, a identificação do acionista controlador pressupõe a presença cumulativa de três requisitos: a) a predominância de votos nas assembleias gerais, com a eleição da maioria dos administradores; b) a permanência dessa predominância; e c) o uso efetivo do poder de dominação.*" (EIZIRIK, Nelson. Aquisição de Controle Minoritário. Inexigibilidade de Oferta Pública. *In*: CASTRO, Rodrigo R. Monteiro de; MOURA AZEVEDO, Luís André N. de (Coord.). Poder de Controle e Outros Temas de

COMMONS EMPRESARIAIS

Nesse sentido, o termo *controle empresarial*, tal como entendido e adotado nesta tese[239], diferencia-se e não pode ser confundido com o *controle societário*. O *controle empresarial* é um direito subjetivo de titularidade da companhia e encerra o poder de destinação (em sentido amplo) de seus bens e direitos, em especial aqueles integrantes do estabelecimento comercial. Enquanto isso, o *controle societário* é um poder funcional de titularidade do sócio e envolve as prerrogativas descritas no *caput* do artigo 116 da LSA[240].

Direito Societário e Mercado de Capitais. São Paulo: Quartier Latin, 2010. p. 179); *"O acionista controlador, portanto, é aquele que dispõe de direitos de sócio que lhe assegurem, em caráter permanente, a maioria dos votos nas assembleias e o poder de eleger a maioria dos administradores e que, além disso, usa efetivamente de seu poder para dirigir as atividades e orientar o funcionamento dos órgãos da companhia."* (FRANÇA, Erasmo Valladão Azevedo e Novaes. Alteração de Controle Direto e Indireto de Companhia. *In*: CASTRO, Rodrigo R. Monteiro de; MOURA AZEVEDO, Luís André N. de (Coord.). Poder de Controle e Outros Temas de Direito Societário e Mercado de Capitais. São Paulo: Quartier Latin, 2010. p. 269); *"(...) o Controle é o poder exercido por pessoa física ou jurídica que, isoladamente, ou por meio de acordo de acionistas, é titular de ações que lhe assegurem, de modo permanente, a maioria dos votos nas deliberações da assembleia geral e o poder de eleger a maioria dos administradores da companhia, usando efetivamente este poder para dirigir as atividades sociais e orientar o seu funcionamento."* (LEITE, Leonardo Barém. Governança Corporativa – Considerações sobre sua Aplicação no Brasil (Das "Limitadas" às Sociedades Anônimas de Capital Pulverizado). *In*: CASTRO, Rodrigo R. Monteiro de; MOURA AZEVEDO, Luís André N. de (Coord.). Poder de Controle e Outros Temas de Direito Societário e Mercado de Capitais. São Paulo: Quartier Latin, 2010. p. 515); *"(...) parece-nos importante como primeiro passo rumo ao reconhecimento, em nosso ordenamento jurídico, de que é absolutamente defeituosa a assertiva de que 'a relação controlador/controlada pressupõe titularidade de direitos de sócio".* (MACEDO, Ricardo Ferreira de. Controle não societário. Rio de Janeiro: Renovar, 2004, p. 28). Como pode facilmente ser percebido, embora existam diferenças pontuais acerca da conceituação de acionista controlador e controle, não é difundido na doutrina o posicionamento que segmenta o controle entre *controle empresarial* e *controle societário*.

[239] Reitera-se que as considerações aqui realizadas decorrem de pesquisa consolidada em RAMUNNO, Pedro A. L. Op. cit.

[240] Quanto à caracterização jurídica adotada e à diferenciação entre direito subjetivo e poder funcional, cabem algumas breves considerações, devendo-se remeter à temática comumente referida pelos doutrinadores ao defender que o poder familiar ou pátrio poder configura um *poder-dever* ou *poder funcional*. Destacam-se, nesse sentido, as seguintes passagens: *"O direito subjetivo seria um poder conferido pela ordem jurídica para tutela dum interesse do próprio titular. Não se confundiria portanto com aquelas situações ou posições jurídicas que, como o poder paternal (segundo certa corrente), se traduzem num poder conferido para tutela dum interesse alheio (o do filho, no exemplo apontado)."* (ANDRADE, Manuel A. Domingues de. Teoria da Relação Jurídica. Vol. 1. Sujeitos e Objeto. reimpr. Coimbra: Livraria Almedina, 2003. p. 10, em especial nota de rodapé nº 1); *"(...) quando considerações de ordem funcional justificam a exclusão de certas hipóteses do domínio dos direitos subjetivos (p. ex., o poder jurídico está a serviço de um interesse de outrem, como sucede no*

CAPÍTULO 3 – IMPLICAÇÕES JURÍDICAS DA APLICAÇÃO DA TEORIA DOS BENS COMUNS...

Em outras palavras, detém o *controle societário* a pessoa natural ou jurídica, ou o grupo de pessoas vinculadas por acordo de voto, ou sob controle comum, que (i) é titular de direitos de sócio que lhe assegurem, de modo permanente, a maioria dos votos nas deliberações da assembleia-geral e o poder de eleger a maioria dos administradores da companhia; e (ii) usa efetivamente esse poder para dirigir as atividades sociais e orientar o funcionamento dos órgãos da companhia[241]. Por mais que a detenção do poder de controle societário possa implicar a possibilidade de determinar a destinação dos bens da companhia, não se pode afirmar que o *controle empresarial* esteja contido no *controle societário*.

A relevância dessa distinção é grande e acarreta importantes consequências teóricas e, principalmente, práticas. A título meramente exemplificativo, pode-se citar a insuficiência da legislação societária brasileira, tanto da LSA, como de outros diplomas regulatórios (como o Regulamento do Novo Mercado da B3), na defesa dos interesses dos minoritários quanto ao tratamento dado à transferência das prerrogativas que levem a uma grande influência em relação ao controle empresarial, sem que haja a transferência do controle societário, tal como previsto no artigo 254-A da LSA.

Nesse sentido, não são raras operações que implicam a manifesta transferência do poder de destinação do estabelecimento comercial, sem que haja

---

poder paternal), este aspecto funcional repercute-se na estrutura do direito, pois não se trata de poder de livremente exigir um comportamento, mas de poderes-deveres." (MOTA PINTO, Carlos Alberto da. Teoria Geral do Direito Civil. 3ª ed. 4ª reimpr. Coimbra: Coimbra Editora, 1990. pp. 170-171). Pontes de Miranda, por sua vez, embora não classifique o "pátrio poder" como *poder-dever* ou *poder funcional*, define-o como "*o conjunto de direitos que a lei concede ao pai, ou à mãe, sôbre a pessoa e bens do filho, até à maioridade, ou emancipação dêsse, e de deveres em relação ao filho.*" (PONTES DE MIRANDA, F. C. Tratado de Direito Privado – Parte Especial. Tomo IX. 3ª Ed. Rio de Janeiro: Borsoi, 1971. p. 110) Além disso, na doutrina nacional especializada, v. COMPARATO, Fábio Konder; SALOMÃO FILHO, Calixto. O Poder de Controle... p. 267, nota de texto nº 58).

[241] Tal como mencionado, trata-se do constante do artigo 116 da LSA. Confira-se, *in verbis*: "*Art. 116. Entende-se por acionista controlador a pessoa, natural ou jurídica, ou o grupo de pessoas vinculadas por acordo de voto, ou sob controle comum, que: a) é titular de direitos de sócio que lhe assegurem, de modo permanente, a maioria dos votos nas deliberações da assembléia-geral e o poder de eleger a maioria dos administradores da companhia; e b) usa efetivamente seu poder para dirigir as atividades sociais e orientar o funcionamento dos órgãos da companhia. | Parágrafo único. O acionista controlador deve usar o poder com o fim de fazer a companhia realizar o seu objeto e cumprir sua função social, e tem deveres e responsabilidades para com os demais acionistas da empresa, os que nela trabalham e para com a comunidade em que atua, cujos direitos e interesses deve lealmente respeitar e atender.*"

COMMONS EMPRESARIAIS

transferência de ações representativas do controle majoritário. Pode-se concretizar essa situação com as experiências de investimentos realizadas pelo BNDES Participações S.A. – BNDESPAR, que, via acordo de acionistas, acaba detendo forte influência sobre a destinação dos bens da companhia investida, a despeito de não ser considerado titular do controle societário[242].

Feita essa importante distinção, cabe relacionar a segmentação adotada entre o *controle societário* e o *controle empresarial*, com o objeto de análise desta tese. Uma vez que o bem com natureza de comum é de titularidade da companhia, potencialmente integrando o seu estabelecimento empresarial, e a destinação desse mesmo bem se dá pelo exercício do *controle empresarial*, justifica-se a razão pela qual a intervenção estrutural vinculada ao direito de propriedade em relação a tais bens, deve ser feita tomando por base o exercício do controle empresarial. Ou seja, por meio da intervenção do estrutural no controle empresarial, pretende-se promover a internalização seletiva de interesses externos à companhia quando da destinação do bem de sua titularidade com natureza de comum[243].

O *controle empresarial* pode ser exercido pela companhia de diversas formas, sendo de se destacar o seu exercício por meio da celebração de contratos[244],

[242] A reflexão trazida é baseada em estudo de caso desenvolvido em março de 2015. Para uma visão aprofundada desse estudo envolvendo os investimentos pelos chamados "braços de participação do Estado" e os impactos nas estruturas *controle societário* e *controle empresarial*, v. RAMUNNO, Pedro A. L. Op. cit. especialmente no Capítulo 2 e no Anexo da referida obra.
[243] Note-se, mais uma vez, a referência à propriedade enquanto um mecanismo para a internalização de externalidades.
[244] Trata-se da concepção do contrato como um dos principais motores do desenvolvimento da atividade empresarial contemporânea, visão que é recorrente na doutrina e acompanha a própria evolução do direito comercial. Nesse esse sentido, são muito relevantes a concepção de Enzo Roppo que define o contrato como sendo "mecanismo funcional e instrumental da empresa" (*"Se o contrato adquire relevância cada vez maior com o progressivo afirmar-se do primado da iniciativa da empresa relativamente ao exercício do direito de propriedade, é também porque este constitui um instrumento indispensável ao desenvolvimento profícuo e eficaz de toda a atividade econômica organizada. Poderia assim dizer-se, para resumir numa fórmula simplificada a evolução do papel do contrato, que de mecanismo funcional e instrumental da propriedade, ele se tornou mecanismo funcional e instrumental da empresa."* (grifos nossos), Cf. ROPPO, Enzo. O Contrato. Coimbra: Almedina, 2009. p. 67); e a concepção coaseana de sociedade (*firm*), pautada na análise econômica do direito, como um "feixe de contratos" relacionado à redução dos custos de transação envolvidos na organização e desenvolvimento da atividade econômica (Cf. COASE, Ronald H. The Nature of The Firm. *In*: Economica, New Series, Vol. 4, No. 16. Nov., 1937. pp. 386-405). No mesmo sentido, destacam-se os excertos de Armour, Hansmann e Kraakman,

CAPÍTULO 3 – IMPLICAÇÕES JURÍDICAS DA APLICAÇÃO DA TEORIA DOS BENS COMUNS...

no qual a companhia figura como parte formal e substancial da relação contratual, o que ocorre por meio da destinação de bens e direitos de titularidade da companhia.

A partir do momento em que o *controle empresarial* envolve a destinação desses bens e direitos, é possível afirmar que essa estrutura configura um gênero, do qual o direito de propriedade sobre os bens da companhia é uma espécie, ou seja, uma de suas formas de exercício, vez que o *controle empresarial* também encerra, por exemplo, as posições contratuais relacionadas à companhia em questão.

Destarte, a segmentação entre *controle empresarial* e *controle societário* corrobora a defesa por uma mudança estrutural da *propriedade*, com a utilização de

no clássico trabalho *The Anatomy of Corporate Law*: "*It is perhaps more accurate to describe a firm as a "nexus for contracts", in the sense that a firm serves, fundamentally, as the common counterparty in numerous contracts with suppliers, employees, and customers, coordinating the actions of these multiple persons through exercise of its contractual rights. The first and most important contribution of corporate law, as of other forms of organizational law, is to permit a firm to serve this role by permitting the firm to serve as a single contracting party that is distinct from the various individuals who own or manage the firm. In so doing, it enhances the ability of these individuals to engage together in joint projects.*" (Cf. ARMOUR, John; HANSMANN, Henry; KRAAKMAN, Reinier. *Op cit*. p. 6); e de Jensen e Meckling, que posteriormente melhor desenvolveram o conceito de *nexus of contracts* e dos chamados *connected contracts*: "[The firm] is a legal fiction which serves as a focus for a complex process in which the conflicting objectives of individuals (...) are brought into equilibrium within a framework of contractual relations." (JENSEN, Michael C.; MECKLING, William H. Theory of the firm: managerial behavior, agency costs and ownership structure. *In*: Journal of Financial Economics, Amsterdam, v. 3, n. 4, out., 1976. pp. 311). Vale, por fim, destacar que a teoria do *nexus of contracts* é fundamentada na crítica de Armen A. Alchian e Harold Demsetz ao modelo proposto por Coase, para os quais muito embora se mantenha a definição de empresa como feixe de contratos (ou feixe para contratos), a importância da condução e direção do empresário é afastada, com destaque para premissa de que as relações na empresa tem como pressuposto a permanente negociação entre as partes envolvidas (Cf. ALCHIAN, Armen A.; DEMSETZ, Harold. Production, Information Costs and Economic Organization. In: American Economic Review. New York, v. 62, No. 05, 1972, pp. 777-795). Sob o aspecto jurídico, o conceito de *nexus of contracts* pode ser entendido como "*um único agente subscritor de um grupo de contratos, que começa pelos contratos com os sócios e vai desde contratos com fornecedores e clientes até contratos com trabalhadores e contratos de empréstimo necessários para suprir as necessidades de fundos da empresa*" (SALOMÃO FILHO, Calixto... pp. 42-43) e, no mesmo sentido, v. HANSMANN, Henry. The ownership of enterprise. Cambridge: Belknap Press, 1996. p. 18. Por fim, em relação à referência ao modelo dos *connected contracts*, que dá um passo adiante em relação ao modelo do *nexus of contracts*, v. GULATI, Gaurang Mitu; KLEIN, William A.; ZOLT, Eric M. Connected Contracts. In: UCLA Law Review, Vol. 47, 2000. pp. 887-948. Disponível em: <https://ssrn.com/abstract=217590>. Acesso em 04.03.2019.

COMMONS EMPRESARIAIS

soluções que não tenham como origem a internalização de interesses dentro da estrutura orgânica da companhia. Essas soluções, que poderiam ser refletidas por meio da representação dos interesses afetados no conselho de administração, por exemplo, têm impactos sobretudo em estruturas vinculadas ao controle societário, sendo que o que se pretende neste trabalho é a construção de alternativas de internalização de interesses no processo decisório do exercício do controle empresarial. Essa reflexão será contextualizada de modo mais aprofundado no decorrer das próximas Seções, especialmente quando se enfrentar as ferramentas propostas para a referida internalização de interesses.

Por ora, diante das considerações realizadas, passa-se a analisar o já mencionado parâmetro para a ótima alocação dos feixes de direito de propriedade relacionados aos bens da sociedade anônima com natureza de comum, qual seja, o *melhor interesse da companhia*.

3.3.2. Eficiência distributiva, função social do bem empresarial e o melhor interesse da companhia

O termo *melhor interesse da companhia* ou simplesmente *interesse da companhia* é referido na legislação societária em dois dispositivos: (i) no caput do art. 115 da LSA[245], ao tratar do abuso de direito de voto e da obrigatoriedade de o acionista exercer o voto no *interesse da companhia*; (ii) no parágrafo único do art. 116 da LSA[246], ao mencionar que o acionista controlador deve exercer o seu poder a fim de fazer a companhia cumprir a sua função social. Uma vez que o poder de controle previsto no art. 116 da LSA é um poder-dever ou poder funcional, como visto, deve ser exercido visando a uma esfera jurídica alheia, qual seja, da própria companhia, em seu melhor interesse[247].

---

[245] *"Art. 115. O acionista deve exercer o direito a voto no interesse da companhia; considerar-se-á abusivo o voto exercido com o fim de causar dano à companhia ou a outros acionistas, ou de obter, para si ou para outrem, vantagem a que não faz jus e de que resulte, ou possa resultar, prejuízo para a companhia ou para outros acionistas."*

[246] Art. 116, Parágrafo único: *"O acionista controlador deve usar o poder com o fim de fazer a companhia realizar o seu objeto e cumprir sua função social, e tem deveres e responsabilidades para com os demais acionistas da empresa, os que nela trabalham e para com a comunidade em que atua, cujos direitos e interesses deve lealmente respeitar e atender."*

[247] Não à toa, configura uma das hipóteses para a responsabilidade do controlador, de acordo com a alínea "c", do §1º do art. 117 da LSA, *"promover alteração estatutária, emissão de valores*

CAPÍTULO 3 – IMPLICAÇÕES JURÍDICAS DA APLICAÇÃO DA TEORIA DOS BENS COMUNS...

Diante das considerações feitas na Seção 3.4.1., acima, o conceito de *melhor interesse da companhia* como parâmetro para a alocação dos feixes de direitos decorrentes da destinação de bens da companhia com natureza de bem comum não decorre da aplicação direta de qualquer dos dois dispositivos enunciados. Veja-se a razão.

O art. 115 da LSA, como já mencionado, determina que o acionista, quando do exercício do direito de voto, deve fazê-lo no interesse da companhia[248]. O voto, por sua vez, é a manifestação da vontade do acionista emanada em assembleia geral[249]. Sendo assim, a vinculação do voto ao dito interesse da companhia guarda relação com a composição do controle societário, mas não com o controle empresarial, sendo que a propriedade configura uma de suas formas de exercício. Isso se corrobora a partir do momento em que se adota

---

mobiliários ou adoção de políticas ou decisões que não tenham por fim o interesse da companhia e visem a causar prejuízo a acionistas minoritários, aos que trabalham na empresa ou aos investidores em valores mobiliários emitidos pela companhia" (grifos nossos).

[248] Essa afirmativa faz referência ao regime dual de interesses estabelecido pela LSA, identificado por Erasmo Valladão Azevedo e Novaes França: *"Dessa forma, a Lei 6.404 estabeleceu um regime dual (ocupando o direito brasileiro posição singular nessa matéria, como adverte Comparato): ao acionista em geral não compete senão perseguir o interesse da companhia, vale dizer, o interesse comum dos sócios, uti socii, visto aqui, portanto numa perspectiva contratualista, de disciplina dos interesses privados dos acionistas; ao acionista controlador é que compete, com arbitrium boni viri, a tutela dos interesses intra ou extra-empresariais, ou seja, dos interesses dos demais acionistas e investidores, dos trabalhadores, da comunidade e da economia nacional, tutela esta, portanto, vinculada a uma perspectiva institucional da sociedade por ações."* (FRANÇA, Erasmo Valladão Azevedo e Novaes. Conflito de Interesses nas Assembléias de S.A. (e outros escritos sobre conflito de interesses). 2ª ed. São Paulo: Malheiros Editores, 2014. p. 62).

[249] Nesse sentido é o posicionamento de Renato Ventura Ribeiro: *"O voto é direito do acionista ou de pessoa legalmente legitimada, de caráter político, exercido conforme as orientações legais e estatutárias, expresso por meio da manifestação de vontade e destinado à formação da deliberação coletiva. Representa a aceitação ou rejeição, pelo acionista, da proposta apresentada em assembléias."* (RIBEIRO, Renato Ventura. Direito de Voto das Sociedades Anônimas. São Paulo: Quartier Latin, 2009. p. 157). E, ainda, mais adiante: *"No sentido amplo, o voto constitui direito essencial relativo aos valores mobiliários (não só ações, como também debentures e partes beneficiárias) de manifestar-se sobre a deliberação que afetem as condições e direitos de seus títulos. Tal direito é fundado nos princípios da garantia da propriedade e da segurança jurídica e da manutenção das bases essenciais da sociedade. É também chamado de voto contingente, por ser conferido excepcionalmente a uma classe de ações sem direito de voto, em razão de alguma contingência especial, como não pagamento de dividendos (Lei 6.404/1976, art. 111, §1º) e liquidação da sociedade (idem, art. 213, §1º). (...) No sentido restrito, pode-se entender como direito de voto a possibilidade de votar em todos os assuntos objeto de deliberações nas assembléias gerais, salvo em se tratando de ações com voto limitado a determinadas matérias."* (Idem ao anterior, pp. 160-161).

COMMONS EMPRESARIAIS

neste trabalho a vertente do institucionalismo integracionista do interesse social, sendo que tal interesse não equivale ao interesse comum dos sócios, que exteriorizam suas vontades justamente por meio do exercício do direito de voto.

De igual modo, o art. 116 da LSA, em seu parágrafo único, estipula que o acionista controlador deve exercer o seu poder – qual seja, o controle societário – com o fim de fazer com que a companhia realize o seu objetivo e exerça a sua função social, sendo que a tomada de decisões que não tenham por fim o interesse da companhia configura uma das hipóteses para a responsabilização do acionista controlador. Dessa forma, como visto na Seção anterior, o parágrafo único do art. 116 da LSA também guarda relação com o conceito de controle societário, mas não com o de controle empresarial.

Diante desse cenário, uma vez que o controle societário e o controle empresarial são estruturas distintas e que não podem ser confundidas, a aplicação de qualquer dos conceitos de interesse social previstos nesses artigos[250] não seria adequada, senão como esforço argumentativo para defesa de determinada posição. Afinal, defende-se que a titularidade do controle societário não

[250] Reconhece-se, aqui, a existência de uma diferença no conceito de interesse da companhia em razão da aplicação do art. 115 ou do parágrafo único do art. 116 da LSA, conforme já referido na obra do eminente Professor Erasmo Valladão Azevedo e Novaes França. Sobre a temática, ainda, é preciso o posicionamento de Leães: *"O interesse social consiste, portanto, no interesse dos sócios à realização desse escopo, pois o objetivo da sociedade é alcançado pelo exercício da atividade empresarial, especificamente prevista no estatuto, como objeto social (art. 2º, caput). Mas o objetivo da sociedade anônima é não apenas o interesse social stricto sensu, mas, igualmente, o interesse da empresa e do bem público, visto que, como adverte Ascarelli, o próprio reconhecimento da iniciativa privada por parte do legislador significa que aos particulares é atribuída a realização de um objeto social lato sensu, por meio da satisfação de interesses privados. Assim, por interesse social ou interesse da companhia, deve- -se entender o interesse comum dos sócios, que não colida com o interesse geral da coletividade, mas com ele se harmonize. Só assim pensando é que podemos entender a alusão ao 'interesse da empresa' e do 'bem público', feita pelo art. 116, §7º do Decreto-lei 2.627, e o mandamento contido no art. 116, parágrafo único, da Lei 6.404, que determina que o acionista controlador deve usar o seu poder, tanto no exercício do voto como fora da companhia, com o fim de fazer a companhia realizar o seu objeto e cumprir sua função social, tendo em vista 'os deveres e responsabilidade para com os demais acionistas da empresa, os que nela trabalham e para com a comunidade em que atua, cujos direitos e interesses deve lealmente respeitas e atender"'*. (LEÃES, Luiz Gastão Paes de Barros. Comentários à Lei das Sociedades Anônimas. vol. 2. São Paulo: Saraiva, 1980. p. 248). No mesmo sentido é o posicionamento do autor em LEÃES, Luiz Gastão de Barros. Conflito de interesses. In: LEÃES, Luiz Gastão Paes de Barros. Estudos e pareceres sobre sociedades anônimas. São Paulo: Revista dos Tribunais, 1989.

CAPÍTULO 3 – IMPLICAÇÕES JURÍDICAS DA APLICAÇÃO DA TEORIA DOS BENS COMUNS...

implica, necessariamente, o poder de disposição sobre os bens da sociedade anônima.

Sendo assim, o conceito de *melhor interesse da companhia*, como parâmetro para a alocação dos feixes de direito de propriedade do bem considerado comum, deve ser compreendido com base nos preceitos aplicáveis justamente ao controle empresarial.

Essa assertiva implica afirmar que o *melhor interesse da companhia* está presente quando o direito de propriedade é exercido de forma ótima, com a maximização da *eficiência distributiva*, o que ocorre quando a destinação do bem empresarial se dá de acordo com a sua *função social*. Ou seja, quando a *função social da propriedade empresarial* é observada tem-se a destinação de seus bens de acordo com o *melhor interesse da companhia*. Essa relação que demanda maior reflexão e concretude é a temática que será desenvolvida na próxima Seção.

3.3.3. A função social da propriedade empresarial

A título preliminar, desconsiderando-se que se trata neste trabalho da função social do direito de propriedade sobre um bem da companhia, mais especificamente, um bem com natureza de comum, faz-se essencial enfrentar o conceito de *função social da propriedade*, em sentido genérico.

Nesse contexto, a propriedade funcionalizada representa um paradigma do estado democrático de direito[251], cuja previsão expressa dentre os princípios da ordem econômica brasileira, referendada pelo texto constitucional como será endereçado a seguir, impõe ao Estado (e aos demais particulares) o dever

---

[251] No paradigma do estado democrático de direito, a propriedade possui dois objetivos diferentes, sendo, por um lado, protegida como forma de realização pessoal (direito à propriedade) e, por outro lado, como instrumento para o exercício à atividade econômica (direito à propriedade) (Cf. MATIAS, João Luis Nogueira. Op. cit. p. 63). A despeito de o foco do presente trabalho ser o segundo, qual seja o direito à propriedade como instrumento para exercício à atividade econômica, destaca-se que no *caput* do art. 5º da Constituição Federal há a previsão do direito à propriedade como uma forma de realização pessoal do indivíduo, cujo intuito é *"assegurar ao ser humano – com os bens ou graças aos bens atribuídos a ele enquanto pessoa – tenha oportunidade de criar, expandir e consolidar a própria personalidade"* (Cf. TOMASETTI JÚNIOR, Alcides. A propriedade privada entre o direito civil e a constituição. In: Revista de Direito Mercantil, Industrial, Econômico e Financeiro. Ano XLI, n. 126. abr./jun. 2002São Paulo: Malheiros, 2002. pp. 123-128).

COMMONS EMPRESARIAIS

de respeitar a propriedade dos agentes privados, atribuindo-lhes o dever de destinar os bens de sua propriedade de forma a terem o seu uso adequado à sua função social[252].

O termo "função" significa cumprir algo, ou desempenhar um dever ou uma tarefa, sendo que, no direito, utiliza-se o termo para fazer referência a uma finalidade legal de determinado instituto jurídico, ou, ainda, em sentido mais abstrato, como uma atividade dirigida a um fim e que comporta, por parte de seu sujeito, um poder ou uma competência[253]. Quando esse poder deve ser desempenhado em benefício da coletividade, há de falar em *função social*[254], o que denota a existência de uma função a ser desempenhada pelo

---

[252] Nesse sentido, destaca-se a passagem de Francisco Eduardo Loureiro: "*a funcionalização dos institutos de direito privado revela a íntima relação existente entre a abordagem técnico-jurídica, preocupada com o estudo da estrutura, e a abordagem sociológica, preocupada com o estudo da teoria funcional, ambas relativas a um mesmo fenômeno. Não basta ao jurista saber como o direito é feito, mas também para que serve, ou seja, sua causa final. Seria a função, então, o papel que um princípio, norma ou instituto desempenha no interior de um sistema ou estrutura*" (LOUREIRO, Francisco Eduardo. A propriedade como relação jurídica complexa. Rio de Janeiro: Renovar, 2003. p. 109).

[253] Conforme exposto por Fábio Konder Comparato: "*o substantivo functio, na língua matriz, é derivado do verbo depoente fungor (functus sum, fungi), cujo significado primigênio é de cumprir algo, ou desempenhar-se de um dever ou uma tarefa. A ligação do verbo com a noção de múnus público era, de resto, correntia nos clássicos latinos. Na análise institucional do direito, que corresponde de certa forma ao funcionalismo sociológico de E. Durkheim, Bonislaw Malinowski e A. R. Radcliffe-Brown, usa-se o termo função para designar a finalidade legal de um instituto jurídico, ou seja, o bem ou valor em razão do qual existe, segundo a lei, esse conjunto estruturado de normas. (...) Mas a função jurídica pode também ser tomada, num sentido mais abstrato, como atividade dirigida a um fim e comportando, de parte do sujeito agente, um poder ou competência. Atividade, em direito, designa sempre uma série de atos unificados em razão do mesmo objetivo global. O regime jurídico da atividade é, por conseguinte, diverso do dos simples atos isolados.*" (Cf. COMPARATO, Fábio Konder. Estado, empresa e função social. In: Revista dos Tribunais, Ano 85, vol. 732, out. 1996. pp. 40-41).

[254] A afirmação faz referência à distinção de Fábio Konder Comparato entre dois tipos de funções: "*Há funções exercidas no interesse de uma pessoa ou de pessoas determinadas – como o pátrio poder, a tutela e a curatela – e funções que devem ser desempenhadas em benefício da coletividade. Nesta última hipótese, e somente nela, parece-me mais apropriado em falar em função social.*" (Idem ao anterior. p. 41). Note-se que essa é justamente uma das distinções, como será visto no decorrer desta Seção, entre o controle societário e o controle empresarial: enquanto controle societário é um poder funcional que deve ser exercido no interesse da companhia, conforme preceitua o art. 116 da LSA, assemelhando-se ao pátrio poder, o controle empresarial, em especial quando manifestado por meio do direito de propriedade sobre o bem empresarial possui uma função social, uma vez que esse direito subjetivo deve ser desempenhado em benefício da coletividade.

CAPÍTULO 3 – IMPLICAÇÕES JURÍDICAS DA APLICAÇÃO DA TEORIA DOS BENS COMUNS...

titular do direito de propriedade, um direito subjetivo, que pode ser harmonizado com o seu interesse pessoal[255-256-257].

[255] Sobre o tema, é elucidativo o seguinte excerto: *"Quando se fala em função social da propriedade não se indicam as restrições ao uso e gozo dos bens próprios. Estas últimas são limites negativos aos direitos do proprietário. Mas a noção de função, no sentido em que é empregado o termo nesta matéria, significa um poder, mais especificamente, o poder de dar ao objeto da propriedade destino determinado, de vinculá-lo a certo objetivo e não ao interesse próprio do dominus; o que não significa não haver harmonização entre um e outro. Mas, de qualquer modo, se se está diante de um interesse coletivo, essa função social da propriedade corresponde a um poder-dever do proprietário, sancionável pela ordem jurídica."* (COMPARATO, Fábio Konder. Função social da propriedade dos bens de produção. In: Revista de Direito Mercantil, Industrial, Econômico e Financeiro. Ano XXV, nº 63, jul/set 1986. p. 75). Em sentido análogo, na doutrina civilista, é de se destacar a passagem de Caio Mário da Silva Pereira: *"(...) certo é que a propriedade cada vez mais perde o caráter excessivamente individualista que reinava absoluto. Cada vez mais se acentuará a sua função social, marcando a tendência crescente de subordinar o seu uso a parâmetros condizentes com o respeito aos direitos alheios e às limitações em benefício da coletividade"* (PEREIRA, Caio Mário da Silva. Direito Civil – alguns aspectos da sua evolução. Rio de Janeiro: Forense, 2001. p. 79). E de Leonardo Mattietto: *"(...) o Código Civil, ao dispor sobre o direito de propriedade, admite a noção de propriedade-função, ao reconhecer que o direito deve ser exercido de acordo suas finalidades econômicas, sociais e ecológicas. Abra-se, destarte, a perspectiva de renovação do próprio conceito de propriedade, tarefa que não é fácil, diante de um instituto que tem, por trás de si, séculos de história"* (MATTIETTO, Leonardo. A renovação do direito de propriedade. In: Revista de Informação Legislativa. Brasília, ano 42, n. 168, out./dez. 2005. p. 189).

[256] A título de notícia histórica, *"a noção de que o uso da propriedade privada deveria também servir ao interesse da coletividade foi, pela primeira vez, estabelecida na Constituição de Weimar de 1919. Em seu art. 153, última alínea, dispôs ela: 'A propriedade obriga. Seu uso deve igualmente ser um serviço ao bem comum' (Eigentum verpflichtet. Sein Gebrach sol zugleich Dienst sein für das Gemeine Beste). A Lei Fundamental de Bonn, de 1949, reproduziu em seu art. 14, segunda alínea, essa disposição, com ligeira variação de forma: 'A propriedade obriga. Seu uso deve igualmente servir ao bem da coletividade' (Eigentum verpflichtet. Sein Gebrauch sol zugleich dem Wohle der Allgemeinheit dienen)."* (COMPARATO, Fábio Konder. Estado, empresa e função social... p. 41).

[257] A possibilidade de harmonização do interesse do titular do direito de propriedade e dos demais interesses destinatários da função social não é ponto pacífico entre alguns dos filósofos clássicos, existindo autores, a exemplo de Comte, que defendiam que a propriedade privada teria o seu sentido alterado por meio da função social, devendo ser orientada para o bem da sociedade, comprometendo o seu caráter arbitrário e pessoal, sendo necessário buscar um interesse alheio ao do titular do direito de propriedade. Para síntese do pensamento de Auguste Comte relacionada à função social, mais especificamente à função social da propriedade, v. LOPES, Ana Frazão de Azevedo. Op. cit. pp. 94-96. Ainda, sobre a crítica ao pensamento de Comte, destaca-se o seguinte excerto: "É claro que nunca houve uma homogeneidade em relação ao conceito de função social da propriedade. Muitas das alternativas propostas pela teoria jurídica chegaram a incidir nos mesmos exageros do marxismo e da sociologia de Comte, fazendo da crítica ao individualismo uma forma de desconsideração do próprio indivíduo." (Idem ao anterior, p. 109).

COMMONS EMPRESARIAIS

No direito positivo brasileiro, a função social da propriedade é referenciada em diversos dispositivos da Constituição Federal de 1988, sendo que em ao menos dois deles, além do dever de se abster de lesar titulares de interesses alheios, há expressa menção ao dever positivo de exercer o direito de propriedade em benefício da coletividade[258], como ocorre no art. 182, nos §§2º e 4º, da CF[259] e no art. 186 da CF[260]. Além disso, há também referência à função social da propriedade no art. 1.228, §1º do CC[261].

Ou seja, o próprio legislador constituinte brasileiro encara o direito de propriedade vinculado à sua função social, o que implica dizer que a função da propriedade compõe a sua estrutura, tendo que ser encarada como um elemento que a conforma e vincula[262-263]. Como consequência, a revisitação

---

[258] Isso está relacionado ao reconhecimento da função social como princípio jurídico, conforme é tratado por Ana Frazão: *"(...) a conversão da função social em princípio jurídico apenas deu início a uma discussão que persiste até hoje, especialmente no que se refere à possibilidade de que, juntamente com as prerrogativas que caracterizam o direito subjetivo, coexistam igualmente deveres positivos em favor da coletividade."* (LOPES, Ana Frazão de Azevedo. Op. cit. p. 117)

[259] *"Art. 182. (...) § 2º A propriedade urbana cumpre sua função social quando atende às exigências fundamentais de ordenação da cidade expressas no plano diretor. (...) § 4º É facultado ao Poder Público municipal, mediante lei específica para área incluída no plano diretor, exigir, nos termos da lei federal, do proprietário do solo urbano não edificado, subutilizado ou não utilizado, que promova seu adequado aproveitamento, sob pena, sucessivamente, de: I – parcelamento ou edificação compulsórios; II – imposto sobre a propriedade predial e territorial urbana progressivo no tempo; III – desapropriação com pagamento mediante títulos da dívida pública de emissão previamente aprovada pelo Senado Federal, com prazo de resgate de até dez anos, em parcelas anuais, iguais e sucessivas, assegurados o valor real da indenização e os juros legais."*

[260] *"Art. 186. A função social é cumprida quando a propriedade rural atende, simultaneamente, segundo critérios e graus de exigência estabelecidos em lei, aos seguintes requisitos: I – aproveitamento racional e adequado; II – utilização adequada dos recursos naturais disponíveis e preservação do meio ambiente; III – observância das disposições que regulam as relações de trabalho; IV – exploração que favoreça o bem-estar dos proprietários e dos trabalhadores."*

[261] *"Art. 1.228. (...) § 1º O direito de propriedade deve ser exercido em consonância com as suas finalidades econômicas e sociais e de modo que sejam preservados, de conformidade com o estabelecido em lei especial, a flora, a fauna, as belezas naturais, o equilíbrio ecológico e o patrimônio histórico e artístico, bem como evitada a poluição do ar e das águas."*

[262] Sobre o tema a concepção da função social da propriedade como um elemento que conforma e vincula a estrutura propriedade, v. MORAES, José Diniz. A função social da propriedade e a Constituição Federal de 1988. São Paulo: Malheiros, 1999.

[263] Nesse sentido, remete-se ao excerto a seguir: *"Propriedade, conceito aproximado, historicamente, dos bens da terra (conquanto, cada vez mais na civilização contemporânea, se tenha a imaterialidade do objeto da propriedade), tem natureza de função (...) O que parece certo é que, em princípio e por princípio, a propriedade presta-se a ser, em sua essência, algo dado a cumprir função, daí ser ela instrumentalmente*

CAPÍTULO 3 - IMPLICAÇÕES JURÍDICAS DA APLICAÇÃO DA TEORIA DOS BENS COMUNS...

e direcionamento da função social da propriedade guarda relação com a premissa metodológica adotada neste trabalho, de acordo com as considerações trazidas no Capítulo 1, já que contribui para uma reformulação crítica da estrutura propriedade. Não à toa, a doutrina associa, a despeito dos desafios para a aplicação do princípio da função social da propriedade, a realização da função social da propriedade a um pressuposto para o estabelecimento de relações sociais mais justas[264].

Ao transferir a discussão para o âmbito do direito empresarial, mormente em relação ao direito de propriedade sobre os bens da companhia, não resta dúvida de que tais bens, assim como o controle empresarial – um direito subjetivo, como já abordado na Seção 3.3.1. –, também estão sujeitos a uma função social[265]. Nem poderia ser diferente, diante da enorme importância dessa estrutura não só para o âmbito econômico, mas também para os âmbitos político e social[266].

voltada a um fim. A função, em qualquer caso, é dar a utilidade que apresente resultado sócio-político e econômico nos termos juridicamente definidos como legítimos. Paralelamente, a utilidade própria da coisa (res) é obtida pelo atendimento daquilo que é posto como sendo a sua função" (ROCHA, Cármen Lúcia Antunes. O princípio da função social da propriedade. In: Revista Latino-Americana de Estudos Constitucionais. Belo Horizonte, n. 2, jul./dez. 2003. p. 547).

[264] Cf. LOUREIRO, Francisco Eduardo. Op. cit. p. 112.

[265] Com ressalva relacionada à distinção entre controle empresarial e controle societário que não é refletida na clássica obra de Fábio Konder Comparato, O Poder de Controle na Sociedade Anônima, nas edições mais recentes, sendo ambas as estruturas tratadas como uma única, o posicionamento do eminente professor não poderia ser mais acertado: "(...) também o poder de controle empresarial, o qual não pode ser qualificado como um ius in re, há de ser incluído na abrangência do conceito constitucional de propriedade. Se assim é, parece irrecusável que também ao controle empresarial se aplique a norma que impõe respeito à função social da propriedade." (COMPARATO, Fábio Konder. Estado, empresa e função social...p. 44). Merece destaque que no artigo citado, assim como ocorre na 3ª edição de O Poder de Controle na Sociedade Anônima (COMPARATO, Fábio Konder. O Poder de Controle na Sociedade Anônima. 3ª ed. Rio de Janeiro: Forense,1983, em especial nas páginas 83 e seguintes), o Professor Comparato tratava da diferenciação entre o controle societário e o controle empresarial, conforme defendido na Seção 3.3.1. deste trabalho.

[266] Sobre a importância da empresa na sociedade moderna, destaca-se o seguinte excerto de autoria de Lamy Filho que aborda a relação entre o poder da empresa e a responsabilidade dele decorrente: "(...) a empresa, pela sua importância econômica (unidade de produção da economia moderna) e significado humano ('quadro de encontro de homens para a ação comum que lhes assegura sua existência') ascendeu a um significado político e social, transformando-se no pólo de discussão e debates de sociólogos, dos economistas, dos politicólogos, dos juristas, que sobre ela se debruçam em busca da inteligência e da solução dos problemas contemporâneos. Essa importância econômica e social haveria que

COMMONS EMPRESARIAIS

Em outras palavras, o titular do direito de propriedade sobre um bem empresarial, no caso em análise, a própria companhia, tem o dever positivo de exercer o seu direito subjetivo[267] (direito de propriedade, enquanto forma de exercício do controle empresarial) em benefício da coletividade, ou seja, funcionalizado.

projetar-se em termos de poder. Com efeito, cada empresa representa um universo, integrado pelos recursos financeiros de que dispõe e pelo número de pessoas que mobiliza a seu serviço direto. (...) Ora, decisões tão abrangentes (na pequena, média ou grande empresa, nesta especialmente) e de que depende a vida, e a realização de tantas pessoas, e o desenvolvimento econômico em geral, são tomadas pelos administradores da empresa – que exercem, assim, um poder da mais relevante expressão, não só econômica como política e social, e o das mais fundas conseqüências na vida moderna. A existência desse poder empresarial, de tão extraordinário relevo na sociedade moderna, importa – tem que importar – necessariamente em respon-sabilidade social. Este é o preço – dizia Ferdinand Stone – que a empresa tem que pagar em contrapartida ao poder que detém." (LAMY FILHO, Alfredo. A Função Social da Empresa e o Imperativo de sua Reumanização. In: Revista de Direito Administrativo – RDA. nº 190, out/dez 1992. p. 58).

[267] A delimitação da natureza jurídica da propriedade é tema de intensos debates doutriná-rios, em especial diante da defesa de que a propriedade deixou de ser um direito subjetivo absoluto, em razão da funcionalidade que o cerca. Para fins de esclarecimento, não se adere neste trabalho à visão propagada por alguns autores de que a função social implicaria uma alteração da natureza jurídica da propriedade, que deixaria de ser um direito subjetivo e passaria a ser uma situação subjetiva complexa ou uma relação jurídica complexa, do ponto de vista jurídico. Nesse sentido é o posicionamento de LOUREIRO, Francisco Eduardo. Op. cit. p.44). De toda forma, os adeptos de tal posicionamento defendem ser a propriedade uma relação de caráter patrimonial, já que dirigida por interesses econômicos; absoluta, já que acarreta o dever geral de abstenção e, por último, complexa, já que é composta por vários vínculos que se interconectam, dos quais decorre, assim, pluralidade de direitos e obrigações entre as partes. Também nessa linha de pensamento é a delimitação trazida por César Fiúza: *"relação jurídica dinâmica entre uma pessoa, o dono, e a coletividade, em virtude da qual são assegurados àquele os direitos exclusivos de usar, fruir, dispor e reivindicar um bem, respeitados os direitos da coleti-vidade"* (FIÚZA, César. Direito civil. Belo Horizonte: Del Rey, 2003. pp. 630-631). Há ainda quem considere que a propriedade, contemporaneamente, possa ser caracterizada como uma espécie de "poder-função", conforme salientado por Miragem: "[o direito de propriedade] *passa a caracterizar-se como espécie de poder-função, uma vez que, desde o plano constitucional, encontra--se diretamente vinculado à exigência de atendimento da sua função social"* (Cf. MIRAGEM, Bruno. O artigo 1228 do Código Civil e os deveres do proprietário em matéria de preservação do meio ambiente. In: Cadernos do Programa de Pós-graduação em Direito da UFRS. Porto Alegre, v. III, n. VI, mai/2005. pp. 21-45). Diante dessas considerações, a despeito de não se alinhar a essas categorizações jurídicas, é de se destacar a necessidade de cautela para a adequação do direito de propriedade às mudanças sociais, o que torna ainda mais desafiadora a elaboração de um conceito geral e abstrato, tal como sustentado por Tepedino (Cf. TEPEDINO, Gustavo. Contornos constitucionais da propriedade privada. In: TEPEDINO, Gustavo. Temas de direito civil. Rio de Janeiro: Renovar, 1999. p. 279).

CAPÍTULO 3 - IMPLICAÇÕES JURÍDICAS DA APLICAÇÃO DA TEORIA DOS BENS COMUNS...

Deve-se levar em consideração, contudo, que o bem empresarial possui como característica essencial o fato de ser destinado à realização da empresa[268] (em seu sentido dinâmico ou funcional), devendo, assim, também observar a *função social da empresa*, o que possibilita dizer, como forma de ilustrar o argumento, que o bem empresarial está sujeito a uma "dupla camada de funcionalização": a função social da propriedade (genérica) exercida pelo empresário

[268] A noção de propriedade quando aplicada à atividade empresarial possui traços diferenciados quando da propriedade considerada classicamente, conforme se extrai da seguinte passagem de Comparato: *"o elemento fundamental (para exercício da atividade empresarial) é a propriedade, da qual decorre naturalmente o direito à apropriação global dos lucros, todos como simples frutos civis. Não era, porém mister grande esforço de análise para perceber a diferença de natureza existente entre este tipo de propriedade e o clássico jus utendi, fruendi et abuendi. No primeiro caso, os bens sobre os quais incide o poder jurídico do empresário não são objeto de simples fruição, nem se adquirem para consumo privado, mas se utilizam como instrumentos de uma exploração determinada. Não são bens que se definam pela sua pertinência subjetiva a um titular, mas pela sua função ou destino, supondo de conseguinte não uma capacidade de fruição de seu proprietário, mas uma atividade organizada para sua exploração"* (COMPARATO, Fábio Konder. Aspectos jurídicos da macro-êmpresa. São Paulo: Revista dos Tribunais, 1970). Sendo que continua o nobre professor sobre as características específicas da propriedade empresarial, quando levado em consideração a diferença entre a propriedade e o controle: *"A propriedade dos bens sociais é, portanto, da pessoa jurídica, e tal afirmação passa por axiomática. No entanto, fora a noção de pertinência dos bens da sociedade, a idéia de propriedade aparece aí singularmente vazia. Pois a menos que se construa a idéia de pessoa jurídica societária como ente ideal, distinto do conjunto de pessoas físicas que a constituem, não se pode atribuir senão a estas, enquanto assembléia geral ou diretoria, o exercício efetivo do usus, fructus, abusus. Ora, o que se observa invariàvelmente na grande companhia de capital aberto é justamente a atribuição dêsses elementos da propriedade clássica a titulares diferentes: enquanto os administradores passam a assumir sem contraste o usus, e mesmo o abusus, o corpo acionário só conserva o fructus. (...) Ora, é notável que êsse fracionamento da propriedade, e sobretudo a afirmação de um dominium utile, contraposto à propriedade meramente formal (no sentido de pertinência subjetiva do bem), liga-se estreitamente à organização da emprêsa agrícola. É o primitivo proprietário do fundo rural que, renunciando a explorá-lo diretamente, acaba autolimitando sua propriedade pela constituição das mais diversas situações reais de exploração econômica da terra: enfiteuse, superfície, precário, arrendamento. A emprêsa agrária, assim organizada, escapa da esfera de decisão do proprietário formal da terra, e passa a ser protegida na pessoa do enfiteuta, superficiário, precarista, ou arrendatário, titulares todos de direitos reais autônomos. Se voltarmos agora os olhos para as grandes corporations atuais, verificamos claramente que a propriedade da sociedade é mera relação de pertinência subjetiva dos bens sociais, perpétua e necessàriamente despida do poder de agir e dispor dêsses bens, que cabe aos administradores em função do objeto social. A noção de propriedade aí, pelo menos no sentido clássico do direito Civil, deixou de existir sob pressão do fenômeno empresarial. Até então, como observou Ripert, a emprêsa permaneceu escondida sob a propriedade: o Direito clássico estimava inútil pô-la em realce, pois a propriedade lhe bastava. Mas o mecanismo da grande sociedade anônima, separando propriedade de contrôle, extremando a participação capitalística da gestão empresarial, torna insustentável o esquema tradicional"* (Idem ao anterior. pp. 82-84).

COMMONS EMPRESARIAIS

no tocante aos bens que compõem o seu estabelecimento e a função social da empresa, em razão da atividade econômica exercida[269-270].

Nesse contexto, a sociedade empresária representa, modernamente, a forma jurídica propícia para a realização da empresa (enquanto atividade econômica), principalmente para os empreendimentos de porte mais estruturado, nos quais há a predileção pela estruturação por meio da sociedade anônima. Justamente por essa razão, o estudo da função social a ser desempenhada pela

[269] Sobre essa "dupla funcionalização" é pertinente a seguinte passagem: *"(...) quando se analisa a função social da empresa, há de se delinear os conceitos que envolvem o instituto, já que a função social pode-se dar em relação à propriedade exercida pelo empresário no tocante aos bens que compõem o estabelecimento comercial, ou, por outro lado, pode-se analisar a função social da empresa propriamente dita, enquanto atividade organizada exercida pelo empresário, que visa a otimizar a produção para o mercado"* (CATEB, Alexandre Bueno; OLIVEIRA, Fabrício de Souza. Breves anotações sobre a função social da empresa. In: Revista da AMDE (Associação Mineira de Direito Empresarial) v.2., jul. 2009. Disponível em: <http://www.revista.amde.org.br/index.php/ramde/article/view/25>. Acesso em: 03.03.2019).

[270] Importante fazer referência, apesar de não ser o posicionamento defendido neste trabalho, à visão de autores que procuram limitar alcance da função social da empresa e da função social da propriedade, sustentando, para tanto, os mais variados argumentos. No direito brasileiro, o alcance do princípio da função social da propriedade é objeto de divergência, sendo recorrente o posicionamento pela submissão à função social da propriedade tão somente os bens de produção, já que são instrumentos para o exercício de poder econômico, afastando-se da função social da propriedade os bens de consumo. Esse posicionamento pela limitação da função social da propriedade e, consequentemente, da empresa é expresso nos seguintes autores: GOMES, Orlando. Direitos Reais. 9ª ed. Rio de Janeiro: Forense, 1985. p. 108; GODINHO, André Osório. Função social da propriedade. In: TEPEDINO, Gustavo (Coord.). Problemas de direito civil constitucional. Rio de Janeiro: Renovar, 2002. p. 427; COMPARATO, Fábio Konder. Função social da propriedade...; TOMASETTI JÚNIOR, Alcides. Op. cit. p. 126. É se destacar, ainda, a visão de Rachel Sztajn, para quem a função social da propriedade prevista na Constituição Federal de 1988 teria como objetivo funcionalizar tão somente a propriedade imobiliária: *"(...) por conta de uma função social da propriedade (basicamente da propriedade fundiária) prevista na Constituição Federal de 1988, o Código Civil de 2002 reproduz textos ideado na Itália, à época do fascismo, e que visava a direcionar a liberdade de contratar, uma das liberdades individuais, para que o Estado interviesse nas relações patrimoniais intersubjetivas de forma a estimular (ou impor) a realização de seus interesses"* (Cf. SZTAJN, Rachel. Law and economics. In: Revista de Direito Mercantil, Industrial, Econômico e Financeiro. Ano XLIV, n. 137 jan./mar. 2005. São Paulo: Malheiros, 2005. pp. 227-232). Em suma, apesar de a função social da propriedade possuir, sem dúvida, aplicação ampla em relação à propriedade imobiliária rural, é inegável que a melhor regulação da propriedade não pode ensejar o argumento de que a funcionalidade da propriedade a ela se reduz (Cf. MATIAS, João Luis Nogueira. Op. cit. pp. 67-68).

CAPÍTULO 3 – IMPLICAÇÕES JURÍDICAS DA APLICAÇÃO DA TEORIA DOS BENS COMUNS...

atividade econômica pressupõe a reflexão estrutural da própria sociedade empresária[271].

Analisando do ponto de vista da estrutura orgânica da sociedade anônima, a destinação dos bens de titularidade da companhia e o próprio exercício da atividade empresarial por ela (enquanto empresário) se dá por meio da atuação de seus administradores, razão pela qual a reflexão acerca da destinação dos bens da companhia guarda, ao menos em certa medida, relação com o regramento aplicado aos seus administradores.

Levando essa premissa em consideração, a LSA estipula, em seu art. 154[272], que os administradores (diretos, membro do conselho de administração ou membro do conselho fiscal) devem exercer as atribuições conferidas pela lei e pelo estatuto social *"para lograr os fins e no interesse da companhia, satisfeitas as exigências do bem público e da função social da empresa"*.

Ora, a relação entre os administradores e a companhia é uma relação de *presentação*, que não pode ser confundida com uma relação de *representação*. Enquanto na representação tem-se dois sujeitos de direito, um representante, que age em nome do representado, e um representado, dando origem a uma relação jurídica obrigacional, como ocorre com o preposto em relação à pessoa jurídica, na relação de presentação tem-se uma relação orgânica, pois quando o presentante pratica uma conduta, quem a pratica é o presentado[273].

---

[271] É pertinente, assim, a ponderação feita por Eduardo Munhoz, ao afirmar que há nítido desajuste entre empresa (enquanto fenômeno social) e a sociedade (forma jurídica), reconhecendo a necessidade do *"estudo das estruturas e dos processos econômicos que a caracterizam"*, valendo de teorias jurídicas modernas e econômicas (Cf. MUNHOZ, Eduardo Secchi. Op. cit. p.183). Em sentido semelhante, merece destaque a reflexão feita pelos autores franceses Armand Hatchuel e Blanche Segrestin que sugerem que a crise do direito societário moderno é a crise das relações entre a sociedade (forma jurídica) e a empresa (atividade econômica), analisando em que medida a sociedade não estaria em conflito com a própria empresa em razão da dificuldade de alinhamentos de interesses (Cf. HATCHUEL, Armand; SEGRESTIN, Blanche. La société contre l'entreprise? Vers une norme d'entreprise à progrès collectif. In: Droit et société, nº 65, 2007/1. pp. 27-40).

[272] *"Art. 154. O administrador deve exercer as atribuições que a lei e o estatuto lhe conferem para lograr os fins e no interesse da companhia, satisfeitas as exigências do bem público e da função social da empresa."*

[273] Sobre o tema, merece destaque os ensinamentos de Pontes de Miranda: *"O órgão da pessoa jurídica não é representante legal. A pessoa jurídica não é incapaz. O poder de presentação, que êle tem, provém da capacidade mesma da pessoa jurídica; por isso mesmo, é dentro e segundo o que se determinou no ato constitutivo, ou nas deliberações posteriores (...). Se as pessoas jurídicas fossem incapazes, os atos dos seus órgãos não seriam atos seus. Ora, o que a vida nos apresenta é exatamente a atividade das pessoas*

COMMONS EMPRESARIAIS

Isto posto, a pessoa da companhia é, em verdade, confundida com a pessoa de seu administrador, quando agindo no bom exercício de suas funções e em respeito às delimitações de seu objeto social.

Destarte, a partir do momento em que o administrador deve exercer suas atribuições observando a função social da empresa, a companhia, quando da destinação de seus bens e direitos – ou seja, quando do exercício do controle empresarial, o que ocorre também pelo exercício do direito de propriedade sobre os bens da companhia – está igualmente sujeita a essa funcionalização.

A lei, ao regular o exercício da atividade empresarial, reconhece que há interesses endógenos e exógenos que devem ser observados, tanto em relação àqueles que possuem relacionamento direto com a empresa, quanto em relação a terceiros que são afetados pela atividade empresarial, a exemplo da comunidade[274]. A empresa é, assim, vista como uma instituição que transcende à esfera econômica e passa a englobar interesses sociais de extrema relevância, a exemplo da sobrevivência dos trabalhadores que para ela prestam seus serviços, da comunidade que é afetada pela destinação da atividade empresarial ou mesmo de direitos com titulares indeterminados, como ocorre com o meio ambiente.

Sendo assim, a partir do momento em que se está diante de uma função, tem-se como consequência clara, por um lado, a existência de deveres negativos ao seu titular – no caso, o empresário (a companhia) –, que não deverá lesar os interesses que devem ser por ele observados[275].

---

jurídicas através de seus órgãos: os atos são seus, praticados por pessoas físicas. (...) Os atos dos órgãos, que não se confundem com os mandatários das pessoas jurídicas, são atos das próprias pessoas jurídicas: têm elas vontade, que se exprime; daí a sua responsabilidade pelos atos ilícitos, que sejam seus." (PONTES DE MIRANDA, F. C. Tratado de Direito Privado – Parte Geral – Tomo I – Introdução. Pessoas Físicas e Jurídicas. 4ª Ed. São Paulo: RT, 1974. p. 412). Ainda sobre a temática, v. RAMUNNO, Pedro A. L. Ramunno. Op. cit. pp. 36-39).

[274] Justamente nesse ponto é salutar a utilização do preceito trazido pelo parágrafo único do art. 116 da LSA como esforço argumentativo para auxiliar o intérprete com a delimitação dos interesses a serem tutelados e que estão abarcados pela *função social da empresa*. Trata-se, como será visto adiante, de um *dispositivo declaratório de interesses* (Cf. SALOMÃO FILHO, Calixto. Novo estruturalismo jurídico... p. 544).

[275] De acordo com Fábio Konder Comparato: *"a lei reconhece que, no exercício da atividade empresarial, há interesses internos e externos, que devem ser respeitados: não só os das pessoas que contribuem diretamente para o funcionamento da empresa, como os capitalistas e trabalhadores, mas também os interesses da "comunidade" em que ela atua. Não há certamente dificuldade alguma em entender em que*

CAPÍTULO 3 – IMPLICAÇÕES JURÍDICAS DA APLICAÇÃO DA TEORIA DOS BENS COMUNS...

Por outro lado, a eventual existência de deveres positivos que devam ser praticados em benefício dos interesses afetados[276] pela destinação da empresa deve ser analisada com cautela[277]. Isso se dá pelo fato de a função econômica da atividade empresarial – e consequentemente da própria companhia – circunscrever o intuito lucrativo, por meio da apuração e destinação de seus lucros. Em outras palavras, pode-se afirmar que a função econômica do exercício da atividade empresarial fica evidenciada quando a organização possibilita a melhor circulação de riquezas, com redução dos custos de transação decorrentes da oferta da produção ao mercado. Trata-se, inclusive, do disposto no art. 2º da LSA[278].

consistem os deveres negativos do empresário, relativamente a esses múltiplos interesses. Eles representam a mera aplicação do princípio geral neminem laedere" (COMPARATO, Fábio Konder. Estado, empresa e função social... p. 44).

[276] A existência de deveres positivos e negativos decorrentes da existência de uma função social, ao lado das prerrogativas de usar, gozar e dispor do bem é expressamente abordada em PERLINGIERI, Pietro. Introduzione allá Problemática della Proprietá. Camerino: Jovene, 1971. pp. 69-73. Desse modo, a função social não apenas pretende evitar condutas que lesem os interesses alheios, mas também direcionar e orientar a conduta do titular para a realização do interesse público. No mesmo sentido, é a opinião de Eros Grau: "a função social da propriedade atua como fonte da imposição de comportamentos positivos – prestação de fazer, portanto, e não, meramente, de não fazer – ao detentor do poder que deflui da propriedade." (GRAU, Eros Roberto. Op. cit. p. 269). Sobre a temática, v. LOPES, Ana Frazão de Azevedo. Op. cit. pp. 121 e ss; e GAREA, Rafael Colina. La Función Social de la Propriedad Privada en la Constitución Española de 1978. Barcelona: J. M. Bosch Editor, 1997, em especial p. 118).

[277] A necessidade de cautela ao se referir a eventuais deveres positivos decorrentes da função social da empresa é bem ilustrada pelo seguinte excerto que analisa a possível equiparação entre a função social da empresa e o desenvolvimento de plano de assistência social ou de previdência complementar para seus empregados: "Por certo que os contornos dados à teoria ultrapassam seu real significado, pois, além de violar os preceitos constitucionais pelos quais deve ser mantida a livre concorrência, confunde-se função social da empresa com gestão social ou responsabilidade social corporativa, de tal forma a pretender que o modelo falido de previdência pública seja substituído pela previdência privada 'estimulada'" (NUNES, Márcio Tadeu Guimarães. Função de Impacto das Sociedades Anônimas no Sistema Jurídico e Econômico Brasileiro. In: FINKELSTEIN, Maria Eugenia Reis; PROENÇA, José Marcelo Martins. Direito Societário: sociedades anônimas. Série GVlaw. São Paulo: Saraiva, 2007. pp. 16-17).

[278] "Art. 2º Pode ser objeto da companhia qualquer empresa de fim lucrativo, não contrário à lei, à ordem pública e aos bons costumes." Importante destacar que a finalidade lucrativa não pode ser confundida com a obrigatoriedade de pagamento de dividendos, que, de fato, inexiste no âmbito da sociedade anônima.

COMMONS EMPRESARIAIS

Justamente por essa razão que se afirmou, anteriormente, que o exercício da propriedade sobre os bens empresariais está sujeito a uma "dupla funcionalização": a função social da propriedade e a função social da empresa[279], sendo que nessa última não se pode olvidar da função econômica da atividade empresarial, que pressupõe a finalidade lucrativa[280]. Por esse motivo, é razoável se falar na existência de uma *função social da propriedade empresarial*, que não possui premissas idênticas à função social da propriedade quando diante de bens que não tem por objetivo a realização da atividade empresarial.

Dessa forma, o empresário (ou, no caso, sociedade empresária) deve, quando do exercício da atividade econômica, ter a sua atuação baseada em dois pilares: por um lado deve atender aos interesses próprios e egoísticos, qual seja a maximização do resultado do empreendimento desenvolvido; por outro lado, quando da exploração da atividade empresarial e da propriedade dos bens de produção destinados à realização da empresa, deve procurar atender outros centros de imputação de interesses que não o do próprio empresário.

Isso não implica, porém, de forma alguma, a refutação da existência de uma função social da empresa[281] – muito pelo contrário –, mas tão somente a

---

[279] Sobre a função social da empresa, destaca-se o seguinte trecho: *"No Brasil, a ideia de função social da empresa também deriva da previsão constitucional sobre a função social da propriedade (artigo 170, inciso III). Estendida à empresa, a ideia de função social da empresa é uma das noções de talvez mais relevante influência prática na transformação do direito empresarial brasileiro. É o princípio norteador da 'regulamentação externa' dos interesses envolvidos pela grande empresa. Sua influência pode ser sentida em campos tão díspares como direito antitruste, direito do consumidor e direito ambiental. Em todos eles é da convicção da influência da grande empresa sobre o meio em que atua que deriva o reconhecimento da necessidade de impor obrigações positivas à empresa. Exatamente na imposição de deveres positivos está o seu traço característico, a distingui-la da aplicação do princípio geral neminem laedere. Aí está a concepção social intervencionista, de influência reequilibradora de relações sociais desiguais."* (SALOMÃO FILHO, Calixto. Teoria Crítico-Estruturalista... p. 179).

[280] Nesse contexto, deve-se atentar à premissa de que o *"desenho organizacional é que limita ou amplia a possibilidade de condutas de apropriação de riquezas"* (SZTAJN, Rachel. Teoria Jurídica da Empresa: atividade empresária e mercados. São Paulo: Atlas, 2004. p. 74). Ou seja, a forma de organização e exercício da atividade empresarial, no caso a sociedade empresária organizada na forma de sociedade anônima, tem o condão, por meio de sua estrutura organização, de promover o melhor alinhamento e harmonia entre o interesse lucrativo decorrente do exercício da atividade econômica e os demais afetados pelo exercício da atividade empresarial.

[281] Em sentido contrário, em tom de dura crítica, é o posicionamento partilhado por Fábio Konder Comparato: *"(...) a companhia não pode jamais renunciar à sua finalidade lucrativa (art. 2º), ainda que todos os acionistas renunciem solenemente a receber dividendos e sejam movidos pelo mais elevado intuito altruístico, ou pela intenção de participar de alguma campanha pública de auxílio social.*

CAPÍTULO 3 – IMPLICAÇÕES JURÍDICAS DA APLICAÇÃO DA TEORIA DOS BENS COMUNS...

necessidade de interpretar essa funcionalização de acordo com as premissas aqui tratadas.

Dessa forma, diante dos múltiplos interesses relacionados à realização da atividade empresarial[282-283] e da dificuldade de decidir de forma prévia e estática qual deve prevalecer, parece prudente a harmonização desses interesses por meio da criação de soluções procedimentais que procurem internalizá-los na companhia, tal como preceitua o *institucionalismo organizativo*, cujas premissas foram apresentadas na Seção 3.2.1.2.

Além disso, quando se está diante de bens da companhia que sejam considerados, em razão das suas características, bens comuns, a alocação dos feixes

Da mesma forma, embora a lei cometa ao administrador de companhias o dever de exercer suas atribuições tendo em vista a 'função social da empresa' (art. 154, caput), nenhum órgão administrativo, no exercício de suas 'responsabilidades sociais', está legalmente autorizado a praticar atos gratuitos não razoáveis, em benefício da comunidade em que atua a empresa (mesmo artigo, § 4º.). A razoabilidade aí, como ninguém pode ignorar, é apreciada em função justamente da finalidade lucrativa, que é da essência da sociedade anônima. Por último convém lembrar, já se firmou na jurisprudência brasileira o entendimento de que uma companhia pode ser dissolvida judicialmente em razão do não preenchimento de seu fim social (Lei 6.404, art. 2096, II, b), quando deixa persistentemente de produzir lucros. É imperioso reconhecer, por conseguinte, a incongruência em se falar numa função social das empresas. No regime capitalista, o que se espera e exige delas é, apenas, a eficiência lucrativa, admitindo-se que, em busca do lucro, o sistema empresarial como um todo exerça a tarefa necessária de produzir ou distribuir bens e de prestar serviços no espaço de um mercado concorrencial." (COMPARATO, Fábio Konder. Estado, empresa e função social... p. 45).

[282] Essa pluralidade de interesses, vale destacar, já havia sido identificada por Alfredo Lamy Filho, um dos autores do anteprojeto que deu origem à LSA: "É mister, por isso, buscar a dificílima linha de conciliação entre o interesse da empresa, cujo êxito deve ser assegurado, do acionista que deve ser protegido contra a fraude, do gestor que precisa de liberdade para agir, do credor que faz jus à segurança de seu crédito e do próprio Estado, fiscal do interesse público em jogo." (LAMY FILHO, Alfredo. A reforma da Lei de Sociedades Anônimas. In: Revista de Direito Mercantil. nº 7. p.138). E, ainda, mais adiante, anunciando a posição favorável pela conciliação entre os interesses envolvidos: "*Parece-nos certo, por tudo isso, que as novas regras devem visar no campo privado ao aperfeiçoamento do instituto, e, no campo público, ao seu controle mais eficaz por parte das autoridades*" (Idem ao anterior, p. 140).

[283] Quando da seleção dos interesses que devem ser considerados sob a égide da função social, é oportuna a reflexão de Giselda Hironaka, que apesar de tratar da função social do contrato, com fundamento no art. 5º, inciso XXII da Constituição Federal, também pode ser aqui aplicada: "*Ainda que o vocábulo social sempre apresente esta tendência de nos levar a crer tratar-se de concepção filosófico-socialista, deve restar esclarecido tal equívoco. Não se trata, sem sombra de dúvida, de se estar caminhando no sentido de transformar a propriedade em patrimônio coletivo da humanidade, mas tão apenas de subordinar a propriedade privada aos interesses sociais (...)*". (HIRONAKA, Giselda Maria F. Novaes. Direito Civil – Estudos. Belo Horizonte: Del Rey, 2000. p. 105).

COMMONS EMPRESARIAIS

do direito relacionados a esse bem deve ter como parâmetro o *melhor interesse da companhia,* cujo conceito – quando aplicável a estruturas relacionadas ao *controle empresarial* – confunde-se com a destinação do bem da companhia de acordo com a *função social do bem empresarial,* levando em consideração a necessidade de harmonização entre os múltiplos interesses envolvidos.

Isso se dá, pois o exercício do direito de propriedade do bem da companhia considerado comum de acordo com a função social da propriedade empresarial implica a maximização da eficiência distributiva, já que pressupõe a consideração de todos interesses afetados pela atividade empresarial em decorrência da destinação desse bem, somado ao dever negativo de não os lesar. Por conseguinte, a alocação dos feixes de direitos a eles relacionados se dará de forma ótima, com maximização de bem-estar social e de eficiência distributiva, indo ao encontro das premissas defendidas no decorrer deste trabalho.

Dessa forma, o conceito de função social da propriedade empresarial, compreendidos os deveres positivos e negativos, contribui para a internalização de interesses afetados pela destinação do bem da empresa, que podem ser considerados externalidades, o que corrobora a adequação do conceito econômico de propriedade – como uma forma de internalização de externalidades – para os fins pretendidos neste trabalho. Isso significa que o direito subjetivo da propriedade sobre o bem empresarial impõe a harmonização entre as prerrogativas e faculdades do titular desse direito e o respeito de sua função social.

Consequentemente, promove-se que a destinação desse bem tenha por objetivo também os fins sociais, sem, contudo, transformar a propriedade em algo público. Ou seja, mantém-se o bem como sendo particular da companhia, a despeito de ser considerado bem comum.

Delimitado o parâmetro para alocação dos feixes de direitos decorrentes da consideração de determinado *common* empresarial, passa-se a analisar quais são os feixes a serem alocados, bem como a forma adequada para realizar essa alocação.

3.4. Os feixes de direitos relacionados ao *common* empresarial.

Tal como enfrentado no decorrer deste trabalho, reconhecido determinado bem da companhia como possuindo natureza de bem comum, faz-se

CAPÍTULO 3 – IMPLICAÇÕES JURÍDICAS DA APLICAÇÃO DA TEORIA DOS BENS COMUNS...

necessário realizar uma intervenção estrutural em relação a esse bem, com o objetivo de promover a sua melhor destinação. Afinal, como defendido anteriormente, trata-se da forma adequada para proporcionar a maximização da eficiência distributiva decorrente de sua exploração, o que, por sua vez, representa uma forma de mitigação do poder econômico.

Dessa forma, como já mencionado, deve-se abandonar a ideia de uma visão unitária e absoluta do direito de propriedade, marcada pelas posições jurídicas descritas no CC e passar a adotar – condizente com o conceito econômico de propriedade como uma forma de internalização de externalidades – a ideia de que a propriedade, do ponto de vista jurídico, é composta por diversos feixes de direitos (*bundle of rights*)[284]

Nesse contexto, é relevante salientar que a visão jurídica da propriedade como um feixe de direitos (*bundle of rights*) não configura propriamente uma novidade, principalmente quando encarada por uma abordagem pautada em Direito e Economia, conforme reflexão trazida por Cooter e Ulen[285]:

> "From a legal viewpoint, property is a bundle of rights. These rights describe what people may and may not do with the resources they own: the extent to which they may possess, use, develop, improve, transform, consume, deplete, destroy, sell, donate, bequeath, transfer, mortgage, lease, loan, or exclude others from their property. These rights are not immutable; they may, for example, change from one generation to another. But at any point in time, they constitute the detailed answer of the law to the four fundamental questions of property law listed above. (...) The legal conception of property is, then, that of a bundle of rights over resources that the owner is free to exercise and whose exercise is protected from interference by others. Thus, property creates a zone of privacy in which owners can exercise their will over things without being answerable to others (...) These facts are sometimes summarized by saying that property gives owners liberty over things"

---

[284] As premissas do argumento aqui desenvolvido podem ser encontradas em SALOMÃO FILHO, Calixto. Direito Concorrencial... pp. 373-377.
[285] COOTER, Robert; ULEN, Thomas. Op. cit. pp. 73-74.

185

COMMONS EMPRESARIAIS

Dessa forma, a partir do momento em que se considera a propriedade, em seu sentido jurídico, como sendo composta por feixes de direitos (*bundle of rights*), abre-se margem para a discussão de quais são os feixes de direitos que devem ser considerados componentes da propriedade enquanto uma estrutura jurídica, bem como qual a forma ideal para a proteção de cada um desses feixes de direitos. Posteriormente, cabe endereçar qual a forma adequada para a alocação desses feixes entre os interessados afetados pela destinação de determinado bem, especialmente de um *common* empresarial. Nesse aspecto, a seleção de diferentes composições de feixes de direitos pode criar inclusive incentivos para utilização dos recursos de forma mais eficiente[286], possuindo a regulação, como se pretende demonstrar adiante, importante papel para a delimitação dos feixes de direitos e dos titulares de interesses a serem considerados e, até mesmo, para a forma de endereçá-los.

Nesse sentido, destacam-se os seguintes feixes de direitos de propriedade como componentes dessa estrutura sob o prisma jurídico[287-288]: (i) direito de

---

[286] Justamente nesse sentido: "*This general definition of property* [as a *bundle of rights*] *is compatible with many different theories of what particular rights are to be included in the protected bundle and of how to protect those rights. It is also consistent with different accounts of the responsibilities that a person assumes by becoming an owner. The law has tended to look beyond itself to philosophy for help in deciding which rights to include in the bundle of property rights. (...) we focus on how alternative bundles of rights create incentives to use resources efficiently. An efficient use of resources maximizes the wealth of a nation.*" (COOTER, Robert; ULEN, Thomas. Op. cit. p. 74).

[287] Ostrom e Schlager se referem aos feixes de direitos de propriedade pela expressão "*major bundle of rights*" e identificam os seguintes, tendo por objeto de análise de bens do meio ambiente (*natural resources*): (i) "*access*", como sendo "*the right to enter a defined physical property*"; (ii) "*withdrawal*", como sendo "*the right to obtain 'products' of a resource (e.g., catch fish, appropriate water, etc.)*; (iii) "*management*", como sendo "*the right to regulate internal use patterns and transform the resource by making improvements*"; (iv) "*exclusion*", como sendo "*the right to determine who will have an access right, and how that right may be transferred*"; (v) "*alienation*", como sendo "*the right to sell or lease either both of the above collective-choice rights* [management and exclusion]" (OSTROM, Elinor; SCHLAGER, Edella. Property-Rights Regimes and Natural Resources: A Conceptual Analysis. In: Land Economics. Vol. 68. No. 3, aug./1992. pp. 250-251). Para fins de referência, o termo "*withdrawal*" foi posteriormente referido como "*extraction*", mantendo-se, entretanto, seu conteúdo – "*the right to obtain resource units or products of a resource system (for example, catch fish, divert water)*" (Cf. OSTROM, Elinor; HESS, Charlotte. Op. cit. 124).

[288] Os feixes de direitos de propriedade descritos são apresentados pelo Prof. Calixto Salomão Filho, que os relaciona sobretudo aos bens do meio ambiente e apresenta uma visão um pouco mais aprofundada da de Ostrom e Schlager, conforme mencionado na nota de rodapé nº 287 (Cf. SALOMÃO FILHO, Calixto. Direito Concorrencial... pp. 373-374).

CAPÍTULO 3 – IMPLICAÇÕES JURÍDICAS DA APLICAÇÃO DA TEORIA DOS BENS COMUNS...

acesso ao bem; (ii) direito de retirar produtos ou recursos (*withdrawal rights*) do bem; (iii) direito de administrar (*management*) – qual seja, o direito de transformar a propriedade do bem e/ou regular padrões internos de uso; (iv) direito de exclusão (*exclusion*) – qual seja, definir a quem será atribuído o direito de acesso, retirada ou administração; (v) direito de uso – qual seja, o direito de utilizar economicamente o bem, que não se confunde com o direito de retirada; (vi) direito de disposição – qual seja, o direito de alienar o bem; e, para alguns bens em especial, (viii) direito de decisão sobre o destino final do subproduto de utilização dos referidos bens.

Diante dessa enumeração, é importante notar que alguns dos feixes de direitos que compõem a propriedade são relacionados a direitos de apropriação do bem (direito de acesso e direito de retirada de recursos), enquanto outros são relacionados aos direitos de utilização do bem (direito de uso e direito de alienação ou disposição), o que remete às características dos bens comuns[289].

Em outras palavras, enquanto alguns dos feixes de direito de propriedade guardam relação com o grau de facilidade de subtração do bem, outros guardam relação com o grau de dificuldade de exclusão de uso, ao passo que um terceiro grupo, a exemplo do direito de administração do bem e o direito sobre o destino final dos subprodutos da utilização do bem, possuem natureza mista, referindo-se tanto aos direitos de apropriação, quanto aos direitos de uso dos bens.

Vale destacar, ainda, que a enumeração dos feixes de direito realizada não é única e pode variar de acordo com a situação e de acordo com a origem do bem que está sendo estudado. Ou seja, os feixes de direito de propriedade que podem ser extraídos de um bem ambiental com natureza de bem comum podem não ser os mesmos extraídos de um bem de titularidade de uma companhia com igual natureza.

De todo modo, tem-se como ponto comum que para a extração dos feixes de direitos (*bundle of rights*), pressupõe-se, repise-se, uma leitura que se afaste do direito de propriedade prescrito no CC, conforme art. 1.228, adotando-se um conceito econômico de propriedade, definido enquanto uma forma para internalização de externalidades.

---

[289] Idem ao anterior. p. 374.

COMMONS EMPRESARIAIS

Diante dessas considerações, veja-se, então, como poderia ser aplicada essa matriz de feixes de direitos de propriedade diante de um *common* empresarial. Para tanto, toma-se como exemplo hipotético uma planta industrial de uma companhia inserta em uma *company town*, tal como retratado anteriormente.

Primeiramente, o direito de acesso ao bem nessa situação hipotética não se resume à mera prerrogativa de passagem ou de trânsito pela planta industrial em questão, englobando o próprio direito à informação relacionado à destinação do bem empresarial e, quase que por consequência, a possibilidade e o direito à fiscalização de como o bem empresarial considerado comum será utilizado. Os titulares desse feixe de direito têm a prerrogativa, a título meramente exemplificativo, de saber como será feito o descarte dos resíduos relacionados ao bem, se haverá alguma mudança drástica nos quadros de colaboradores absorvidos pela exploração desse bem, dentre outras questões que teriam que ser determinadas em cada caso concreto.

Já o direito de retirar os produtos ou recursos (*withdrawal rights* ou *extraction rights*), quando associado a um bem empresarial, remete quase que imediatamente à prospecção do resultado decorrente do seu uso, com intuito lucrativo por se tratar de um bem empresarial e que integra o estabelecimento da companhia. Nesse sentido, parece razoável que esse feixe de direito seja alocado para a própria companhia que é, afinal, titular do controle empresarial e, por consequência, titular do domínio sobre o bem, tal como considerado pela visão jurídica tradicional da propriedade. No caso hipotético mencionado, o resultado econômico originado da exploração da planta industrial seria da própria companhia[290].

O direito de administrar o bem, por sua vez, deve ser entendido como um direito de gestão em sentido amplo. Via de regra a titularidade desse feixe de direitos tende a ser alocada para a própria companhia, que exercerá as prerrogativas a ele relacionadas por meio dos administradores, que são seus presentantes.

---

[290] Não se olvida, de todo modo, às importantes ponderações feitas pelo Professor Calixto Salomão Filho sobre o tema: *"(...) as decisões sobre a retirada de recursos (direito de administração – management), exatamente por se tratar de um recurso escasso, devem ser institucionalizadas, atribuídas a entidades reguladoras representativas da comunidade e de qualquer forma conectadas a um órgão mais amplo de coordenação de políticas regulatórias regionais."* (SALOMÃO FILHO, Calixto. Direito Concorrencial..., p. 375).

CAPÍTULO 3 – IMPLICAÇÕES JURÍDICAS DA APLICAÇÃO DA TEORIA DOS BENS COMUNS...

De todo modo, nada impede que a administração do bem seja realizada por meio de estruturas mais complexas, que considerem formalmente outros interesses que não apenas o da companhia. Seria o caso de se pensar, hipoteticamente, em um órgão gerencial composto por membros indicados pela companhia, pelos colaboradores e pela comunidade afetada pela destinação da exploração da planta industrial em questão, que teria por competência tomar as principais decisões relacionadas à gestão desse bem. Note-se que a ponderação, aqui, não envolve a internalização desses titulares de interesses dentro da estrutura orgânica da companhia, mas em uma estrutura apartada dos órgãos gerenciais da sociedade anônima, tal como será melhor enfrentado na próximas Seções.

Quanto ao direito de exclusão, concernente à prerrogativa de definir a alocação dos feixes de direitos, parece razoável afirmar que a melhor forma para a sua alocação dar-se-ia por meio de estruturas associativas, conforme será abordado na Seção 3.5. deste trabalho. Como a temática será tratada de forma dedicada nessa Seção, cumpre destacar por ora que essas estruturas associativas podem decorrer de determinações regulatórias ou autorregulatórias, de forma compulsória ou voluntária, e que o melhor artifício para instrumentalizar essa estrutura associativa seria um contrato associativo plurilateral. Pense-se, nesse sentido, a título meramente exemplificativo, na possibilidade de os titulares dos interesses afetados pela exploração da planta industrial constituírem uma associação civil que tenha por objeto a alocação dos feixes de direitos relacionados a esse bem.

O direito de uso no cenário hipotético guarda relação com a própria exploração da empresa, entendida enquanto atividade empresarial, por meio da destinação do bem em questão, no caso, a planta industrial. Sendo assim, a despeito de o direito de informação e de fiscalização por titulares de outros interesses afetados pela exploração desse bem, decorrentes da alocação do direito de acesso, conforme visto anteriormente, parece natural a defesa de que o direito de uso deve ser alocado para a própria companhia, que deverá exercer as prerrogativas decorrentes desse feixe de direito de acordo com a função social da empresa, ou seja, no melhor interesse da companhia. Alternativamente, pode-se pensar, tal como ocorre com o direito de administrar, na utilização de estruturas que possibilitem a cogestão desse feixe de direitos, por meio de estruturas associativas.

COMMONS EMPRESARIAIS

Além disso, o direito de disposição do bem empresarial, que pode ser traduzido como o direito de alienação do bem, deve ser alocado, naturalmente, para a própria companhia. Nada impede, contudo, que, por meio de instrumentos associativos, sejam elaboradas regras para promover a participação de outros interesses quanto ao exercício desse feixe de direitos. Ou seja, na prática, no caso hipotético enunciado, isso envolveria, por exemplo, admitir a possibilidade de impor a necessidade de anuência ou concordância de titulares de outros interesses previamente à alienação da planta industrial, desde que antecipadamente determinado por meio das disposições que regulariam esse feixe de direitos, o que pode ser feito por meio das cláusulas de um contrato associativo plurilateral, como será visto no decorrer da Seção 3.5..

Por fim, há o direito de decisão sobre o destino final do subproduto de utilização dos referidos bens, enfrenta-se, por exemplo, a forma como deve ser alocado o direito de destinar os resíduos decorrentes da exploração da atividade empresarial originados pela exploração da planta industrial no caso hipotético. Em relação a esse feixe de direito de propriedade, pode-se pensar em diferentes combinações, sendo que se destaca a possibilidade de alocação desse feixe para uma empresa terceira especializada no gerenciamento de resíduos, que também assumiria a responsabilidade de sua correta disposição, de acordo com as normas ambientais aplicáveis, podendo-se regular essa alocação por meio – mais uma vez – da celebração de um contrato associativo plurilateral.

Com base nessas breves considerações, cabem alguns importantes comentários.

Em primeiro lugar, esses feixes de direitos possuem conteúdo aberto e não apresentam rol taxativo, sendo que a depender da modalidade de bem, dos interesses a serem tutelados e da situação concreta, podem ser imaginados outros feixes de direitos que não aqueles expressamente mencionados nesta Seção.

Em segundo lugar, justamente pelo fato de o conteúdo dos feixes de direitos ser aberto, os próprios interessados podem delimitar o seu conteúdo, ampliando-os ou restringindo-os, o que pode ser feito por meio de instrumentos contratuais, como será analisado oportunamente.

Por fim, mas certamente de igual importância, o conteúdo aberto mencionado também se estende à determinação dos interesses que devem ser levados em consideração quando da alocação dos feixes de direito. Em relação

CAPÍTULO 3 – IMPLICAÇÕES JURÍDICAS DA APLICAÇÃO DA TEORIA DOS BENS COMUNS...

a esta última consequência, marcada por nuances específicos, cabem algumas breves reflexões.

Não é todo e qualquer interesse que deve ser considerado como relevante para integrar a nova composição dos feixes do direito de propriedade sobre os bens comuns, mormente diante de um bem empresarial com tais características. Nesse sentido, é pertinente a ideia de existirem *dispositivos declaratórios de interesses*, que *"não podem ser genéricos e aplicáveis a uma generalidade de áreas, [sendo que tais] dispositivos declaratórios (como de resto os princípios) são tão mais úteis quanto mais específicos e menos genéricos. Versam, como visto acima, sobre cada estrutura jurídica que se deve considerar e transformar. Referidos dispositivos tornam-se, na prática, guias de interpretação para o restante da legislação."*[291]

Quando se trata dos interesses a serem considerados no exercício do controle empresarial, a questão ganha traços sensíveis, pois não há na legislação brasileira uma norma que possa ser identificada como dispositivo declaratório de interesses destinado a regular essa estrutura, como já tratado anteriormente na Seção 3.3[292]. Isso ocorre, pois o parágrafo único do artigo 116 da LSA, que enuncia os interesses que devem ser observados pelo acionista controlador quando do exercício de seu poder funcional, refere-se justamente à identificação do controlador societário e ao exercício do poder de controle societário, a despeito de se tratar de uma norma que, por força de argumentação, pode ser tranquilamente aplicada esta situação. Por esse motivo, a solução mais prudente parece ser identificar os interesses relevantes e que devem ser internalizados casuisticamente[293], premissa que também se aplica à forma de atribuição de tais *feixes de direitos* entre os interesses[294].

---

[291] Cf. SALOMÃO FILHO, Calixto. Novo estruturalismo jurídico... p. 544.

[292] Não se pode negar, contudo, a existência de inúmeros dispositivos da legislação brasileira, a exemplo das normas constitucionais previstas no art. 7º e no art. 23, inciso VI da Constituição Federal, que podem, a depender da interpretação, compor o conteúdo dos dispositivos declaratórios de interesses a serem aplicados em cada caso.

[293] Apesar de não existir uma identidade entre as premissas, é possível a aplicação do racional adotado para a identificação dos interesses protegidos pela função social do contrato como forma de orientar a seleção dos interesses que serão considerados diante de um bem de titularidade da companhia com natureza de bem comum, de acordo com as ponderações feitas por Calixto Salomão Filho. Sobre a temática, v. SALOMÃO FILHO, Calixto. Teoria Crítico-Estruturalista... pp. 183-198.

[294] Nesse sentido, faz-se referência às considerações de Ostrom e Hess sobre a complexidade dos direitos de propriedade: *"The world of property rights is far more complex than simply government,*

COMMONS EMPRESARIAIS

3.5. Formas de alocação dos feixes de direitos relacionados ao *common* empresarial: autorregulação voluntária e autorregulação compulsória.

Delimitada uma matriz dos feixes de direitos relacionados à propriedade do bem da companhia com natureza de comum, conforme proposto na Seção 3.4., faz-se necessário analisar quais seriam as formas mais adequadas para a alocação desses feixes entre os titulares dos interesses afetados por sua exploração.

Preliminarmente, é importante destacar que essas formas mais adequadas seriam aquelas que promoveriam uma destinação mais eficiente – do ponto de vista da eficiência distributiva – desse bem, orientando sua exploração no melhor interesse da companhia e com a consentânea redução dos custos de transação, internalizando as externalidades que decorreriam caso esses interesses não fossem considerados no processo decisório.

Nesse sentido, partindo das premissas relacionadas aos bens comuns, a melhor solução parece ser a criação de estruturas participativas que promovam o diálogo e a cooperação entre os envolvidos. Isso se dá, pois o aumento da confiança entre os indivíduos tende a gerar maior grau de cooperação, o que, por sua vez, gera benefícios e ganhos de eficiência (no caso, de eficiência distributiva), promovendo o uso de mecanismos de feedback confiáveis entre os titulares de interesses que participam desse procedimento, resultando em um ambiente marcado por mais informação e transparência, com a consequente redução dos custos de transação. Diante desse cenário, espera-se criar um ambiente propício para a aplicação mais eficiente de normas individuais, reforçando a ideia de cooperação entre os indivíduos, e promovendo, em suma, "a lógica da ação coletiva"[295], que havia sido referida por Mancur Olson.

Esse procedimento participativo deve, contudo, ser pensado e elaborado com critério. Não se pode desconsiderar que o bem comum em questão é um bem empresarial, devendo assim ser destinado à realização da empresa, que deve ter como uma de suas preocupações o interesse lucrativo. Entretanto,

private, and common property. These terms better reflect the status and organization of the holder of a particular bundle of rights. All of the above rights can be held by single individuals or by collectivities" (OSTROM, Elinor; HESS, Charlotte. Op. cit. p. 127).

[295] O racional aqui desenvolvido está intimamente relacionado com a representação gráfica trazida na Figura 1.

CAPÍTULO 3 – IMPLICAÇÕES JURÍDICAS DA APLICAÇÃO DA TEORIA DOS BENS COMUNS...

como característico de todo bem comum, há grande necessidade de atribuição de feixes de direitos, a exemplo dos direitos de acesso e de retirada de produtos ou recursos, aos titulares de interesses externos selecionados (em relação à estrutura orgânica da companhia)[296].

Essa necessidade de harmonização de interesses sugere a promoção do diálogo e a participação dos titulares dos interesses no processo decisório, devendo-se buscar o melhor interesse da companhia, o que coincide com o seu exercício de acordo com a sua função social. Para tanto, servindo das demais experiências analisadas como inspiração, a adoção de estruturas associativas, com destaque para as típicas do direito societário[297], que podem inclusive ser paralelas aos órgãos da companhia, e que internalizem os interesses selecionados representa um caminho interessante.

Note-se ainda, como destacado anteriormente, que a solução a ser delineada não está relacionada à internalização desses interesses nos órgãos componentes da estrutura orgânica da sociedade empresária, o que englobaria, em uma sociedade anônima, os órgãos vinculados à sua administração: assembleia geral, diretoria, conselho de administração (quando existente) e conselho fiscal. Ou seja, a solução proposta não se aproxima do mecanismo utilizado na Alemanha e que envolvia a participação operária nos órgãos diretivos de grandes empresas, por meio das leis de co-determinação[298].

---

[296] Cf. SALOMÃO FILHO, Calixto. Direito Concorrencial... p. 374.

[297] Embora não seja objeto deste trabalho, cumpre destacar que a solução aqui enunciada não pode ser instrumentalizada de diversas maneiras, seja por meio da constituição de posições jurídicas com eficácia obrigacional (*in personam*), seja por meio da constituição de posições jurídicas com eficácia *erga omnes* (*in rem*). Trata-se de inferência feita de acordo com a análise desenvolvida em ARRUÑADA, Benito. Op cit.

[298] Trata-se das chamadas *Mitbestimmungsgesetze* que são bem apresentadas em SALOMÃO FILHO, Calixto. Interesse Social: A nova concepção... pp. 34-36). Sobre o funcionamento e reflexões relacionadas ao sistema de codeterminação alemão, que envolve a existência de um *supervisory board* com metade dos membros eleitos pelos membros da classe trabalhador e a outra metade pelos acionistas, além das referências mencionadas na anteriormente no decorrer deste trabalho, v. HOPT, Klaus J. The German Law and Experience with the Supervisory Board. European Corporate Governance Institute (ECGI) – Law Working Paper No. 305/2016. Disponível em: <https://ssrn.com/abstract=2722702>. Acesso em: 13.03.2019; JACKSON, Gregory; HÖPNER, Martin; KURDELBUSCH, Antje. Corporate Governance and Employees in Germany: Changing Linkages, Complementarities, and Tensions. RIETI Discussion Paper No. 04-E-008. Disponível em: <https://ssrn.com/abstract=2579932>. Acesso em: 13.03.2019.

COMMONS EMPRESARIAIS

Como a solução proposta tende a ter maior efetividade em estruturas que promovam confiança e cooperação entre as partes envolvidas, é razoável afirmar que a implementação desses instrumentos associativos será mais eficiente por meio de estruturas autorregulatórias, sejam elas decorrentes de autorregulação voluntária ou de autorregulação compulsória. Entende-se, como afirmado, que tais mecanismos são instrumentos adequados para a promoção da "lógica da ação coletiva".

Sendo assim, passa-se a analisar em um primeiro momento como essas estruturas autorregulatórias podem se apresentar, para, em um segundo momento, abordar algumas considerações sobre instrumentos associativos que poderiam ser utilizados para formalizar a alocação dos feixes de direitos relacionados à propriedade do bem empresarial considerado comum.

3.5.1. A autorregulação como forma para a alocação dos feixes de direitos relacionados ao common empresarial

Atualmente, o termo "regulação" abrange[299] a edição de normas; a fiscalização de seu cumprimento; a atribuição de habilitações (tais como os típicos instrumentos de direito administrativo autorização, permissão e concessão); a imposição de sanções; a mediação de conflitos, seja para preveni-los, seja pra resolvê-los, valendo-se das mais variadas técnicas (a exemplo da consulta pública); sendo possível ainda incluir na atividade regulatória a fixação de políticas para determinado setor econômico, com a contribuição das agências reguladoras para tanto.

No mesmo sentido, no âmbito econômico, o papel central da teoria econômica da regulação seria explicar quem receberia os benefícios e o ônus da regulação, qual a forma de regulação a ser adotada e quais os efeitos da regulação em relação à alocação dos recursos disponíveis. Adota-se, assim, o entendimento propagado por George Stigler[300]:

---

[299] Cf. MEDAUAR, Odete. Regulação e Auto Regulação. In: Revista de Direito Administrativo. Rio de Janeiro, 228, Abr./Jun. 2002. p. 127.

[300] STIGLER, George J. The Theory of Economic Regulation. In: DAHL, Robert; SHAPIRO, Ian; CHEIBUB, José Antonio. The Democracy Sourcebook. Cambridge: The MIT Press, 2003. p. 393.

CAPÍTULO 3 – IMPLICAÇÕES JURÍDICAS DA APLICAÇÃO DA TEORIA DOS BENS COMUNS...

"The central tasks of the economic theory of regulation are to explain who will receive the benefits or burdens of regulation, what form regulation will take, and the effects of regulation upon the allocation of resources."

Esse entendimento, vale destacar, também é hasteado nas reflexões de Calixto Salomão Filho[301]:

"(...) a acepção que se pretende atribuir ao termo 'regulação', a fim de estudar as concepções a seu respeito que têm influenciado o sistema brasileiro, é bastante e propositadamente ampla. Engloba toda forma de organização da atividade econômica através do Estado, seja a intervenção através da concessão de serviço público ou o exercício do poder de polícia. (...) o Estado está ordenando ou regulando a atividade econômica tanto quando concede ao particular a prestação de serviços públicos e regula sua utilização – impondo preços, quantidade produzida etc. – como quando edita regras no exercício do poder de polícia administrativa."

Dessa forma, uma vez que reside na regulação a escolha de quais recursos serão destinados e como isso será realizado, a atividade regulatória pode gerar tanto ônus como benefícios para os seus destinatários, a depender dos interesses a serem tutelados e das escolhas feitas pelo ente regulador. Remete-se, assim, mais uma vez, as reflexões de Stigler[302]:

"Regulation may be actively sought by an industry, or it may be thrust upon it. A central thesis of this paper is that, as a rule, regulation is acquired by the industry and is designed and operated primarily for its benefit. There are regulations whose net effects upon the regulated industry are undeniably onerous; a simple example is the differentially heavy taxation of the industry's product (whiskey, playing cards). These onerous regulations, however, are exceptional and can be explained

---

[301] SALOMÃO FILHO, Calixto. Teoria Crítico-Estruturalista... pp. 204-205.
[302] STIGLER, George J. *Op. cit.* p. 393.

COMMONS EMPRESARIAIS

by the same theory that explains beneficial (we may call it "acquired") regulation..."

Ora, justamente por essa razão, um dos problemas centrais associados à atividade regulatória, principalmente quando o ente regulador se confunde com a autoridade estatal, tende a ser quando e o porquê de determinados grupos serem capazes de influenciar as decisões do ente regulador, ou de o ente regulador desvirtuar a atividade regulatória para endereçar interesses outros que não o da coletividade[303].

Em alguns cenários, pode existir a chamada autorregulação, na qual o ente regulador – o Estado – não participa diretamente da atividade regulatória, que engloba as competências descritas acima. Nesse sentido, duas grandes composições podem ser imaginadas.

Primeiramente, é possível se pensar em situações em que a autorregulação se organiza de forma excluída da regulação, sem qualquer vínculo com o ente regulador. Essa modalidade, que pode ser referida como *autorregulação voluntária*, é observada, a título exemplificativo, na autorregulação do setor publicitário, no Brasil., por meio do Conselho Nacional de Autorregulamentação Publicitária (CONAR).

Nesse contexto, de acordo com o art. 1º de seu Estatuto Social, o CONAR é organizado sob a forma de associação civil sem fins lucrativos, estando o seu objetivo social disposto no art. 5º do mesmo documento, com destaque para os seus incisos (ii) e (iv): "*II. Funcionar como órgão judicante nos litígios éticos que tenham por objeto a indústria da propaganda ou questões a ela relativas.*" e "*IV. Divulgar os princípios e normas do Código Brasileiro de Autorregulamentação Publicitária, visando a esclarecer a opinião pública sobre a sua atuação regulamentadora de normas éticas aplicáveis à publicidade comercial, assim entendida como toda a atividade destinada a estimular o consumo de bens e serviços, bem como promover instituições,*

---

[303] Salienta-se, mais uma vez, as considerações de Stigler: "(...) *We assume that political systems are rationally devised and rationally employed, which is to say that they are appropriate instruments for the fulfillment of desires of members of the society. This is not to say that the state will serve any persons' concept of the public interest: indeed the problem of regulation is the problem of discovering when and why an industry (or other group of likeminded people) is able to use the state for its purposes, or is singled out by the state to be used for alien purposes.*" (Idem ao anterior, p. 393).

CAPÍTULO 3 – IMPLICAÇÕES JURÍDICAS DA APLICAÇÃO DA TEORIA DOS BENS COMUNS...

conceitos e ideias."[304]. Ou seja, o CONAR ocupa um vácuo regulatório deixado pela autoridade estatal e promove autorregulação voluntária do setor.

Analisando as experiências relacionadas à gestão dos bens comuns apresentadas neste trabalho – na Seção 2.3. –, a organização dos interesses por meio da *autorregulação voluntária* pode ser observada tanto no exemplo das Terras Comuns em Törbel, na Suíça (Seção 2.3.2.), como no caso do extrativismo da mangaba, no Nordeste do Brasil (Seção 2.3.3.).

Em ambos os cenários pode ser observada, por meio da autorregulação, com maior ou menor quantidade de formalidades, a organização dos titulares afetados pela exploração do bem – pastagens e manguezais, respectivamente – sem qualquer influência exercida pelo ente regulador e independentemente de se estar diante de um bem de titularidade (jurídica) de um particular ou de uma *res nullius*.

Analisando sob a ótica da *autorregulação voluntária* um exemplo da hipótese motivadora deste estudo, qual seja, a existência de um bem da companhia com natureza de bem comum, essa modalidade de alocação de feixes de direitos se daria por meio da auto-organização dos titulares de interesses afetados pela exploração da planta industrial, por exemplo, sem que exista qualquer determinação da autoridade estatal nesse sentido. Tratar-se-ia de uma medida tomada sem intervenção do ente regulador e por iniciativa das partes envolvidas, justamente por reconhecer se tratar da forma mais adequada para promover a melhor destinação do bem e evitar a sua superexploração.

Paralelamente, seria de se pensar na auto-organização dos titulares de interesses afetados pela gestão de uma barragem de rejeitos minerais, na qual a comunidade que reside próximo à barragem possui evidente necessidade de acesso a tal bem. Seria possível cogitar, assim, a organização da comunidade e da companhia para, conjuntamente, fiscalizarem a situação da barragem ou mesmo decidirem eventual aumento da sua capacidade de armazenamento.

Em segundo lugar, é possível pensar em situações em que a autorregulação é imposta pelo ente regulador, que determina que certas pessoas ou titulares de interesses se organizem com o objetivo de tutelá-los, por meio da edição de normas, fiscalização, imposição de sanções, dentre outras

---

[304] Cf. informações disponíveis em <www.conar.org.br>. Acesso em 14.07.2018.

COMMONS EMPRESARIAIS

competências que seriam normalmente associadas ao ente regulador e à regulação. Essa modalidade de autorregulação pode ser referida como *autorregulação compulsória*.

A título meramente exemplificativo, a *autorregulação compulsória* está presente no mercado de desintermediação financeira, por meio da atuação da Comissão de Valores Mobiliários (CVM) em relação à constituição, organização, funcionamento e extinção de bolsas de valores, bolsas de mercadorias e futuros e mercados de balcão organizado. A Instrução CVM nº 461, de 23 de outubro de 2007, conforme alterada pela ICVM 590/2017, dispõe justamente sobre essa temática, tratando dos mercados regulamentados de valores mobiliários[305].

Nesse sentido, a ICVM 461/2007 não apenas vincula o funcionamento e extinção dos mercados organizados de valores mobiliários à prévia autorização da CVM[306] – uma autarquia reguladora federal, vale destacar –, como, dentre outras determinações, impõe inúmeros requisitos a serem observados por essas entidades, ao ponto de determinar, por exemplo, a forma associativa como as entidades administradoras de mercados organizados de valores mobiliários (como seria o caso da B3) devem se organizar[307], quais sejam, associação ou sociedade anônima. Além dessas disposições, a ICVM 461/2007 determina que tais entidades administradoras terão o dever de "preservação e autorregulação dos mercados por elas administrados"[308], sendo que a CVM estabelece as regras de organização e funcionamento mínimas que devem ser aprovadas pela entidade administradora, podendo inclusive recusar a

---

[305] Nesse sentido, é o art. 1º da ICVM nº 461/2007: *"Art. 1º A presente Instrução disciplina o funcionamento dos mercados regulamentados de valores mobiliários, bem como a constituição, organização, funcionamento e extinção das bolsas de valores, bolsas de mercadorias e futuros e mercados de balcão organizado".*

[306] Conforme o caput do art. 7º da ICVM nº 461/2007: *"Art. 7º O funcionamento e a extinção dos mercados organizados de valores mobiliários dependem de prévia autorização da CVM".*

[307] Conforme o caput do art. 9º da ICVM nº 461/2007: *"Art. 9º Os mercados organizados de valores mobiliários serão obrigatoriamente estruturados, mantidos e fiscalizados por entidades administradoras autorizadas pela CVM, constituídas como associação ou como sociedade anônima, e que preencham os requisitos desta Instrução".*

[308] Trata-se do expressamente determinado pelo art. 14 da ICVM 461/2007: *"Art. 14. A entidade administradora de mercado organizado deverá manter equilíbrio entre seus interesses próprios e o interesse público a que deve atender, como responsável pela preservação e auto-regulação dos mercados por ela administrados".*

CAPÍTULO 3 – IMPLICAÇÕES JURÍDICAS DA APLICAÇÃO DA TEORIA DOS BENS COMUNS...

aprovação dessas regras[309]. Trata-se, assim de um bom exemplo de *autorregulação compulsória*.

Analisando as experiências relacionadas à gestão de bens comuns apresentadas neste trabalho – na Seção 2.3. – percebe-se a adoção da *autorregulação compulsória* na estrutura utilizada nos sistemas de irrigação no Nepal (Seção 2.3.1.). Nesse caso, por meio da denominada *Irrigation Policy*, o poder central, no papel de entidade reguladora, impôs que os interessados se organizassem em um sistema de *autorregulação compulsória*, por meio do qual os produtores rurais deveriam se compor por meio de reuniões e assembleias *Water Users' Association*[310], entidade essa que também tinha a responsabilidade de impor sanções às pessoas que não cumprissem com as regras estabelecidas pela associação ou que realizassem condutas prejudiciais aos sistemas de irrigação, a exemplo da sobreutilização, da qual poderia resultar a impossibilidade de outros interessados utilizarem os recursos hídricos.

Por fim, analisando sob a ótica da *autorregulação compulsória* um exemplo da hipótese motivadora deste estudo, essa modalidade de alocação de feixes de direitos se daria pela auto-organização dos titulares de interesses afetados pela exploração da planta industrial em razão de determinação do ente regulador, de forma análoga ao que ocorre com as entidades administradores no mercado de capitais. Existiria, assim, a obrigatoriedade de promover a autorregulação.

---

[309] Conforme o caput do art. 15 da ICVM nº 461/2007: "*Art. 15. Caberá à entidade administradora aprovar regras de organização e funcionamento dos mercados por ela administrados, abrangendo, no mínimo, o seguinte: I – condições para admissão e permanência como pessoa autorizada a operar nos mercados por ela administrados, inclusive na condição de sócio, quando exigida, observado o disposto no art. 51, §2º; II – procedimento de admissão, suspensão e exclusão das pessoas autorizadas a operar nos mercados por ela administrados, inclusive na condição de sócio, quando exigida; III – definição das classes, direitos e responsabilidades das pessoas autorizadas a operar nos mercados por ela administrados; IV – definição das operações permitidas nos mercados por ela administrados, assim como as estruturas de fiscalização dos negócios realizados; V – condições para admissão à negociação e manutenção da autorização à negociação de valores mobiliários nos mercados por ela administrados, bem como as hipóteses de suspensão e cancelamento da autorização para negociação; e VI – criação e funcionamento de departamento de auto-regulação, na forma da Seção II do Capítulo IV. Parágrafo único. A CVM poderá recusar a aprovação das regras ou exigir alterações, sempre que as considere insuficientes para o adequado funcionamento do mercado de valores mobiliários, ou contrárias a disposição legal ou regulamentar, observado, quanto à exigência de alterações, o procedimento descrito no Capítulo VIII*".*

[310] Sobre a temática, v. Seção 2.3.1.

COMMONS EMPRESARIAIS

Partindo do atual cenário brasileiro, no qual não há no ordenamento positivo reconhecimento da categoria de bens comuns – muito menos de um *common* empresarial –, a alocação dos feixes de direitos proposta neste trabalho integra o âmbito da *desregulamentação*, o que justamente contribui para que soluções autorregulatórias sejam elaboradas[311]. Nesse sentido, as soluções decorrentes da *autorregulação voluntária* promovem cenário adequado para o seu desenvolvimento, muito embora não se afaste, definitivamente, a possibilidade e, em certos casos, a adequação de arranjos decorrentes da *autorregulação compulsória*, o que pode configurar a medida preferível em situações nas quais haja maior carga de interesse público na destinação do *common* empresarial.

Pode-se se citar, como exemplo, a adoção de uma estrutura autorregulatória por determinação do ente regulador para a gestão da barragem de Fundão, localizada no Município de Mariana-MG, controlada pela mineradora Samarco Mineração S.A. e que rompeu em 5 de novembro de 2015, provocando o vazamento de rejeitos de extração do minério de ferro retirados de minas da região[312], ou mesmo para a gestão da barragem localizada no Córrego do Feijão, no Município de Brumadinho, em Minas Gerais, administrada pela Vale S.A., cujo rompimento também resultou em um dos maiores desastres com rejeitos de mineração no Brasil.

---

[311] Importante destacar que a autorregulação aqui mencionada não tem por objetivo, definitivamente, reproduzir as condições de mercado em laboratório, sendo extremamente prudentes as ponderações de SALOMÃO FILHO, Calixto. Regulação da Atividade Econômica (princípios e fundamentos jurídicos). 2ª ed. ver e ampl. São Paulo: Malheiros Editores, 2008. pp. 29-32. Como afirmado, a autorregulação está associada à ausência de um ente regulador no processo de edição de normas, fiscalização, imposição de sanções e mediação de conflitos, que seriam normalmente associadas à regulação.

[312] O rompimento da barragem de Fundão é considerado o desastre industrial de maior impacto ambiental na história brasileira e o maior do mundo envolvendo barragens e rejeitos, com um volume total despejado de 62 milhões de m³, valendo destacar que os rejeitos atingiram o Rio Doce, cuja bacia hidrográfica abrange 230 municípios dos estados de Minas Gerais e Espírito Santo, muitos dos quais abastecem sua população com a água do rio. Sobre o caso, destacam-se algumas das informações que foram noticiadas na mídia: <https://noticias.uol.com.br/cotidiano/ultimas-noticias/2015/11/06/o-que-se-sabe-sobre-o-rompimento-das-barragens-em-mariana-mg.htm>; <https://oglobo.globo.com/brasil/acidente-em-mariana-o-maior-da-historia-com-barragens-de-rejeitos-18067899>; <http://g1.globo.com/ciencia-e-saude/noticia/2015/11/rompimento-de-barragens-em-mariana-perguntas-e-respostas.html>. Acesso em 14.07.2018. Diante dessas considerações, é natural afirmar que a barragem possui as características de bem comum, conforme apresentadas no decorrer deste trabalho.

CAPÍTULO 3 – IMPLICAÇÕES JURÍDICAS DA APLICAÇÃO DA TEORIA DOS BENS COMUNS...

Paralelamente, para essas situações fáticas, por iniciativa da companhia ou de outros titulares de interesses afetados pela exploração da barragem, pode-se propor, sem qualquer participação do ente regulador, a adoção de estrutura autorregulatória para a gestão desse bem, promovendo a melhor alocação dos feixes de direitos a ele relacionados. Tem-se, assim, dois exemplos de aplicação – um de *autorregulação compulsória* e outro de *autorregulação voluntária* – a uma situação existente e marcada por enorme impacto social.

A despeito das considerações feitas no decorrer desta Seção, não se pode negar que as soluções autorregulatórias, sejam elas na modalidade *voluntária* ou *compulsória*, carecem, em certa medida, de uma das principais características da regulação promovida pela autoridade estatal, qual seja, o poder de coerção (ou poder de polícia), sendo que a autoridade estatal é, inclusive, capaz de impor a apreensão de recursos dos interessados, o que pode se dar por meio da tributação[313]. Isso ocorre justamente pelo fato de as normas geradas no âmbito dessas estruturas autorregulatórias não possuírem natureza de ato administrativo, marcado pelo atributo da autoexecutoriedade[314], vez que decorrem de arranjos contratuais não administrativos, de cunho organizacional, como será tratado na Seção 3.5.2., a seguir. Destarte, a imposição de eventual sanção decorrente do descumprimento das normas estabelecidas nessas estruturas autorregulatórias decorreria, em princípio, de um ilícito contratual.

Desse modo, feitas essas breves considerações sobre a *autorregulação voluntária* e a *autorregulação compulsória*, bem como a sua adequação para a gestão de *commons* empresariais, cumpre analisar quais seriam os instrumentos adequados para tanto, por meio da alocação dos feixes de direitos relacionados a esse

---

[313] Nesse sentido, destaca-se o seguinte excerto: *"The state has one basic resource which in pure principle is not shared with even the mightiest of its citizens: the power to coerce. The state can seize money by the only method which is permitted by the laws of a civilized society, by taxation. The state can ordain the physical movements of resources and the economic decisions of households and firms without their consent. These powers provide the possibilities for the utilization of the state by an industry to increase its profitability."* (STIGLER, George J. *Op. cit.* p. 393)

[314] O ato administrativo possui como um de seus atributos a autoexecutoriedade que permite a administração de exigir do particular a observância da obrigação imposta sem a necessidade de autorização pelo Poder Judiciário, podendo usar os meios indiretos de coação, e, também, permitindo a execução direta das decisões tomadas por meio da utilização de força pública, se necessário. Nesse sentido: v. DI PIETRO, Maria Sylvia Zanella. Direito Administrativo. 24 ed. São Paulo: Atlas, 2011. pp. 202-203 e MELLO, Celso Antônio Bandeira de. Curso de Direito Administrativo. 28ª ed. São Paulo: Malheiros Editores, 2011. pp. 419-422.

COMMONS EMPRESARIAIS

bem. Entende-se, tal como desenvolvido na próxima Seção, que o contrato associativo plurilateral possui as características necessárias para instrumentalizar a solução acima descrita.

3.5.2. O contrato associativo plurilateral como método para a internalização de externalidades.

Os exemplos analisados envolvendo bens comuns – Seção 2.3. – além de evidenciarem a compatibilidade e, até mesmo, a adequação das soluções autorregulatórias para a gestão de tais bens, deixam claro a pertinência dos instrumentos associativos como forma para a alocação dos feixes de direito relacionados aos bens comuns entre os diversos titulares de interesses por eles afetados.

Nesse sentido, destaca-se, no âmbito dos sistemas de irrigação no Nepal –Seção 2.3.1. –, a importância da *Water Users' Association*[315], e, na gestão das terras comuns e Törbel, na Suíça – Seção 2.3.2. –, a existência da associação que fora fundada em 1º de fevereiro de 1483 e que tinha por objeto melhor regular o uso dos prados de pastagens alpinas, das florestas e dos terrenos baldios. Além disso, fosse a experiência do extrativismo da mangaba nos Nordeste do Brasil – Seção 2.3.3. – melhor estruturada do ponto de vista jurídico, poder-se-ia pensar na organização dos interesses afetados pela exploração do mangue por meio da constituição de uma associação.

Paralelamente, tomando por base a situação de um *common* empresarial, seria o caso de se pensar em alguma modalidade associativa para organização dos titulares de interesses afetados pela exploração da planta industrial, por exemplo, que poderia ser inclusive responsável pela alocação dos feixes de direitos entre os interessados, de acordo com as considerações feitas no decorrer da Seção 3.4. Afinal, essas organizações são mais propícias para o desenvolvimento de estruturas pautadas na cooperação entre os envolvidos.

O aspecto comum entre as estruturas do mundo real – *Water User's Association*, no Nepal e a associação em Törbel, na Suíça – e as hipóteses levantadas – eventual estrutura associativa para autorregular os interesses relacionados

---

[315] v. SHIVATOKI, Ganesh P. Op. cit., bem como os comentários feitos na Seção 2.3.1. e nas notas de rodapé nº 19 e nº 20.

CAPÍTULO 3 - IMPLICAÇÕES JURÍDICAS DA APLICAÇÃO DA TEORIA DOS BENS COMUNS...

ao mangue, no Nordeste do Brasil, ou mesmo para autorregular os interesses afetados pela exploração de uma planta industrial ou da barragem de Fundão, em Mariana (MG) ou do Córrego do Feijão, em Brumadinho (MG) – é a existência de um *contrato associativo plurilateral*, que pode ou não ser escrito. Para explicar a assertiva feita, passa-se a analisar o conceito de contrato associativo plurilateral e as suas principais características.

Inicialmente, o contrato plurilateral, de acordo com os ensinamentos de Tullio Ascarelli[316-317], pode ser caracterizado como acordo de vontades entre duas ou mais partes para criar, regular, extinguir ou modificar uma relação jurídica de cunho patrimonial[318], com funções instrumental[319], organizacional e normativa, tratando-se, assim, de um contrato com função econômica de organização de interesses[320]. Configura, ainda, um contrato de execução

[316] Faz-se aqui referência ao clássico texto *O Contrato Plurilateral* de Tullio Ascarelli (ASCARELLI, Tullio. O Contrato Plurilateral. In: ASCARELLI, Tullio. Problemas das Sociedades Anônimas e Direito Comparado. 2ª Ed. São Paulo: Editora Saraiva, 1969. pp. 255- 312).

[317] Importante destacar desde logo que essa modalidade contratual pode ser referida de forma diversa, que não "contrato plurilateral". Conforme destaca Ascarelli, na doutrina e na prática, pode ser utilizado o termo "contrato associativo", ou mesmo, de forma genérica, "sociedade": *"Nas obras de doutrina e na prática, naturalmente, encontra-se também uma 'terminologia' diversa. Assim a expressão 'contrato associativo' é usada, às vêzes, como equivalente daquela de 'contrato plurilateral' ou da de contrato plurilateral externo. A expressão 'sociedade' é, na prática, usada, com freqüência, também com referência às associações e até a organizações com fim altruístico. O que interessa não é a terminologia, e sim a identificação das regras peculiares nos vários casos."* (Idem ao anterior. p. 283 – especialmente na nota de rodapé nº 89).

[318] Faz-se aqui referência ao conceito de contrato compreendido pelo art. 1.321 do Código Civil Italiano, que serve de matriz para o adotado pela legislação pátria: *"Articolo 1321. Il contratto è l'accordo di due o più parti per costituire, regolare o estinguere tra loro un rapporto giuridico patrimoniale."*

[319] Ascarelli dispõe da seguinte forma sobre a função instrumental do contrato plurilateral: *"(...) Com efeito, a função do contrato plurilateral não termina, quando executadas as obrigações das partes (como acontece, ao contrário, nos demais contratos); a execução das obrigações das partes constitui a premissa para uma atividade ulterior; a realização desta constitui a finalidade do contrato; êste consiste, em substância, na organização de várias partes em relação ao desenvolvimento de uma atividade ulterior."* (ASCARELLI, Tullio *Op. cit.* p. 272).

[320] Como ensina Ascarelli: "Com efeito, a sociedade surge de um contrato; este, porém, não se limita a disciplinar as obrigações entre os sócios, mas cria uma organização destinada ao desenvolvimento de uma atividade ulterior com terceiros; esta organização tem personalidade jurídica, e um patrimônio que, por sua vez, difere rigorosamente do patrimônio individual dos sócios" (ASCARELLI, Tulio. Problemas das Sociedades Anônimas e Direito Comparado, São Paulo: Ed. Saraiva 1945. p. 372).

COMMONS EMPRESARIAIS

continuada, do qual decorre a criação de um patrimônio comum (especial)[321] entre as partes contratantes[322], sendo que os direitos e obrigações das partes estão atrelados à realização da finalidade comum objeto do contrato pluri-lateral, inexistindo equivalência (sinalagma) entre as obrigações assumidas pelas partes em decorrência do vínculo contratual, que devem ser prestadas para com todas as demais partes contratantes.

Partindo dessas características, o contrato plurilateral é considerado um contrato aberto[323-324], do qual se origina um interesse comum (ou social) que

[321] Sobre a separação patrimonial, vale destacar os dizeres de Ascarelli: *"Cumpre, portanto, de um lado, proporcionar, aos terceiros, uma tutela no que respeita à gestão da sociedade, de outro lado, encontrar um meio para coadunar o sistema da publicidade com a continua variação do patrimônio social, encontrando como que um ponto fixo de referência; será, então, possível, de um lado, tutelar os terceiros quanto às variações do patrimônio social, de outro lado, proporcionar-lhes um meio de acompanhar a gestão dessa e evitada foi-se elaborando interferência dos terceiros ou de autoridades de controle no que lhe diz respeito. E por isso que, especialmente nos sistemas romanísticos, foi-se elaborando o conceito de capital social e foram-se estabelecendo normas que respeitam à integridade deste"* (ASCARELLI, Tulio. Problemas das Sociedades Anônimas e Direito Comparado, São Paulo: Ed. Saraiva 1945. p. 346).

[322] No ordenamento jurídico brasileiro esta característica fica clara ao se observar o art. 988 do CC, que trata da sociedade em comum: *"Art. 988. Os bens e dívidas sociais constituem patrimônio especial, do qual os sócios são titulares em comum."*

[323] O contrato plurilateral importa a permanente oferta de adesão a novas partes, que satisfaçam determinadas condições e uma permanente possibilidade de desistência por de quem deles participe – essa é a característica que faz do contrato plurilateral um "contrato aberto" (Cf. ASCARELLI, Tullio. O Contrato Plurilateral. pp. 283 e ss). Os novos sujeitos que entram para fazer parte do contrato originário passam a responder pelos débitos contraídos anteriormente à sua participação na sociedade, ao passo que, nas palavras de Ascarelli, *"a saída de um sujeito é compatível com a possibilidade de continuação do grupo"*. (Cf. ASCARELLI, Tullio Op. cit. p. 284). Justamente por isso o vício de uma das manifestações que concorreram para a formação do contrato importa a nulidade ou anulabilidade dessa manifestação, não levando, porém, à nulidade ou anulabilidade do contrato plurilateral. Nesse caso, a sociedade permanece enquanto for possível a consecução do seu objeto. Abre-se, porém, a possibilidade de dissolução do contrato, pois há casos onde a não execução das prestações de uma das partes pode levar à impossibilidade do objeto social.

[324] Como define Rachel Sztajn sobre o contrato associativo: *"O Contrato plurilateral é espécie de contrato associativo que se caracteriza pela estrutura aberta, facilitando a variação do número de partes. A adesão de novas partes a um contrato já aperfeiçoado, sem que haja novo procedimento de formação entre as partes anteriores e a nova (ou novas), próprio dos contratos de estrutura aberta, é possível em algumas espécies de sociedades, não em todas. Algumas delas terão como limite o capital social, outras estabelecerão freios em função de sua organização personalista, limitando a adesão de novas partes. Algumas admitirão a variabilidade absoluta das partes"* (SZTAJN, Rachel. Contrato de Sociedade e Formas Societárias, São Paulo: Ed. Saraiva. p. 34).

CAPÍTULO 3 - IMPLICAÇÕES JURÍDICAS DA APLICAÇÃO DA TEORIA DOS BENS COMUNS...

consubstancia um dos principais elementos de existência desse contrato, sendo que, após a constituição do contrato plurilateral, os interesses individuais e possivelmente contrapostos das partes contratantes dão origem a esse interesse comum ou social[325-326]. Trata-se, assim, de uma modalidade

[325] Importante fazer referência à bem elaborada crítica ao conceito de interesse comum ou interesse social que tende a ser associado ao conceito de *affectio societatis*, como sendo um dos elementos de existência do contrato plurilateral, ao passo que se defende que seja associado ao conceito de "fim comum". Sobre a temática, são elucidativas (e provocativas) a considerações desenvolvidas em FRANÇA, Erasmo Valladão Azevedo e Novaes; ADAMEK, Marcelo Vieira von. Affectio societatis: um conceito jurídico superado no moderno direito societário pelo conceito de fim social. In: Revista de Direito Mercantil, Industrial, Econômico e Financeiro. n. 149/150. jan-dez/2008. São Paulo: Malheiros Editores, 2008. pp. 108-130). Destaca-se, nesse sentido, o seguinte excerto que consolida as provocações dos autores: *"Segue-se daí que a noção de affectio societatis apresenta um desvio de perspectiva, ao das destaque ao elemento volitivo, quando o correto seria dar enfoque ao fim comum – como disso já tinham se apercebido muitos estudiosos que, ao tratar do consenso, puseram isso em destaque. Em suas fontes, a affectio societatis surgiu apenas como um traço distintivo entre a sociedade e a comunhão, mas sem que fosse colocada como algo exclusivo ou inexistente noutras relações jurídicas. Posteriormente foi erigida equivocadamente a elemento distintivo do contrato de sociedade, conduzindo, em última análise, a um autêntico paradoxo de definir algo pelo termo definido. Em sistemas jurídicos avançados e, em especial, por efeito da refutação da teoria da vontade, de um lado, e da afirmação da teoria do contrato plurilateral, de outro, o conceito de affectio societatis acabou por ser abandonado ou, quando muito, restringido a funções bastante específicas; limitou-se a exercer um papel descritivo, e não propriamente funcional. O que se observa, em última análise, é a tendência de superação do conceito de affectio societatis pelo conceito de fim comum ou, talvez mais precisamente ainda, de fim social. Portanto, o moderno direito societário deve, a bem da evolução da ciência societária e da elaboração das soluções precisas e unívocas, abandonar por completo a ideia de affectio societatis e aprofundar a análise da noção de fim comum em sentido amplo (compreendendo o escopo-meio e escopo--fim da organização societária, e as suas interações com os deveres de lealdade, colaboração e contribuição). Só assim conseguir-se-á realmente avançar no trato da matéria e nas soluções para os seus problemas práticos."* (Idem ao anterior. pp 129-130).

[326] Em razão do interesse comum, temos a noção de que se trata de um contrato associativo plurilateral, diferenciando de outros contratos associativos que não tem a característica da plurilateralidade: *"O que importa ter presente é que o contrato plurilateral, ao admitir a adesão de novas partes a um instrumento já aperfeiçoado, submetendo-se tais partes aderentes às regras já estabe-lecidas, responde à realidade da vida das sociedades e não se confunde com os contratos por adesão em que as cláusulas contratuais, não livremente estipuladas, são aceitas por uma das partes e fixadas pelo outro contratante. [...] Quando Ascarelli afirmou que o contrato de sociedade é contrato do tipo plurilateral, ba-seou sua assertiva nas características que esse contrato apresenta: estrutura aberta, falta de contraposição entre as prestações das partes que não são dirigidas aos demais participantes, mas ao fim comum [...] Nos contratos associativos de cooperação, bilaterais, as partes não estarão em posição de igualdade, enquanto nos plurilaterais, ao revés, há igualdade de direitos de cada parte em relação às demais. (observe-se, nas sociedades por ações, que as ações de uma mesma espécie e classe dão aos seus titulares iguais direitos aos*

COMMONS EMPRESARIAIS

contratual que tem por função regular relações internas e externas[327], possuindo como princípio norteador a preservação da empresa (ou do contrato), não sendo aplicável, via de regra, entre as partes contratantes a *exceptio non adimplenti contractus*. Além disso, interessante notar que, em princípio, decorre das características do contrato plurilateral a consequência de que a invalidade da manifestação de vontade de uma das partes contratantes não implica, necessariamente, invalidade do contrato plurilateral[328].

Quanto ao seu escopo, os contratos plurilaterais podem assumir duas configurações distintas[329]. A finalidade do contrato plurilateral pode ser atingida, por um lado, por meio de operações a serem desenvolvidas com terceiros, com o resultado sendo expresso em dinheiro e com cada parte tendo direito

de quaisquer outras ações da mesma espécie e classe. Os direitos são ligados às ações" (SZTAJN, Rachel. Contrato de Sociedade... pp. 42-43).

[327] Ascarelli apresenta a diferenciação dos contratos plurilaterais entre internos e externos conforme importam ou não deverem as partes entrar, como grupo, em relações para com terceiros, para a consecução do escopo comum. Nesse sentido: *"Podemos, pois, distinguir contratos plurilaterais externos e contratos plurilaterais externos, conforme importam ou deverem as partes, como grupo, entrar em relações para com os terceiros para a consecução do escopo comum. Na primeira hipótese o contrato se prende à constituição de uma nova 'emprêsa' distinta daquelas dos sócios; na segunda hipótese, ao contrário, não há a constituição de uma nova emprêsa."* (ASCARELLI, Tullio. *Op cit.* pp. 282). Para fins de esclarecimento, Ascarelli utiliza o termo "empresa" em sentido genérico, fazendo referência inclusive às hipóteses em que a organização visa, diretamente, aos interesses dos próprios associados e não à distribuição de lucros e pagamento de dividendos, conforme esclarecimento feito pelo autor na nota de rodapé nº 87, na p. 282).

[328] Sobre a temática, é esclarecedora a seguinte passagem de Isaac Halperin (conforme atualização feita por Julio C. Otaegui), referência no direito societário argentino, sendo de rigor destacar as ressalvas decorrentes da aplicação do Direito Argentino, principalmente em relação às exceções mencionadas por Halperin: *"1) Como resultado de esa naturaleza plurilateral, el consentimiento de un suscritor o accionista no condiciona la validez o eficacia del consentimiento de los demás, puesto que los socios no son respectiva y reciprocamente contrapartes. 2) De ahí que la eventual nulidad del vínculo de uno de ellos tampoco autorice a los demás a reclamar la resolución del contrato social ni su anulación, o del contrato de suscripción. Salvo: a) que se trate de sociedad de dos socios, porque desaparece la pluralidad requerida por el art. 1 (art. 16, §2º); b) o si siendo demás de dos constituyentes el vicio afeta la voluntad de socios a los quales pertenezca la mayoría del capital (art. 16, § 2º), porque la ley presume que la sociedad esta en la posibilidad de lograr el objeto social (doctrina del art. 94, ap. 4, L.S.); c) o si siendo más de dos socios, "la participación de ese socio – cuya voluntad está viciada – deba considerarse esencial, habida cuenta de las circunstancias" (art. 16, §1º) (v.g. por la naturaleza de su aporte o la trancendencia de su personalidad para los consócios)."* (HALPERIN, Isaac; OTAEGUI, Julio C. Sociedades Anónimas. 2ª edición. Buenos Aires: Editora Depalma, 1998. pp. 21-22).

[329] ASCARELLI, Tullio. Op cit. pp. 277-281.

CAPÍTULO 3 – IMPLICAÇÕES JURÍDICAS DA APLICAÇÃO DA TEORIA DOS BENS COMUNS...

de participar nos lucros das operações sociais. Por outro lado, tal finalidade pode ser alcançada por meio da possibilidade de seus participantes gozarem, diretamente, de determinados serviços, que podem ser aproveitados pelos seus membros. Essa diferenciação que distinguiria uma sociedade, na primeira configuração, e uma mútua ou cooperativa, na segunda configuração apresentada. Desta segunda que se aproximam as associações, que se propõem a realizar um objetivo em favor dos próprios associados, igualmente sem um intuito primário de cunho lucrativo, embora o lucro possa, sim, existir[330].

Cumpre destacar, por fim, que o contrato plurilateral (ou contrato associativo plurilateral, a depender da terminologia adotada) não pode ser confundido com o contrato bilateral[331], no qual há a participação de duas partes com interesses contrapostos, em que cada uma tem uma vontade independente e autônoma, sendo que não necessariamente ambas as partes possuem direitos e obrigações. Ademais, os contratos bilaterais possuem como traço característico o sinalagma, tendo como função econômica a troca ou permuta, sem envolver a criação de um patrimônio comum ou especial – as partes mantêm os seus patrimônios individualizados. Trata-se, assim, de um contrato fechado, que rege relações internas e que possui como princípios norteadores o *pacta*

---

[330] Cabe, neste ponto, a reprodução da consideração feita por Ascarelli sobre o tema: *"Não é diversa, a meu ver, a situação das numerosas associações que se propõem objetivos de assistência, estudos, etc., a favor dos próprios associados; não é diversa – apesar de se referir à atividade recreativa de indivíduos e das óbvias diferenças que daí derivam – a natureza das associações recreativas e esportivas, quando se propõem facilitar aos próprios associados o exercício do esporte, etc. É levando em conta as mútuas, bem como estas associações, que a doutrina tradicional fala em sociedades não-lucrativas, ou contrapõe sociedades e associações conforme a presença ou a ausência de intenção de lucro."* (ASCARELLI, Tullio. Op. cit. p. 279). De todo modo, não se olvida à inexatidão da afirmação sustentada pelo próprio Ascarelli em relação à pretensa ausência de intuito lucrativo das associações, motivo pela qual a lucratividade foi referida como intuito "secundário" dessas modalidades de contrato plurilateral: *"A associação, com efeito, sempre visa o interêsse dos próprios associados; os seus fundos devem ser destinados ao interêsse dêles; quem se filia à associação que obter um certo serviço em condições mais vantajosas do que obteria de outra forma no mercado ou, caso pague o preço de mercado, que obter, em virtude da própria participação na mútua, no fim do exercício social, uma pagamento (inexatamente, às vêzes, chamado de dividendo) que corresponde, afinal, ao reembolso da diferença entre o preço do serviço no mercado e o menor preço ao qual êle pode ser efetuado por meio da mútua. Exato é, porém, de visar, nessa hipótese, a organização, pôr diretamente à disposição dos associados os próprios serviços; não realizar um lucro mediante operações com terceiros."* (Idem ao anterior. pp.279-280).

[331] As considerações do contrato plurilateral também são extraídas do texto de Tullio Ascarelli, *O Contrato Plurilateral* (Cf. ASCARELLI, Tullio. Op. cit.).

COMMONS EMPRESARIAIS

sunt servanda e o *rebus sic stantibus,* sendo que o dolo de uma parte e demais vícios aplicáveis se estendem ao contrato como um todo. A título exemplificativo, o contrato de compra e venda ou contrato de prestação de serviços são contratos bilaterais.

Diante dessas breves considerações sobre o contrato plurilateral, verifica-se que essa modalidade contratual, especialmente quando organizada para a constituição de associações, possui as características adequadas para a organização de interesses visando a uma finalidade comum[332]. Afinal, trata-se de instrumento com função econômica organizacional[333] e que vai ao encontro das premissas necessárias para promover a alocação de feixes de direitos relacionados à exploração de bens comuns, mormente em se tratando de um

---

[332] Sem prejuízo das diferenciações apresentadas por Ascarelli e das ponderações feitas no nota de rodapé nº 128, é de se ressaltar o esclarecimento feito por Calixto Salomão Filho sobre a dicotomia entre contrato associativos e contratos de permuta (adotando uma terminologia moderna), que é partilhado por este trabalho: *"Essa construção baseia-se na diferença, proposta pela doutrina moderna, entre contratos associativos e contratos de permuta. Segundo ela, não se devem mais distinguir ambas as figuras, como na clássica lição de Ascarelli, a partir da existência ou não de uma finalidade comum. Trata-se, isso sim, de afirmar que o núcleo dos contratos associativos está na organização criada, enquanto nos contratos de permuta o ponto fundamental é a atribuição de direitos subjetivos. Ou seja, enquanto a função dos contratos de permuta é a criação de direitos subjetivos entre as partes, a dos contratos associativos é a criação de uma organização."* (SALOMÃO FILHO, Calixto. Teoria Crítico-Estruturalista... pp. 170-171). E, ainda, mais adiante: *"Organização na acepção jurídica significa a coordenação da influência recíproca entre atos. Portanto, adotada a teoria do contrato organização, é no valor organização e não mais na coincidência de interesses de uma pluralidade de partes ou em um interesse específico à autopreservação que se passa a identificar o elemento diferencial do contrato social."* (Idem ao anterior. p. 171).

[333] A despeito dos demais fundamentos apresentados anteriormente, o reconhecimento do contrato associativo plurilateral, que instrumentaliza sobretudo a companhia, como possuindo função econômica de organização de interesses, sendo o instrumento adequado para ser utilizado como técnica jurídica de organização, é ponto comum para a doutrina comercialista, com destaque para: *"A sociedade anônima apresentou-se como o instrumento típico da grande empresa capitalística e, com efeito, surgiu e se desenvolveu com este sistema econômico e em relação às suas exigências: meio para a mobilização das economias de vastas camadas da população e para a conseguinte difusão da inversão, instrumento jurídico para a realização dos projetos de uma economia que ia se renovando de maneira radical"* (ASCARELLI, Tullio. Princípios e Problemas das Sociedades Anônimas. In: Problemas das Sociedades Anônimas e Direito Comparado. São Paulo: Saraiva, 1945. p. 339). Na mesma linha, é de se notar a expressão cunhada por Ripert para se referir à sociedade por ações: *merveilleux instrument juridique du capitalisme moderne,* que bem denota a sua função econômica (Cf. RIPERT, Georges. Aspects juridique du capitalisme moderne. 2ª Ed. Paris: Librarie Générale de Droit et de Jurisprudence, 1951).

CAPÍTULO 3 - IMPLICAÇÕES JURÍDICAS DA APLICAÇÃO DA TEORIA DOS BENS COMUNS...

bem de titularidade de uma companhia e que tenha sua exploração associada à produção de lucro.

Justamente por suas características – enaltecidas pelo seu cotejamento com traços determinantes dos contratos bilaterais –, trazendo o conceito de contrato plurilateral para uma abordagem contemporânea, entende-se o contrato plurilateral como uma modalidade de contrato associativo, razão pela qual lhe foi referido como *contrato associativo plurilateral*, no início desta Seção.

Mais especificamente, partindo das características apontadas e de uma análise sob o aspecto econômico, entende-se o contrato associativo plurilateral como método de internalização de externalidades, com objetivo de reduzir custos de transação, o que decorre do fato de se estar diante de uma reunião de pessoas, físicas ou jurídicas, que se dispõem a perseguir um fim comum[334], podendo ter finalidade lucrativa ou não. Tomando por base o objeto de estudo deste trabalho, o objetivo econômico de internalização de externalidades assume maior protagonismo quando se leva em consideração o chamado "relevo" ou "efeito real" do contrato associativo plurilateral. Explica-se.

Afirmar que a celebração do contrato associativo plurilateral gera um "efeito real" não implica a criação de um novo direito real. Os bens alocados para a forma associativa são destinados para o exercício de sua atividade fim – seja uma sociedade ou uma associação, a depender do escopo lucrativo e/ ou da finalidade de proporcionar prestações em prol dos associados –, visto que decorre da constituição da forma associativa a própria busca pelo fim comum das partes contratantes. Consequentemente, há uma especialização de patrimônio, que gera uma transferência das prerrogativas relacionadas à destinação dos bens que foram utilizados pelas partes para a composição do fundo comum para a forma associativa, tendo como consequência a possibilidade de oponibilidade perante terceiros, os quais devem se abster de exercer qualquer tipo de pretensão sobre tais bens[335], atentando-se às regras de responsabilidade presentes no ordenamento jurídico[347].

---

[334] SZTAJN, Rachel. Op. cit. pp. 36

[335] Sobre o referido "efeito real" destaca-se o seguinte excerto: *"A discussão anterior parte da figura da sociedade ou associação como instituto formado com participação patrimonial e/ou pessoal dos membros sem que haja qualquer sinalagma direto entre tais prestações. Os sócios destacam, de seu patrimônio pessoal, parcelas de bens e/ou recursos que são postas em conjunto com a dos demais membros e que, quando a sociedade se personifica, forma um fundo social ou o capital social. Se a sociedade não se*

Esse "efeito real", assim, guarda harmonia com o argumento defendido neste trabalho pela composição do direito de propriedade – tido como uma forma de internalização de externalidades – por diversos feixes de direitos (*bundle of rights*), que podem ser alocados e organizados entre os titulares de interesses afetados pelo bem comum por meio de uma estrutura associativa.

Essa harmonia decorre justamente do fato de dessa alocação de feixes de direitos de propriedade para o veículo associativo decorrer um "efeito real", ocasionando a sua oponibilidade perante terceiros, sem que haja, contudo, a efetiva criação de um (novo) direito real – do ponto de vista jurídico. Ou seja, o reconhecimento do "relevo" ou "efeito real" corrobora e dá sustentação para a efetividade da solução proposta neste trabalho.

Isso implica afirmar, como consequência, que o contrato associativo plurilateral é o instrumento jurídico adequado para instrumentalizar a solução autorregulatória aqui proposta, uma vez que se está diante da necessidade de se gerar um cenário regulatório que promova a cooperação entre os envolvidos, com o objetivo de promover a destinação do bem empresarial de acordo com a sua função social, ou seja, conforme o melhor interesse da companhia. Isso se dá, pois o próprio estatuto social possui natureza de ato regra[337],

---

personificar, os fundos postos em comum pertencem, conjuntamente, a todos os sócios. Esse o "relevo" ou "efeito real" que o contrato de sociedade produz e que não significa a criação de um (novo) direito real. A transferência dos bens à sociedade é destinada ao exercício da atividade e, por essa razão, é que se atribui a tal transferência "efeito real". Quer dizer, ele produz o dever de abstenção de terceiros ou oponibilidade a terceiros, não-credores da sociedade, de exercerem quaisquer pretensões sobre esses bens". SZTAJN, Rachel. Op. cit. pp. 40-41

[336] Relevante destacar que a especialização de patrimônio não demanda a existência de personalidade jurídica da forma associativa analisada, como decorre, por exemplo, da análise do regramento aplicável à sociedade em comum no direito brasileiro, mormente em razão da aplicação dos arts. 988 e 1.024 do CC.

[337] Os atos-regras são os atos jurídicos emanados dos órgãos competentes, no caso a sociedade ou associação, para proferirem comandos gerais e abstratos, não destinados a qualquer indivíduo determinado. São exemplos as leis em sentido material, os atos administrativos normativos em geral e os regulamentos, incluindo-se nestes o contrato social e o estatuto social. A expressão ato-regra, cunhada por Léon Duguit e cuja expressão em alemão é *Vereinbarung*, seria, de acordo com Orlando Gomes, uma espécie de negócio jurídico, ao lado do contrato (GOMES, Orlando. Contratos. 14 ed. Rio de Janeiro: Forense, 1994. pp. 316-317), sendo que a diferença entre ambas as modalidades de negócio jurídico (contrato e ato-regra) estaria no modo de sua constituição, pois, na formação do contrato, as partes têm interesses contrapostos a serem harmonizados, ao passo que, nos atos-regra, os sujeitos uma soma de vontades ligadas entre si. A despeito da distinção terminológica, é de se notar que Orlando

CAPÍTULO 3 - IMPLICAÇÕES JURÍDICAS DA APLICAÇÃO DA TEORIA DOS BENS COMUNS...

sendo compatível com ambas as soluções abordadas no decorrer da Seção 3.5.1.
– *autorregulação compulsória* e *autorregulação voluntária*, além de possibilitar que
recaia sobre a alocação dos feixes de direito de propriedade o mencionado
"efeito real".

Dessa forma, no contexto analisado, o contrato associativo plurilateral
configura não apenas o instrumento utilizado para a constituição de uma
forma associativa, mas também um método para a organização de interesses
– o que estaria diretamente associado à função econômica organizacional
do contrato associativo plurilateral[338] –, bem como para a internalização dos
interesses dos *stakeholders* afetados pela destinação do *common* empresarial,
que poderiam ser tratados, não fossem eles considerados nessa solução autorregulatória, como externalidades.

Sendo assim, sob o prisma econômico, o contrato associativo plurilateral
representa, tal como ocorre com a propriedade, uma forma de internalização
de externalidades, com o consequente ganho potencial de eficiência distributiva, desde que orientado de acordo com o melhor interesse da companhia.
Dessa forma, o contrato associativo plurilateral, em uma abordagem baseada
nos preceitos do estruturalismo jurídico, deve ser visto como um método,
sendo considerado um instrumento de tutela ou, em outras palavras, um
instrumento de internalização de outros interesses (sociais, ambientais etc.)
que seriam tratados, outrora, repise-se, como externalidades[339].

Gomes, ao utilizar o termo "contrato" faz referência ao que foi chamado neste trabalho de
"contrato bilateral" ao passo que o termo "ato-regra" se aproxima justamente do que foi
denominado "contrato plurilateral".

[338] A alusão à função econômica do contrato plurilateral para sustentar os argumentos aqui
expostos, inclusive em relação ao conceito de função social e de interesse social desenvolvido
na Seção 3.3.3., não afasta a interpretação pela natureza jurídica da solução, conforme leciona
Calixto Salomão Filho: *"Note-se, no entanto, que essa teoria, apesar dar guarida a uma crítica de or-*
dem econômica como a exposta retro, não é uma teoria econômica, mas sim jurídica; não há a redução do
interesse social a uma organização direcionada simplesmente a obter a eficiência econômica. O objetivo
da compreensão da sociedade como organização é exatamente o melhor ordenamento dos interesses nela
envolvidos e a solução dos conflitos entre eles existentes. O interesse social passa, então a ser identificado
com a estruturação e organização mais apta a solucionar os conflitos entre esse feixe de contratos e relação
jurídicas." (SALOMÃO FILHO, Calixto. Teoria Crítico-Estruturalista... p. 171).

[339] A visão aqui sustentada apresentada sintonia com a defesa do "outro direito" tratado
por Calixto Salomão Filho ao abordar os contratos, cuja discussão se estende aos contratos
plurilaterais. Sobre esse "direito alternativo" que se contrapõe àquele que tutela os interesses individuais das partes contratantes – no caso, dos sócios –, em que *"o quadro é de entidades*

COMMONS EMPRESARIAIS

Além disso, a alternativa proposta também vai ao encontro das reflexões realizadas por Ostrom e Schlager sobre a possibilidade de criação de direito de propriedade de fato (*de facto property rights*), que não podem ser confundidos com os direitos de propriedade reconhecidos pelo ordenamento jurídico (*de jure property rights*). Sobre a temática, são relevantes as considerações das autoras[340]:

> "*The sources of the rights of access, withdrawal, management, exclusion, and transfer are varied. They may be enforced by a government whose officials explicitly grant such rights to resource users. If so, such rights are de jure right in that they are given lawful recognition by formal, legal instrumentalities. Rights-holders who have de jure rights can presume that if their rights were challenged in an administrative or judicial setting, their rights would most likely be sustained. Property rights may also originate among resource users. In some situations resource users cooperate to define and enforce rights among themselves. Such rights are de facto as long as they are not recognized by government authorities. Users of a resource who have developed de facto rights act as if they have de jure rights by enforcing these rights among themselves. In some settings de facto rights may eventually be given recognition in courts of law if challenged, but until so recognized they are less secure than de jure right*"

---

ou personagens econômicos contrapostas, guerreando por seus interesses econômicos individualísticos" (SALOMÃO FILHO, Calixto. Teoria Crítico Estruturalista... p. 128), o autor assim o reflete: "*E o outro direito aqui, no que consistiria? De um lado um contrato que encontra seus limites nos interesses institucionais relevantes para a sociedade que possam ser afetados pela sua execução (como a proteção ambiental, por exemplo). De outra parte, nas relações internas, um contrato destinado a garantir a persecução comum dos objetivos econômicos pactuados pelas partes e não apenas disciplinado em torno das pretensões individuais subjetivas a prestações da outra parte.*" (Idem ao anterior. p. 129). Adicionalmente, em outro momento, o autor ainda complementa: "*Todas essas características fazem surgir um novo contrato, instrumentalizado aos interesses da sociedade, representados pelas garantias institucionais. São elas o seu limite, impondo que as obrigações nele contidas sejam dissecadas de forma a respeitar os interesses da sociedade atingidos e a verdadeira norma de proteção desses interesses contida no artigo 421 do Novo Código Civil. O controle material difuso introduzido por esse importante princípio do Novo Código vem complementar o sentido dos instrumentos processuais de controle difuso (ex.: ação civil pública), instrumentos de verdadeiro controle social. Caso bem interpretado, pode transformar-se, portanto, em poderoso canal de proteção da sociedade civil e controle social da atividade empresarial e civil.*" (Idem ao anterior. pp. 201-202).

[340] OSTROM, Elinor; SCHLAGER, Edella. Op. cit. 254.

CAPÍTULO 3 – IMPLICAÇÕES JURÍDICAS DA APLICAÇÃO DA TEORIA DOS BENS COMUNS...

Essa segmentação[341], além de corroborar a adoção da propriedade como uma forma de internalização de externalidades que não se resume às posições jurídicas previstas no ordenamento jurídico, no art. 1.228 do CC, apresenta harmonia com a menção feita ao "efeito real" decorrente do contrato associativo plurilateral, bem como complementa as reflexões trazidas na Seção 3.4. acerca da propriedade como sendo composta por feixes de direitos (*bundle of rights*).

Dessa forma, em sintonia com a adoção do contrato associativo plurilateral como um contrato de organização, tem-se uma excelente forma para criar um conglomerado entre *de jure property rights* e *de facto property rights*, para se valer da terminologia utilizada por Ostrom e Schlager[342].

[341] Importante salientar que a segmentação dos direitos de propriedade entre *de facto property rights* e *de jure property rights* não é exclusiva de Ostrom e Schlager, já tendo sido enfrentada por Alston, Harris e Mueller: "*Property rights can be either de facto or de jure. By de facto we mean that the property rights are specified by first person (an individual claims the land) or second person (a group assigns rights or norms emerge) while de jure rights are specified by a government with recognized authority. Both de facto and de jure rights may be enforced by first person (self-enforcement); second person (norms or rules of a group, club or association) or third party (private militias or government). When land is relatively abundant, informal de facto property rights may arise to limit dissipation, entice entrants, and yet avoid conflict. As land becomes scarcer, settlers have the incentive to form a commons arrangement to exclude outsiders and thereby limit the potential dissipation from the resource. As entrants become increasingly heterogeneous with respect to endowments, de facto commons arrangements may not suffice to limit dissipation, and claimants have an incentive to lobby the government to turn their de facto claims into, de jure property rights with government enforcement. But, the economic rents may not be sufficient for property rights to emerge because political rents may vary from the economic rents*" (ALSTON, Lee J.; HARRIS, Edwyna; BUELLER, Bernardo. De facto and de jure property rights: land settlement and land conflict on the Australian, Brazilian and U.S. frontier. NBER Working Paper No. 15264. Aug/2009. p. 2. Disponível em: <http://www.nber.org/papers/w15264>. Acesso em: 13.03.2019. É de se notar, de toda forma, que o reconhecimento da existência dos *de facto property rights* decorre, nos casos analisados no estudo mencionado, da característica física dos recursos naturais (terras) estudados e dos *entitlements* assumidos pelos interessados em relação a tais bens, independentemente de inexistir o seu reconhecimento pelo poder estatal. A título de referência, os autores ainda analisam que em determinadas situações, para garantir uma melhor gestão do bem sob análise, o poder estatal pode vir a determinar a prevalência de um *de facto property right* em relação a um *de jure property right*.

[342] Nesse sentido: "*Within a single common-pool resource situation a conglomeration of de jure and de facto property rights may exist which overlap, complement, or even conflict with one another*" (OSTROM, Elinor; SCHLAGER, Edella. Op. cit. 254). Exemplificando com uma situação envolvendo um bem ambiental: "*A government may grant fishers de jure rights of access and withdrawal, retaining the formal rights of management, exclusion, and alienation for itself. Fishers, in turn, may cooperate and exercise rights of management and exclusion, defining among themselves how harvesting must take*

COMMONS EMPRESARIAIS

E mais: uma vez que alguns dos feixes de direito de propriedade que decorrem da organização dos interesses afetados pela destinação do bem da companhia considerado comum configuram, uma vez que não são reconhecidos expressamente pelo ordenamento jurídico, *de facto property rights*, o fato de serem considerados dentro de uma estrutura associativa possibilita a adoção de incentivos para incrementar a sua *enforceability*, o que também guarda relação com o "efeito real" tratado anteriormente, já que dele decorre a oponibilidade perante terceiros.

Consequentemente, em tom conclusivo, sob esse prisma, a solução jurídica, pautada nos preceitos do novo estruturalismo jurídico e a solução econômica, sustentada no reconhecimento da empresa e da propriedade como formas de internalização de externalidades, visando à maximização de eficiência distributiva, caminham em sentido convergente e podem ser instrumentalizadas por meio da utilização de soluções autorregulatórias nas quais os contratos associativos plurilaterais representam instrumento propício para a sua implementação.

Por fim, não se pode negar que o contrato associativo plurilateral configura, em princípio, uma forma tradicional de organização de interesses. Porém, ao se conjugar o contrato associativo plurilateral com a concepção de que se trata de um método que possibilita a criação de um conglomerado composto por *de facto property rights* e *de jure property rights*, dotados de oponibilidade perante terceiros, entende-se que, nesta visão, até o contrato associativo plurilateral está alinhado com os preceitos do novo estruturalismo jurídico.

3.6. Conclusão parcial: o contrato plurilateral associativo como instrumento para promover a cooperação e a maximização da eficiência distributiva

Diante das considerações realizadas no decorrer deste Capítulo 3, exsurgem as seguintes conclusões parciais:

place, and who may engage in harvesting from their fishing grounds. In many situations where local fishers possess de jure authorized user or claimant rights, field researchers have found de facto proprietor arrangements that are commonly understood, followed, and perceived as legitimate within the local community" (Idem ao anterior. pp. 254-255).

CAPÍTULO 3 - IMPLICAÇÕES JURÍDICAS DA APLICAÇÃO DA TEORIA DOS BENS COMUNS...

(i) partindo da premissa de que alguns bens da companhia possuem natureza de bens comuns – alto grau de subtrabilidade ou subtração de uso e alto grau de dificuldade de exclusão – deve-se buscar tratamento jurídico adequado para promover a maximização da cooperação entre os titulares de interesses afetados pela destinação do desse bem, com o intuito de proporcionar o ambiente propício para a promoção da "lógica da ação coletiva";

(ii) entende-se que a destinação adequada para esse bem empresarial é a realizada em alinhamento com a sua função social, o que coincide com a sua destinação no melhor interesse da companhia, por meio da maximização da eficiência distributiva em razão de sua exploração;

(ii.1.) justamente esse melhor interesse da companhia que deve servir como parâmetro para a alocação dos feixes de direitos relacionados ao bem da companhia com natureza de bem comum;

(ii.2.) assumir que o bem empresarial em questão possui diversos feixes de direitos (*bundle of rights*) implica o abandono da visão tradicional de direito de propriedade e corrobora a adoção de uma visão econômica da propriedade, mais especificamente da propriedade empresarial, devendo ser entendida como uma forma de internalização de externalidades;

(iii) os feixes de direitos (*bundle of rights*) relacionados ao *common* empresarial não apresentam rol taxativo, variando de acordo com as características do bem, dos titulares de interesses por ele afetados e por questões outras que indiretamente gerem impacto à sua destinação;

(iv) a alocação desses feixes de direitos deve se dar de modo a promover uma estrutura regulatória que maximize a cooperação entre os indivíduos e que promova a destinação do bem empresarial em questão de acordo com a sua função social;

(iv.1.) para tanto, propõe-se a adoção de estruturas autorregulatórias – com ou sem a participação direta da autoridade estatal

COMMONS EMPRESARIAIS

(*autorregulação voluntária* e *autorregulação compulsória*, respectivamente) – como a forma adequada para promover essa correta destinação do bem empresarial;

(v) diante dessas considerações, o contrato associativo plurilateral exsurge como a forma propícia para instrumentalizar a estrutura de autorregulação proposta, mormente por meio da constituição de associações, que teriam, dentre as suas funções a competência de alocar os feixes de direitos relacionados ao bem empresarial com natureza de bem comum, com intuito de promover a sua destinação de acordo com a função social do bem empresarial;

(v.1.) isso se dá, pois o contrato associativo plurilateral tem como uma de suas características o "relevo" ou "efeito real" que é inerente à sua natureza e permite oponibilidade perante terceiros das disposições nele contidas;

(v.2.) o "efeito real" quando analisado juntamente com a concepção de que o direito de propriedade é composto por diversos feixes de direitos (*bundle of rights*) possibilita a formalização de conglomerados envolvendo *de facto property rights* (que não expressamente reconhecidos pelo ordenamento jurídico) e *de jure property rights* (reconhecidos expressamente pelo ordenamento jurídico e que, no Brasil, encontram-se previstos no art. 1.228 do CC);

(v.3.) consequentemente, o contrato associativo plurilateral, sem prejuízo das clássicas qualificações a ele relacionadas, deve ser visto como método para a alocação de interesses no âmbito da entidade associativa – o que se confunde com a sua função econômica organizacional – e, quando constituído para a alocação de interesses relacionados a um *common* empresarial, além de também configurar uma forma para internalização de interesses e, por consequência, de internalização de externalidades, possibilitando a maximização da eficiência distributiva, apresenta alinhamento com as premissas do novo estruturalismo jurídico.

CONCLUSÕES

Este trabalho assumiu por objetivo analisar a possibilidade de considerar determinados bens da empresa como possuindo natureza de bens comuns (*common-pool resources* ou, simplesmente *CPR*, para adotar a terminologia cunhada por Elinor Ostrom) e, em caso positivo, desenvolver qual seria o tratamento jurídico adequado para promover a gestão desses bens.

A missão não era simples e exigia que a realidade fosse observada por meio de lentes que se afastassem das concepções tradicionais do direito, marcadas pelo positivismo e pelo jusracionalismo, que configuram premissas de concepção da ciência do direito que tendem a levar à manutenção das estruturas de poder, apresentando certo distanciamento de mudanças estruturais efetivas. Afinal, a proposta de alteração da realidade demanda o enfrentamento das premissas mais arraigadas do objeto estudado, tal como ocorre, justamente, com o positivismo e com o racionalismo jurídico.

Para tanto, em um primeiro momento, preocupou-se com a apresentação das características dos bens comuns, devendo-se entender a expressão como um atributo associado à natureza de determinados bens e que independe de titularidade de domínio formalmente reconhecida pelo ordenamento jurídico, tampouco do regime jurídico tradicionalmente aplicado em relação a esse bem. Nesse contexto, valendo-se da tese desenvolvida por Elinor Ostrom, verificou-se que a discussão relacionada aos bens comuns pressupõe a insuficiência da clássica diferenciação entre bens públicos e bens privados, distinção que fora sobretudo difundida por Paul Samuelson.

COMMONS EMPRESARIAIS

Nesse sentido, os bens comuns são caracterizados pelo alto grau de subtração (ou subtrabilidade) de uso e pelo alto grau de dificuldade de exclusão dos titulares afetados por esse bem. Ou seja, ao mesmo tempo em que o uso por um indivíduo impede ou dificulta o uso pelos demais, há grande dificuldade de impedir o acesso (e consequentemente o uso) desse bem pelos indivíduos que são afetados pela sua destinação.

Essas características, não se pode negar, são normalmente associadas aos bens do meio ambiente em razão de seus atributos físicos, existindo, porém, a possibilidade reconhecida de ampliação da aplicação desse conceito. Como analisado no decorrer deste trabalho, a própria Ostrom chega a sustentar a adoção do conceito de comum a bens criados pelo homem, sendo recorrendo na doutrina a sua vinculação a praças públicas ou mesmo ao conhecimento (os *knowledge commons*), o que configura um tema extremamente caro diante da recorrente tentativa de apropriação de fontes de informação, cujo acesso pela coletividade é essencial para o desenvolvimento.

Para ilustrar essas premissas e os atributos corriqueiramente associados aos bens com natureza de comum, foram apresentados três exemplos reais em que essa temática pode ser desenvolvida: os sistemas de irrigação no Nepal, as terras comuns em Törbel, na Suíça, e os manguezais nos quais ocorre o extrativismo de mangaba no Nordeste do Brasil.

Importante destacar que os dois primeiros cenários apresentados foram estudados por Elinor Ostrom e por ela retratados em suas obras, bem como revisitados por outros autores que tratam sobre o tema. O terceiro cenário relatado decorre de experiência empírica observada em trabalho sociológico desenvolvido por pesquisadores brasileiros.

Partindo dessas experiências e das já mencionadas caraterísticas dos comuns, foi proposta a reflexão acerca da possibilidade de estender esse conceito a alguns bens de titularidade da companhia, destinados, assim, à realização da atividade empresarial.

Esse enfrentamento por si só justifica a afirmação do porquê de a missão desta tese ter sido árdua. O conceito de bem comum ainda está em construção e passa por constante revisitação, conforme se extrai do material bibliográfico apresentado no decorrer das páginas deste trabalho. Ao se propor a ampliação desse uso para um ambiente tão vinculado a resultados econômicos e ao apelo pela lucratividade, pretende-se uma quebra de paradigmas e,

CONCLUSÕES

consequentemente, uma análise crítica das estruturas relacionadas a tais bens, quais sejam, a propriedade e a empresa.

Justifica-se, assim, o motivo pelo qual se devolveu durante o Capítulo 1 desta tese a concepção aqui adotada de estruturalismo jurídico. Afinal, entendeu-se como relevante apresentar ao leitor a premissa metodológica incorporada na proposta de extensão do conceito de comum para alguns bens empresariais, o que poderia enunciar a classificação de *common empresarial*, que foi a denominação cunhada para os fins deste trabalho.

Dessa forma, foi possível verificar que alguns bens da companhia possuíam as mesmas características observadas nos demais bens caracterizados como comuns, quais sejam, o alto grau de subtrabilidade de uso e o alto grau de dificuldade de exclusão, devendo-se, assim, considerar que tais bens possuem, por lógica e coerência, natureza de comum.

A título exemplificativo foram mencionadas brevemente algumas experiências de cidades operárias (ou *company towns*) nas quais uma planta industrial poderia ser caracterizada como bem comum. Ou mesmo, é possível cogitar que as barragens de rejeitos de minérios de Fundão, localizada em Mariana (MG) e de titularidade da Samarco Mineração S.A. e a localizada no Córrego do Feijão, em Brumadinho (MG) e de titularidade da Vale S.A. são bens com natureza de comum. Isso se dá, pois o critério para a caracterização da sua natureza não guarda relação necessariamente com seus aspectos físicos, mas sim com a necessidade de acesso (econômico, jurídico ou social) pelos titulares de interesses afetados pela destinação desses bens.

Ora, diante desse cenário, uma vez que a determinados bens da empresa é possível estender tais atributos – o que se admitiu como hipótese excepcional, uma vez que nem todo bem integrante do estabelecimento empresarial possui natureza de comum –, deve-se aplicar a eles tratamento análogo ao adotado em relação a qualquer *common*.

Note-se nesse sentido que se repisa a diferença entre a natureza do bem e o regramento a ele aplicado. Essa assertiva demandou analisar, justamente, as implicações jurídicas do reconhecimento de um bem da companhia como possuindo natureza de comum, sendo caracterizado, assim, como *common* empresarial.

Nesse âmbito, parte-se do pressuposto de que a solução para a melhor gestão desses bens demanda uma intervenção estrutural, pautadas nos ditames do

COMMONS EMPRESARIAIS

chamado estruturalismo jurídico, cujas premissas conceituais foram apresentadas no decorrer do Capítulo 1, servindo como pano de fundo para reflexões propostas nesta tese.

Nesse contexto, o estruturalismo jurídico refere-se à crítica e transformação de estruturas formadas historicamente, que levam a relações de dominação e de concentração e manutenção de poder econômico, sem se preocuparem com os valores e interesses envolvidos. O estruturalismo jurídico pressupõe, assim, a valoração dos interesses envolvidos e o afastamento da concepção positivista do direito e da interpretação baseada no racionalismo jurídico, por favorecerem a manutenção das referidas estruturas de poder.

Essa visão estrutural também teve como pressuposto a promoção de uma solução regulatória que gerasse cooperação entre os envolvidos e favorecesse uma relação de longo prazo, capaz de promover entre os envolvidos a "lógica da ação coletiva". Afinal, esses pressupostos são importantes já que, quanto maior a cooperação, menor a assimetria de informação entre os titulares dos interesses envolvidos e, consequentemente, os custos de transação são reduzidos, o que implica, por sua vez, o incentivo a relações de longo prazo marcadas por maior eficiência. Forma-se, em outras palavras, um círculo vicioso positivo.

Diante dessas premissas, passou-se a enfrentar as estruturas relacionadas ao bem de titularidade de uma companhia com natureza de comum. As estruturas eleitas foram, em um primeiro momento, a propriedade e a empresa, com o intuito de propor uma matriz regulatória para a gestão do bem da companhia com esses atributos. Para isso, algumas questões preliminares foram enfrentadas.

Em primeiro lugar, esclareceu-se que as discussões e soluções propostas eram compatíveis com qualquer uma das teorias de interesse social tradicionalmente estudadas, apesar de expressamente ter se adotado neste trabalho a vertente do institucionalismo integracionista (ou organizativo), que propõe uma solução procedimental para a determinação do interesse social. Defende-se, porém, que essa solução procedimental deve ter um substrato material mínimo, qual seja, a promoção de eficiência distributiva. A discussão sobre o interesse social justifica-se, já que a destinação de um bem da companhia, como no caso concreto, pressupõe a reflexão sobre o seu interesse.

CONCLUSÕES

Importante destacar que, das reflexões realizadas, exsurgiu a defesa pela compatibilidade entre a adoção de um racional pautado pelas premissas de *Law & Economics* e a concepção integracionista de interesse social. Esse posicionamento, a despeito de se afastar daquele normalmente propagado pela doutrina, decorre justamente da adoção do conceito de eficiência distributiva.

Em segundo lugar, definiu-se como âmbito do debate proposto o controle empresarial, entendido como um direito subjetivo da companhia e que compreende a destinação em sentido amplo de seus bens e direitos. Essa premissa pressupôs, por sua vez, a diferenciação entre as estruturas referidas como controle empresarial e como controle societário, tidas como autônomas para os fins deste trabalho. Nesse sentido, a propriedade dos bens da companhia representa uma das formas de manifestação do controle empresarial.

Feitos esses esclarecimentos, partindo do conceito econômico de propriedade como uma forma de internalização de externalidades e do reconhecimento da insuficiência da definição jurídica de propriedade prescrita no CC, enfrentou-se, em uma abordagem baseada nos preceitos do novo estruturalismo jurídico, a estrutura propriedade. Atestou-se, assim, a necessidade de reconhecer que a propriedade é composta por diversos feixes de direitos (*bundle of rights*), os quais podem ser alocados para os diferentes titulares de interesses afetados pela destinação de referido bem. Houve, assim, a necessidade de delimitar qual seria o parâmetro utilizado para orientar a alocação desses feixes de direitos (*bundle of rights*), sempre tendo em mente que o bem sob análise é empresarial e tem como escopo o lucro.

Nesse contexto, defendeu-se que o parâmetro que deve ser utilizado para a alocação desses feixes de direitos relacionados ao bem empresarial com natureza de comum seria o melhor interesse da companhia. Dessa forma, o melhor interesse da companhia, por sua vez, remetendo-se à discussão sobre interesse social realizada previamente, é tido como presente quando o bem é destinado de acordo com a sua função social, observado, é claro, o intuito lucrativo inerente à atividade empresarial.

Destarte, definiu-se que a função social do bem empresarial é observada na medida em que se busca a maximização da eficiência distributiva, com nítido caráter publicista e em reconhecimento da sociedade anônima como um instrumento de política econômica e como uma forma de promoção de direitos sociais, tendo em vista a superação do subdesenvolvimento.

COMMONS EMPRESARIAIS

Diante disso, foi imperioso procurar delimitar quais seriam os feixes de direitos relacionados ao bem da companhia com natureza de bem comum, para, então, propor uma forma para a alocação desses feixes e para a gestão e destinação diferenciada de tal bem.

Apesar de ter sido apresentada uma matriz que se entende aplicável a todos os bens considerados como possuidores de natureza de bem comum, a determinação dos feixes de direitos dependerá de cada caso concreto. De igual modo, a própria delimitação dos interesses afetados e que devem ser considerados nessa alocação depende das características fáticas do bem, muito embora seja interessante a identificação de dispositivos declaratórios de interesses para a sua delimitação, conforme evidenciado no decorrer deste trabalho.

Essa ressalva é de extrema importância, já que em nenhum momento se propaga nesse trabalho a defesa por uma publicização do bem empresarial, tampouco se sustenta que a solução regulatória para esses *commons empresariais* deva ser a adoção de um regime de propriedade comunal. A companhia – e por consequência seus bens – possui inerente intuito lucrativo, o que não pode deixar de ser considerado sob pena de amplo desvirtuamento do próprio Direito Empresarial.

Sendo assim, em relação à forma de alocação desses feixes de direitos, partiu-se da necessidade de pautá-la em uma estrutura que favorecesse – novamente – a cooperação entre os indivíduos e a relação de longo prazo entre eles. Tais características aproximam-se das soluções relacionadas à autorregulação, seja na modalidade de autorregulação voluntária ou de autorregulação compulsória, conforme distinção feita no decorrer deste trabalho e caracterizada pela presença ou não da imposição do regulador.

Já em relação à instrumentalização, o contrato associativo plurilateral exsurge como instrumento propício para regular esses interesses e promover a gestão desse *common empresarial*, podendo até mesmo ser responsável pela alocação dos feixes de direitos relacionados à propriedade empresarial.

Dessa forma, o contrato associativo plurilateral proporciona, em razão do "relevo" ou "efeito real" que lhe é inerente, a oponibilidade perante terceiros das disposições nele previstas, bem como a possibilidade de composição de um conglomerado composto por *de facto property rights* e *de jure property rights*, em consonância com o reconhecimento do direito de propriedade alinhado com as premissas do estruturalismo jurídico.

CONCLUSÕES

Ademais, essa visão do contrato associativo plurilateral contribui para que essa técnica associativa deixe de ser apenas o instrumento para constituição de uma entidade associativa – seja ela uma sociedade, personificada ou não, ou uma associação – e assuma também papel de método para a organização de interesses – o que está associado à função organizacional do contrato associativo plurilateral –, bem como para a internalização de externalidades, vez que não fossem os interesses afetados pela destinação do *common* empresarial considerados no processo decisório para a sua destinação, poderiam ser tratados como externalidades.

Consequentemente, a solução jurídica proposta e que parte de preceitos pautados no novo estruturalismo jurídico caminha no mesmo sentido da solução econômica dela decorrente, sustentada na maximização de eficiência distributiva e representando uma forma de promoção de interesses sociais, com redução da desigualdade, mitigação dos efeitos deletérios da assimetria informacional e promoção de uma verdadeira alternativa que vise à superação do subdesenvolvimento.

Em tom conclusivo, o objetivo deste trabalho não foi trazer ou responder todos os questionamentos decorrentes do reconhecimento da existência de um *common empresarial*, mas possibilitar um canal que leve ao enfrentamento de novas composições de interesses e de soluções regulatórias e autorregulatórias decorrentes da validação dessa premissa. Espera-se, assim, que este trabalho possibilite sobretudo novos questionamentos a serem enfrentados e respondidos.

REFERÊNCIAS

AKERLOFF, George A. The Market for Lemons: Quality Uncertainty and the Market Mechanism. In: The Quarterly Journal of Economics 84, Vol. 3. Aug, 1970. pp. 488-500

ALCHIAN, A.; DEMSETZ, H. Production, information costs and economic organizations. In: The American Economic Review, vol. 62, 1972. pp. 777-795

ALDANA, Clemencia I. M. La cooperación: estrategia para la sostenabilidad de los recursos. In: Dimensión Empresarial. Vol. 14, No. 2. pp. 25-38

ALSTON, Lee J.; HARRIS, Edwyna; BUELLER, Bernardo. De facto and de jure property rights: land settlement and land conflict on the Australian, Brazilian and U.S. frontier. NBER Working Paper No. 15264. Aug/2009. Disponível em: <http://www.nber.org/papers/w15264>. Acesso em: 13.03.2019

ALSTON, Lee. J.; LIBECAP, Gary D.; MUELLER, Bernardo. Titles, Conflict, and Land Use: The Development of Property Rights and Land Reform on the Brazilian Amazon Frontier. Ann Arbor: University of Michigan Press, 1999

ANTUNES, José A. Engrácia. Os Grupos de Sociedades – Estrutura e Organização Jurídica da Empresa Plurissocietária. Coimbra: Almedina, 1993

ARENDT, Hannah. A Condição Humana. Trad. de Roberto Raposo. Lisboa: Relógio d'Água Editores, 2001.

ARRUÑADA, Benito. Property as sequential exchange: The forgotten limits of private contract. Disponível em: https://ssrn.com/abstract=2879827. Acesso em: 03.06.2018

ASCARELLI, Tullio. Princípios e Problemas das Sociedades Anônimas. In: Problemas das Sociedades Anônimas e Direito Comparado. São Paulo: Saraiva, 1945

ASCARELLI, Tullio. O Contrato Plurilateral. In: ASCARELLI, Tullio. Problemas das Sociedades Anônimas e Direito Comparado. 2ª Ed. São Paulo: Editora Saraiva, 1969. pp. 255- 312

COMMONS EMPRESARIAIS

ASQUINI, Alberto. I batelli del Reno. In: Revista dele Società. Ano IV. Milano: Giuffrè, 1959. pp. 617-633.

ASQUINI, Alberto. Perfis da Empresa. Trad. de Fábio Konder Comparato. In: Revista de Direito Mercantil, v. 104, out-dez, 1996

ASQUINI, Alberto. Profili dell'impresa. In: Rivista de Diritto Commerciale. Vol. XLI, I, 1943

AXELROD, Robert, The Evolution of Cooperation. New York: Basic Books, Inc, 1984

BAINBRIDGE, Stephen M. Director Primacy: The Means and Ends of Corporate Governance. University of California, Los Angeles – School of Law – Research Paper Series – Research Paper No. 02/06. Disponível em: <http://ssrn.com/abstract=300860>. Acesso em 07.03.2019

BAIRD, Douglas G; GERTNER, Robert H.; PICKER, Randal C. Game Theory and the Law. Harvard University Press, 1998

BARRETO FILHO, Oscar. Teoria do estabelecimento comercial: fundo de comércio ou fazenda mercantil. São Paulo: Saraiva, 1988

BENKLER, Yochai. The Commons as a Neglected Factor of Information Policy. p. 2. Disponível em: <http://www.benkler.org/commons.pdf>. Acesso em: 10.03.2019

BENTHAM, Jeremy. An Introduction to the Principles of Morals and Legislation. Kitchner: Batoche Books, 2000. pp. 14-27

BERLE JR., Adolf A. Corporate Powers as Powers in Trust. In: Harvard Law Review, Vol. 44, No. 7, may/1931. pp. 1040-1074

BERLE JR. Adolf. For Whom Corporate Managers Are Trustees: a Note. In: Harvard Law Review. Vol. 45, 1932. pp. 1365-1372

BLACKBURN, Simon. Oxford Dictionary of Philosofy. 2nd Edition Revised. Oxford: Oxford University Press, 2008

BLAIR, Margaret M.; STOUT, Lynn A. A Team Production Theory of Corporate Law. In: Virginia Law Review. Vol. 85, No. 2, mar./1999. pp. 248-328

BLUMBERG, Phillip I. The Corporate Entity in the Era of Multinational Corporations. In: Delaware Journal of Corporate Law, Vol. 15, No. 2, 1990. pp. 283-375

BOBBIO, Norberto. O Positivismo Jurídico: Lições de Filosofia do Direito. Compiladas por Nello Morra. Trad. e notas Márcio Pugliesi, Edson Bini e Carlos E. Rodrigues. São Paulo: Ícone, 1999

BOBBIO, Norberto. Teoria do ordenamento jurídico. 10ª Ed. Brasília: Universidade de Brasília, 1999

BOBBIO, Norberto. Teoria Geral do Direito. Trad. Denise Agostinetti. 3ª ed. São Paulo: Martins Fontes, 2010

REFERÊNCIAS

BUCHANAN, James M. An Economic Theory of Clubs. In: Economica, New Series, Vol. 32, No. 125. Feb., 1965. pp. 1-14

BUDZINSKI, Oliver. Pluralism of Competition Policy Paradigms and the Call for Regulatory Diversity. In: Philipps-University of Marburg Volkswirtschaftliche Beitraege, No. 14/2003, oct. 2003. Disponível em: <https://ssrn.com/abstract=452900>. Acesso em 04.03.2019

CALABRESI, Guido. The Pointless of Pareto: Carrying Coase Further. In: Yale Law Journal Vol. 100, mar./1991. pp. 1211-1237

CARVALHOSA, Modesto. A Nova Lei das Sociedades Anônimas – Seu Modelo Econômico. 2ª Ed. Rio de Janeiro: Paz e Terra, 1977

CARVALHOSA, Modesto. A Nova Lei das S/A. São Paulo: Saraiva, 2002

CATEB, Alexandre Bueno; OLIVEIRA, Fabrício de Souza. Breves anotações sobre a função social da empresa. In: Revista da AMDE (Associação Mineira de Direito Empresarial) v.2., jul. 2009. Disponível em: <http://www.revista.amde.org.br/index.php/ramde/article/view/25>. Acesso em: 03 mar. 2019

CEREZETTI, Sheila Christina Neder. A Recuperação Judicial de Sociedade por Ações – O Princípio da Preservação da Empresa na lei de Recuperação e Falência. São Paulo: Malheiros, 2012

CHAMPAUD, Claude. Le pouvoir de Concentration de la Société par Actions. Paris: Sirey, 1962

CISTAC, Gilles. A Instituição Administrativa e as Teorias do Pluralismo Jurídico. In: Prim@ Facie. Vol. 12. No. 23. João Pessoa, 2013

COASE, Ronald H. The Nature of the Firm. In: Economica, New Series, Vol. 4, No. 16, Nov., 1937. pp. 386-405

COASE, Ronald H. The problem of social cost. In: The Journal of Law & Economics, vol. III, October 1960

COMPARATO, Fábio Konder. Estado, Empresa e Função Social. In: Revista dos Tribunais, Vol. 732. São Paulo: RT, 1996. pp. 38-46

COMPARATO, Fábio Konder. Função social da propriedade dos bens de produção. In: Revista de Direito Mercantil, Industrial, Econômico e Financeiro. Ano XXV, nº 63, jul/set 1986. pp.71-79

COMPARATO, Fábio Konder. O direito e o avesso. In: Estudos Avançados. v. 23, n. 67. São Paulo, jan. 2009. pp.6-22

COMPARATO, Fábio Konder; SALOMÃO FILHO, Calixto. O Poder de Controle na Sociedade Anônima. 6ª edição revista e atualizada. Rio de Janeiro: Ed. Forense, 2014

COOTER, Robert; ULEN, Thomas. Law & Economics. 6th Edition. Berkeley Law Books, 2016

COMMONS EMPRESARIAIS

COUTINHO, Carlos Nelson. O Estruturalismo e a Miséria da Razão. 2ª Edição. São Paulo: Editora Popular, 2010

DAVIS, Otto. A.; WHINSTON, Andrew B. On the distinction between public and private goods. In: The American Economic Review. Vol. 57, No. 02. Papers and Proceedings of the Seventy-ninth Annual Meeting of the American Economic Association. May, 1967. pp. 360-373

DAWES, R. M. Formal Models of Dilemmas in Social Decision Making. In: KAPLAN, M. F.; SCHWARTZ, S. Human Judgement and Decision Processes: Formal and Mathematical Approaches. New York: Academic Press, 1975. pp. 87-108

DEMSETZ, Harold. Toward a Theory of Property Rights. In: The American Economic Review, Vol. 57. No. 2. Papers and Proceedings of the 79th Annual Meeting of the American Economic Association. May, 1967. pp. 347-359

DI PIETRO, Maria Sylvia Zanella. Direito Administrativo. 24 ed. São Paulo: Atlas, 2011

DODD JR., Merrick. For Whom Are Corporate Managers Trustees? In: Harvard Law Review. Vol. XLV, No. 7, may/1932. pp. 1145-1163

DWORKIN, Ronald. Taking Rights Seriously. 17ª Ed. Cambridge: Harvard University Press, 1999

DWORKIN, Ronald. Uma Questão de Princípio. Trad. Luís Carlos Borges. São Paulo: Martins Fontes, 2001

EISENBERG, Melvin Aron. The Structure of Corporation Law. In: Columbia Law Review, Vol.89, 1989. pp. 1461-1525

ELHAUGE, Einer. Sacrificing Corporate Profits in the Public Interest. In: The New York University Law Review. Vol. 80, No. 3, jun./2005. pp. 733-869

FONSECA, Pedro Cezar Dutra. A Política e seu Lugar no Estruturalismo: Celso Furtado e o Impacto da Grande Depressão no Brasil. In: Revista EconomiA, Selecta, Vol. 10, No. 4, dez/2009, Brasília (DF). pp. 867-885

EASTBROOK, Frank H.; FISCHEL, Daniel R. The Economic Structure of Corporate Law. Cambridge: Harvard University Press, 1991

EGGERTSSON, T. Economic Behavior and Institutions. Cambridge Surveys of Economic Literature. Cambridge: Cambridge University Press, 1990

FEENY, David; HANNA, Susan; MCEVOY, Arthur F. Questioning the Assumption of the "Tragedy of the Common" Model of Fisheries. In: Land Economics. Vol. 72, No. 2, may/1996, pp. 187-205

FORGIONI, Paula A. Análise Econômica do Direito (AED): Paranóia ou Mistificação. In: Revista de Direito Mercantil, Industrial, Econômico e Financeiro. Vol. 139. Ano XLVI (Nova Série). julho-setembro/2005. pp. 242-256

REFERÊNCIAS

FOSTER, Sheila R. Collective Action and the Urban Commons. In: Notre Dame Law Review. Vol. 87, No. 1. pp. 57-134. Disponível em: <http://ssrn.com/abstract=1791767>. Acesso em: 12.03.2019

FRANÇA, Erasmo Valladão Azevedo e Novaes. Conflito de Interesses nas Assembléias de S.A. (e outros escritos sobre conflito de interesses). 2ª ed. São Paulo: Malheiros Editores, 2014

FRANÇA, Erasmo Valladão Azevedo e Novaes. Invalidade das Deliberações de Assembléia das S.A. São Paulo: Malheiros, 1999

FRANÇA, Erasmo Valladão Azevedo e Novaes; ADAMEK, Marcelo Vieira von. Affectio societatis: um conceito jurídico superado no moderno direito societário pelo conceito de fim social. In: Revista de Direito Mercantil, Industrial, Econômico e Financeiro. n. 149/150. jan-dez/2008. São Paulo: Malheiros Editores, 2008. pp. 108-130

FURTADO, Celso. Brasil: a construção interrompida. 2ª Ed. Rio de Janeiro: Paz e Terra, 1992

FURTADO, Celso. Formação econômica do Brasil. 32ª Ed. São Paulo: Companhia Editora Nacional, 2003

FURTADO, Celso. Teoria e política do desenvolvimento econômico. São Paulo: Abril Cultural, 1983

GALGANO, Francesco. Diritto Commerciale – Le Società. 3ª Ed. Bologna: Zanichelli, 1987

GARCIA, Afrânio; PALMEIRA, Moacir. Traces of the Big House and the Slave Quarters: Social Transformation in Rural Brazil During the Twentieth Century. In: SACHS, Igancy; WILHEIM, Jorge; PINHEIRO, Paulo Sérgio (Eds.). Brazil: A Century of Change. The University of North Carolina, 2009. pp. 20-54

GAREA, Rafael Colina. La Función Social de la Propriedad Privada em la Constitución Española de 1978. Barcelona: J. M. Bosch Editor, 1997

GODINHO, André Osório. Função social da propriedade. In: TEPEDINO, Gustavo (Coord.). Problemas de direito civil constitucional. Rio de Janeiro: Renovar, 2002

GOMES, Orlando. Contratos. 14 ed. Rio de Janeiro: Forense, 1994

GORDON, H. Scott. The Economic Theory of a Common-Property Resource: The Fishery. In: The Journal of Political Economy. Vol. 62, No. 2, apr./1954. pp. 124-142

GRAFSTEIN, Robert. Structure and Structuralism. In: Social Science Quarterly, Vol. 63, No. 4, December/1982. pp. 617-633

GRAFTON, R. Q.; SQUIRES, Dale; FOX, Kevin J. Private property and economic efficiency: a study of a common-pool resource. In: Journal of Law & Economics. Vol. XLII, October, 2000. pp. 679-713

GRAU, Eros Roberto. A Ordem Econômica na Constituição de 1988. 6ª ed. São Paulo: Malheiros, 2001

COMMONS EMPRESARIAIS

GUERREIRO, José Alexandre Tavares. Sociologia do Poder na Sociedade Anônima. In: Revista de Direito Mercantil, Industrial, Econômico e Financeiro. Ano XXIX, n. 77, jan.-mar./1990. pp. 50-56

GULATI, Gaurang Mitu; KLEIN, William A.; ZOLT, Eric M. Connected Contracts. In: UCLA Law Review, Vol. 47, 2000. pp. 887-948. Disponível em: <https://ssrn.com/abstract=217590>. Acesso em 04.03.2019

HANSMANN, Henry. The ownership of enterprise. Cambridge: Belknap Press, 1996

HARDIN, Garrett. The Tragedy of the Commons. In: Science, New Series. Vol. 162. No. 3859 (Dec. 13, 1968). pp. 1243-1248

HAURIOU, Maurice. A instituição e o direito estatutário. Trad. Evandro Fernandes de Pontes. In: Revista de Direito das Sociedades e dos Valores Mobiliários. No. 4. São Paulo: Almedina, nov./2016. pp. 148-214

HAUSMANN, Fritz. Vom Aktienwesen und vom Aktienrecht. Mannheim: J. Bensheimer, 1928

HERMANN, Jennifer. Auge e Declínio do Modelo de Crescimento com Endividamento: o II PND e a Crise da Dívida Externa. In: GIAMBIAGI, Fábio; VILLELA, André; DE CASTRO, Lavínia Barros; HERMANN, Jennifer (Orgs.). Economia Brasileira Contemporânea: 1945-2010. Rio de Janeiro: Elsevier, 2011. pp. 73-96

HERMANN, Jennifer. Reformas, Endividamento Externo e o "Milagre" Econômico (1964-1973). In: GIAMBIAGI, Fábio; VILLELA, André; DE CASTRO, Lavínia Barros; HERMANN, Jennifer (Orgs.). Economia Brasileira Contemporânea: 1945-2010. Rio de Janeiro: Elsevier, 2011. pp. 49-72

HESS, Charlotte; Indiana University, Bloomington. A Comprehensive Bibliography of Common-Poll Resources. Workshop in Political Theory and Policy Analysis, Indiana University, Bloomington, Ind, 1999

HESS, Charlotte; OSTROM, Elinor. Understanding Knowledge as a Commons, From Theory to Practice, The MIT Press, Cambridge, Massachusetts Institute of Technology, London, England, 2007

HEWLETT Sylvia Ann. Dynamics of Economic Imperialism: The Role of Foreign Investment in Brazil. In: Latin American Perspectives, Vol. 2, No. 1, Confronting Theory and Practice, Spring, 1975. pp. 136-148

HIRSCH, Werner Z. Law and Economics: An Introductory Analysis. 3rd Ed. San Diego: Academic Press, 1999

HOPT, Klaus J. The German Law and Experience with the Supervisory Board. European Corporate Governance Institute (ECGI) – Law Working Paper No. 305/2016. Disponível em: <https://ssrn.com/abstract=2722702>. Acesso em: 13.03.2019

REFERÊNCIAS

IRUJO, José Miguel Embid. Algunas Reflexiones sobre los Grupos de Sociedades y su Regulación Jurídica. In: Revista de Direito Mercantil, Industrial, Econômico e Financeiro. Vol. 23, No. 53, jan.-mar./1984. pp. 18-40

JACKSON, Gregory; HÖPNER, Martin; KURDELBUSCH, Antje. Corporate Governance and Employees in Germany: Changing Linkages, Complementarities, and Tensions. RIETI Discussion Paper No. 04-E-008. Disponível em: <https://ssrn.com/abstract=2579932>. Acesso em: 13.03.2019

JAMESON Kenneth P. Latin American Structuralism: A Methodological Perspective. In: World Development. Vol. 14, No. 2, feb./1986. pp. 223-232

JENSEN, M; MECKLING, W. Theory of the firm: Managerial Behavior, Agency Costs and Ownership Structure. In: Journal of Financial Economics, vol. 3, 1976. pp. 305-360

JOHNSTON, Jason S. Law, Economics and Post-Realist Explanation. Working Paper No. 137 – Post Realist. Yale Law School Program in Civil Liability, 1990

KLEIN, Vinicius; KRASINSKI, Rafaella. Instituições e Mudança Institucional. In: RIBEIRO, Marcia Carla Pereira; DOMINGUES, Victor Hugo; KLEIN, Vinicius. Análise Econômica do Direito: justiça e desenvolvimento. Curitiba: Editora CRV, 2016. pp. 159-164

LAMY FILHO, Alfredo. A Função Social da Empresa e o Imperativo de sua Reumanização. In: Revista de Direito Administrativo – RDA. nº 190, out/dez 1992. pp. 54-60

LAMY FILHO, Alfredo; PEDREIRA, José Luiz Bulhões. A Lei das S.A.: Pressupostos, Elaboração, Aplicação. Rio de Janeiro: Renovar, 1992

LAMY FILHO, Alfredo. A reforma da Lei de Sociedades Anônimas. In: Revista de Direito Mercantil. nº 7. pp. 123-158

LAUTENSCHLEGER JR., Nilson. Relato breve sobre Walther Rathenau e sua obra: 'A Teoria da Empresa em Si'. In: Revista de Direito Mercantil, Industrial, Econômico e Financeiro. Ano XLI, No. 128, out-dez/2002. pp. 199-202

LEÃES, Luiz Gastão Paes de Barros. Comentários à Lei das Sociedades Anônimas. vol. 2. São Paulo: Saraiva, 1980

LEÃES, Luiz Gastão de Barros. Conflito de interesses. In: LEÃES, Luiz Gastão Paes de Barros. Estudos e pareceres sobre sociedades anônimas. São Paulo: Revista dos Tribunais, 1989

LEE, Ian B. Efficiency and Ethics in the Debate About Shareholder Primacy. University of Toronto Legal Studies Series, Research Paper No. 15-05, oct./2005. Disponível em: <http://ssrn.com/abstract=778765>. Acesso em 07.03.2019

LERNER, Abba P. Utilitarian Marginalism (Nozick, Rawls, Justice, and Welfare). In: Eastern Economic Journal. Vol. 4. No. 1. pp. 51-65

COMMONS EMPRESARIAIS

LESSIG, Lawrence. Code and the Commons. Keynote, given at a conference on Media Convergence Fordham Law School, Feb./1999. p. 2. Disponível em: <https://cyber. harvard.edu/works/lessig/Fordham.pdf>. Acesso em: 10.03.2019

LEYENS, Patrick C. German Company Law: Recent Developments and Future Challenges. In: German Law Journal. Vol 06, No. 10, 2015. pp. 1407-14017

LITMAN, Jessica. The Public Domain. p. 8-9. Disponível em: <https://www.law.duke. edu/pd/papers/litman_background.pdf>. Acesso em: 10.03.2019

LOPES, Ana Frazão de Azevedo. Empresa e Propriedade – função social e abuso de poder econômico. São Paulo: Quartier Latin, 2006

LOUREIRO, Francisco Eduardo. A Propriedade como Relação Jurídica Complexa. Rio de Janeiro: Renovar, 2003

LUMIA, Giuseppe. Principios de Teoría e Ideología del Derecho. Trad. Alfonso Ruiz Miguel. Santiago: Ediciones Olejnik, 2017

MARGOLIS, Stephen E. Two Definitions of Efficiency in Law and Economics. In: Journal of Legal Studies – University of Chicago, vol. XVI, June 1987, pp. 473-474

MATIAS, João Luis Nogueira. A função social da empresa e a composição de interesses na sociedade limitada. Tese (Doutorado em Direito) – Faculdade de Direito da Universidade de São Paulo. São Paulo, 2009

MATTIETTO, Leonardo. A renovação do direito de propriedade. In: Revista de Informação Legislativa. Brasília, ano 42, n. 168, out./dez. 2005. pp. 189-196

MARCONDES MACHADO, Sylvio. Da Atividade Negocial: Empresários e Sociedade. In: Problemas de Direito Mercantil. São Paulo: Max Limonad, 1970

MARTINS, Fran. Comentários à Lei das Sociedades Anônimas. 4ª Ed. Rio de Janeiro: Forense, 2010

MCGAUGHEY, Ewan. The Codetermination Bargains: The History of German Corporate and Labour Law. Law Society Economy (LSE) Working Papers 10/2015, London School of Economics and Political Science. Disponível em: < http://ssrn.com/abstract=2579932>. Acesso em 05.03.2019

MEDAUAR, Odete. Regulação e Auto Regulação. In: Revista de Direito Administrativo. Rio de Janeiro, 228, Abr./Jun. 2002. pp. 123-128

MELLO, Celso Antônio Bandeira de. Curso de Direito Administrativo. 28ª ed. São Paulo: Malheiros Editores, 2011

MIRAGEM, Bruno. O artigo 1228 do Código Civil e os deveres do proprietário em matéria de preservação do meio ambiente. In: Cadernos do Programa de Pós-graduação em Direito da UFRS. Porto Alegre, v. III, n. VI, mai./2005. pp. 21-45

REFERÊNCIAS

MISSIO, Fabrício J.; JAYME JR., Frederico G. Estruturalismo e Neoestruturalismo: Velhas Questões, Novos Desafios. In: Análise Econômica, Ano 30, N. 57, mar./2012, Porto Alegre. pp. 205-230

MUNHOZ, Eduardo Secchi. Empresa contemporânea e direito societário – poder de controle e grupos societários. São Paulo: Juarez de Oliveira, 2002

NETTING, R. McC. What Alpine Peasants Have in Common: Observations on Communal Tenure in a Swiss Village. Human Ecology 4, 1976. pp. 135-146

NORTH, Douglass C. Economic Performance Through Time. In: The American Economic Review. Vol. 84, No. 3, jun./1994. pp. 359-368

NORTH, Douglass C. Institutions, Institutional Change and Economic Performance. New York: Cambridge University Press, 1990

NUNES, Márcio Tadeu Guimarães. Função de Impacto das Sociedades Anônimas no Sistema Jurídico e Econômico Brasileiro. In: FINKELSTEIN, Maria Eugenia Reis; PROENÇA, José Marcelo Martins. Direito Societário: sociedades anônimas. Série GVlaw. São Paulo: Saraiva, 2007. pp. 1-37.

OLIVEIRA, Francisco E. B.; BELTRÃO, Kaizô I.; PASINATO, Maria Teresa de M.; FERREIRA, Mônica Guerra. A Rentabilidade do FGTS. Rio de Janeiro: IPEA, 1998

OLSON, Mancur. The Logic of Collective Action – Public Goods and the Theory of Groups. Cambridge: Harvard University Press, 1965

OLSON, Mancur. The Logic of Collective Action: Public Goods and Theory of Groups. In: In: DAHL, Robert; SHAPIRO, Ian; CHEIBUB, José Antonio. The Democracy Sourcebook. Cambridge: The MIT Press, 2003. pp. 372-380

ORENSTEIN, Luiz; SOCHACZEWSKI, Antonio Claudio. Democracia com desenvolvimento, 1956-1961. In: ABREU, Marcelo de Paiva (Org.). A Ordem do Progresso: dois séculos de política econômica no Brasil. Rio de Janeiro: Elsevier, 2015. Capítulo 8

OSTROM, Elinor. Beyond Markets and States: Polycentric Governance of Complex Economic Systems. Prize Lecture, December 8, 2009

OSTROM, Elinor. Governing the Commons: the evolution of institutions for collective action. California: Cambridge University Press, 1990

OSTROM, Elinor; HESS, Charlotte. Ideas, Artifacts, and Facilities: Information as a Common-Pool Resource. In: Law and Contemporary Problems. Vol. 66, winter/spring 2003. pp. 111-145

OSTROM, Elinor; SCHLAGER, Edella. Property-Rights Regimes and Natural Resources: A Conceptual Analysis. In: Land Economics. Vol. 68. No. 3, aug./1992. pp. 249-262

PENTEADO, Mauro Rodrigues. Dissolução e Liquidação de Sociedades. 2ª Ed. São Paulo: Saraiva, 2000

COMMONS EMPRESARIAIS

PEREIRA, Caio Mário da Silva. Direito Civil – alguns aspectos da sua evolução. Rio de Janeiro: Forense, 2001

PERLINGIERI, Pietro. Introduzione allá Problemática della Proprietá. Camerino: Jovene, 1971

PLOTT, Charles R.; MEYER, Robert A. The Technology of Public Goods, Externalities, and the Exclusion Principle. In: MILLS, Edwin S. (Ed.). Economic Analysis of Environmental Problems. NBER, 1975. pp. 65-94

POLINKSY, A. Mitchell. An Introduction to Law and Economics. Second Edition. Aspen Law & Business Panel Publishers, 1989

PONTES, Evandro Fernandes de. Os interesses jurídicos nas sociedades de economia mista. In: NORONHA, João Otávio de; FRAZÃO, Ana; MESQUITA, Daniel Augusto (Coords.). Estatuto jurídico das estatais: análise da Lei nº 13.303/2016. Belo Horizonte: Fórum, 2017. pp. 419-466

PONTES DE MIRANDA, F. C. Tratado de Direito Privado – Parte Geral – Tomo I – Introdução. Pessoas Físicas e Jurídicas. 4ª Ed. São Paulo: RT, 1974

POSNER, R. Economic analysis of law. 2ª ed. Boston/Toronto, 1977

PREBISCH, Raúl. Capitalismo Periferico: Crisis y Transformación. 1ª Ed. México: Fondo de Cultura Económica, 1981

PREBISCH, Raúl. El Falso Dilema entre Desarrollo Económico y Estabilidad Monetaria. In: Boletin Económico de América Latina, Vol. VI, No. 1, 1961. pp. 1-26

PROENÇA, José Marcelo Martins. Direitos e Deveres dos Acionistas. In: FINKELSTEIN, Maria Eugenia Reis; PROENÇA, José Marcelo Martins. Direito Societário: sociedades anônimas. Série GVlaw. São Paulo: Saraiva, 2007. pp. 39-87

PROENÇA, José Marcelo Martins. Função social da sociedade – convivência entre interesse público e interesse privado. In: FILKENSTEIN, Maria Eugênia. PROENÇA, José Marcelo Martins (coords.). Direito Societário: gestão de controle. São Paulo: Saraiva. 2008. Série GVlaw. pp. 3-19

RAMOS, André Carvalho. Curso de Direitos Humanos. 4ª Ed. São Paulo: Saraiva, 2017

RAMUNNO, Pedro A. L. Controle Societário e Controle Empresarial: uma análise da influenciação sobre o controle empresarial pelo Estado brasileiro. São Paulo: Almedina, 2017

RAPOPORT, Anatol; CHAMMAH, Albert M.. Prisoner's Dilemma: A Study in Conflict and Cooperation. University of Michigan Press, 1965

RATHENAU, Walther. Do Sistema Acionário – Uma Análise Negocial. (Trad. Nilson Lautenschleger Jr.). In: Revista de Direito Mercantil, Industrial, Econômico e Financeiro. Ano XLI, No. 128, out-dez/2002. pp. 202-223

REALE, Miguel. Teoria Tridimensional do Direito. 5ª Ed. São Paulo: Editora Saraiva, 2003

REFERÊNCIAS

RIBEIRO, Marcia Carla Pereira; ROCHA, Lara Bonemer Azevedo da. Eficiência e Justiça. In: RIBEIRO, Marcia Carla Pereira; DOMINGUES, Victor Hugo; KLEIN, Vinicius. Análise Econômica do Direito: justiça e desenvolvimento. Curitiba: Editora CRV, 2016. pp. 165-170

RIBEIRO, Renato Ventura. Direito de Voto das Sociedades Anônimas. São Paulo: Quartier Latin, 2009

RIPERT, Georges. Aspects juridique du capitalisme moderne. 2ª Ed. Paris: Librarie Générale de Droit et de Jurisprudence, 1951

ROCHA, Cármen Lúcia Antunes. O princípio da função social da propriedade. In: Revista Latino-Americana de Estudos Constitucionais. Belo Horizonte, n. 2, jul./dez. 2003. pp. 543-594

RODRIGUEZ, Octavio. O Estruturalismo Latino-Americano, Rio de Janeiro: Editora Civilização Brasileira, 2009

RUDDLE, Kenneth. Solving the Common-Property Dilemma: Village Fisheries Rights in Japanese Coastal Water. In: Common Property-Resources: Ecology and Community--Based Sustainable Development, 1995. pp. 168-184

SALOMÃO FILHO, Calixto. A Sociedade Unipessoal. São Paulo: Malheiros, 1995

SALOMÃO FILHO, Calixto; FERRÃO, Brisa Lopes de Mello; RIBEIRO, Ivan César. Concentração, Estruturas e Desigualdade: As Origens Coloniais da Pobreza e da Má Distribuição de Renda. Instituto de Direito do Comércio Internacional e Desenvolvimento (IDCID), 2008

SALOMÃO FILHO, Calixto. Direito Concorrencial. São Paulo: Malheiros Editores, 2013

SALOMÃO FILHO, Calixto. Interesse Social: A nova concepção. In: O Novo Direito Societário. 4ª ed. rev. ampl. São Paulo: Malheiros Editores, 2011. pp. 27-52

SALOMÃO FILHO, Calixto. Novo estruturalismo jurídico: uma alternativa para o direito? In: Revista dos Tribunais, vol. 926. Dezembro, 2012

SALOMÃO FILHO, Calixto. Revolution through law in the economic sphere. SELA (Seminario en Latinoamérica de Teoría Constitucional y Política) Papers. Paper 10. Disponível em http://digitalcommons.law.yale.edu/yls_sela/10, Acesso em 28.02.2019

SALOMÃO FILHO, Calixto. Teoria Crítico Estruturalista do Direito Comercial. São Paulo: Marcial Pons, 2015

SAMUELSON, Paul A. Aspects of Public Expenditure Theories. In: The Review of Economics and Statistics. Vol. 40. No. 4. Nov., 1958. pp. 332-338

SAMUELSON, Paul A. Diagrammatic Exposition of Theory of Public Expenditure. In: The Review of Economics and Statistics. Vol. 37, No. 4. Nov., 1955. pp. 350-356

SAMUELSON, Paul A. The Pure Theory of Public Expenditure. In: The Review of Economics and Statistics, Vol. 36, No. 4. Nov., 1954. pp. 387-389

COMMONS EMPRESARIAIS

SANTORO-PASSARELLI, Francesco. Dottrine generali del diritto civile. 9 ed. Napoli: Jovene, 2002

SCHMITZ, Heribert; MOTA, Dalva Maria da; SILVA JÚNIOR, Josué Francisco da. Gestão coletiva de bens comuns no extrativismo da mangaba no nordeste do Brasil. In: Ambiente & Sociedade. v. XII, n. 2. jul-dez. 2009. pp. 273-292

SCIFONI, Simone. Lugares de Memória Operária na Metrópole Paulistana. In: GEOUSP – espaço e tempo, nº 33. São Paulo, 2013. pp. 98-110

SEN, Amartya. The Idea of Justice. Cambridge: The Belknap Press of Harvard University Press, 2009

SHIVATOKI, Ganesh P.; OSTROM, Elinor. Improving Irrigation Governance and Management in Nepal. ICS Press, 2001

SHIVATOKI, Ganesh P. Management Transfer of Agency-Managed Irrigation Systems in Nepal: Are There Any Lessons To Be Learned from Farmer-Managed Irrigation Systems? Disponível em: <http://publications.iwmi.org/pdf/H015464.pdf>. Acesso em: 01.07.2019.

SINGH, Katar. Managing common pool resources: principles and case studies. Delhi: Oxford University Press, 1994

SMITH, Henry E. Semicommon property rights and scattering in the open fields. In: The Journal of Legal Studies. Vol. 29. No. 1. jan./ 2000. pp. 131-169

SOMMER JR., Alphonse Adam. Whom should the corporation serve? The Berle-Dodd debate revised sixty years later. In: The Delaware Journal of Corporate Law. Vol. 16. No. 1. 1991. pp. 33-56

STIGLER, George J. The Theory of Economic Regulation. In: DAHL, Robert; SHAPIRO, Ian; CHEIBUB, José Antonio. The Democracy Sourcebook. Cambridge: The MIT Press, 2003. pp. 393-397.

STEPHEN, Frank H. Teoria econômica do direito. (trad. Neusa Vitale). São Paulo: Makron Books, 1999

STIGLITZ, Joseph E. Information and capital markets. NBER Working Paper No. 678. National Bureau of Economic Research. May, 1981

SWEENEY, Richard James; TOLLISON, Robert D.; WILLETT, Thomas D. Market failure, the common-pool problem, and ocean resource exploitation. In: The Journal of Law and Economics. Vol. 17. No. 1, apr./1974. pp. 179-192

SZTAJN, Rachel; AGUIRRE, Basília. Mudanças institucionais. In: ZYLBERSZTAJN, Decio; SZTAJN, Rachel (Orgs.). Direito & Economia: Análise Econômica do Direito e das Organizações. Rio de Janeiro: Elsevier, 2005. pp. 228-243

SZTAJN, Rachel; ZYLBERSZTAJN; MUELLER, Bernardo. Economia dos Direitos de Propriedade. In: ZYLBERSZTAJN, Decio; SZTAJN, Rachel (Orgs.). Direito & Eco-

REFERÊNCIAS

nomia: Análise Econômica do Direito e das Organizações. Rio de Janeiro: Elsevier, 2005. pp. 84-101

SZTAJN, Rachel. Law and Economics. In: ZYLBERSZTAJN, Decio; SZTAJN, Rachel (Orgs.). Direito & Economia: Análise Econômica do Direito e das Organizações. Rio de Janeiro: Elsevier, 2005. pp. 74-83

SZTAJN, Rachel. Law and economics. In: Revista de Direito Mercantil, Industrial, Econômico e Financeiro. Ano XLIV, n. 137 jan./mar. 2005. São Paulo: Malheiros, 2005. pp. 227-232

TEPEDINO, Gustavo. Contornos constitucionais da propriedade privada. In: TEPEDINO, Gustavo. Temas de direito civil. Rio de Janeiro: Renovar, 1999. pp. 267-286

VIANNA, Mônica Peixoto. Habitação e modos de vida em vilas operárias. Monografia final. Dezembro, 2004

VILLELA, André. Dos "Anos Dourados" de JK à Crise Não Resolvida (1956-1963). In: GIAMBIAGI, Fábio; VILLELA, André; DE CASTRO, Lavínia Barros; HERMANN, Jennifer (Orgs.). Economia Brasileira Contemporânea: 1945-2010. Rio de Janeiro: Elsevier, 2011. pp. 25-48

WARDE JR., Walfrido Jorge. Os Poderes Manifestos no Âmbito da Empresa Societária e o Caso das Incorporações: a Necessária Superação do Debate Pragmático-Abstracionista. In: CASTRO, Rodrigo R. Monteiro de; MOURA AZEVEDO, Luís André N. de (Coord.). Poder de Controle e Outros Temas de Direito Societário e Mercado de Capitais. São Paulo: Quartier Latin, 2010. pp. 55 – 82

WEBER, Max. A ética protestante e o espírito do capitalismo. São Paulo: Editora Pioneira, 1985

WEINRIB, Ernest J. Deterrence and Corrective Justice. In: UCLA Law Review, 50, 2002. pp. 621-640

WILLIAMSON, O. E. Por que Direito, Economia e Organizações? (trad. Decio Zylbersztajn). In: ZYLBERSZTAJN, Decio; SZTAJN, Rachel (Orgs.). Direito & Economia: Análise Econômica do Direito e das Organizações. Rio de Janeiro: Elsevier, 2005. pp. 16-59

WILLIAMSON, O. E. Transaction Cost Economics Meets Posnerian Law and Economics. In: Journal of Institutional and Theoretical Economics. Vol. 149, No.1, 1993. pp. 73-87

WITTMAN, Donald. Economic Foundations of Law and Organization. Cambridge University Press, 2006.

ZYLBERSZTAJN, Decio; SZTAJN, Rachel. Análise Econômica do Direito e das Organizações. In: ZYLBERSZTAJN, Decio; SZTAJN, Rachel (Orgs.). Direito & Economia: Análise Econômica do Direito e das Organizações. Rio de Janeiro: Elsevier, 2005. pp. 1-15